함께 즐겨 내는 세금

-融合型 共樂稅

이필우 지음

시대적 도전

도서출판 해남

함께 즐겨 내는 세금 –融合型 共樂稅

2013년 1월 15일 초판1쇄 인쇄
2013년 1월 21일 초판1쇄 발행

저 자 이필우
발행인 노현철
발행처 도서출판 해남
서울특별시 서대문구 충정로 3가 227-1 우리타워 6F
전화 739-4822 팩스 720-4823
e-mail haenam30@dreamwiz.com
homepage www.hpub.co.kr
등록 1995. 5. 10 제 1-1885호

ISBN 978-89-6238-054-5 93320

세계적 대석학 光世 처남의 지적인 아름다움을 기리며……

추천사

지출세란 1950년대에 영국에서 제시된 실패한 조세 개념임을 막연하게나마 들어왔는데, 건국대 이필우 교수의 이에 관한 저서의 출판을 먼저 학계 동료로서 축하의 말씀을 드리고자 한다. 지출세면 지출세지 그 위에 "또 하나의 지출세"라고 했음은 무엇인가? 칼도(Nicholas Kaldor)의 영국적인 지출세와는 다른 새로운 것이 있기에 그런 표현이 가능했음을 생각하면서 관심을 갖지 않을 수 없었다.

조세론이 전공이 아닌 본인이 지출세에 관심이 많은 이유는 본인의 경제학 고전 번역서에서 였음을 밝힌다. 다름 아닌 애덤 스미스(A. Smith) 이전 17세기에 영국의 경제학 고전은 윌리엄 페티(William Petty)의 『경제원론』이었으며 이 책에서 저자 페티는 토마스 홉스(T. Hobbes)의 소비세를 찬성하면서 근검절약형 세금으로 소비세를 주장했음을 본인은 기억하고 있을 뿐이다(윤기중 역, 『페티의 경제학』(*Petty's Economics*), 법문사, 2008, p. 113).

이러한 소비세 주장은 어떤 조세론적 이론에 앞서 인간적 삶의 정서 가치에 적합한 세금으로 인도적 조세임을 인식하면서 자본주의라는 삶의 질서를 이루는 근검절약의 평범한 촌부의 철학임을 인식하지 않을 수 없었다.

이 책의 몇 가지 중요한 측면을 피력하면서 추천의 말로 대신하고자 한다.

첫째, 이 책의 제목이다. "함께 즐겨 내는 세금-융합형 공락세"(融合型 共樂稅)란 우선 조세이론의 문외한도 쉽게 이해되어 좋다. 그러나 부제인 융합형 공락소비세는 좀 어려운 표현인 것 같다. 세금의 중요한 것은 소득계층 간에 공평성이라고 할 수 있다. 연말 정산시에 종합소비세를 내는 경우 각종 공제조치 및 부의 소비세 제도 등을 적용해 일단은 공평성은 해결되는 것으로 볼 수 있겠다.

한편, 편한 세금이란 세금 납부에 있어 연말에 종합소비액을 신고해야 하는데 이는 예금인출액으로 은행에서 확인될 수 있어 편하며, 부가세는 소비시에 종합납부되어 납세순응비가 배제되고 있어 편할 것이다. 그래서 납세에 아주 간편한 세금이 소비세인 것이다.

이렇게 간편한 세금을 개인의 소비욕구 충족으로 즐거움의 만족을 누릴 것이기에 함께 즐기는 공락세란 표현을 쓰고 있다. 이러한 표현은 저자의 소비세에 관한 정서문화적인 감성이 높게 나타나고 있음을 알 수 있다.

결국 요즘 그 흔히 쓰이는 융합이란 용어가 세금에도 쓰여짐은 부가세와 같은 보통 소비세가 아니고 결국 소득세를 소비세로 융합해 총조세를 소비세로 대체한다는 뜻일 것이며, 이에 더해 소외층 저소득 계층에 대한 분배적 배려를 모두 포괄하는 사회경제적 의미를 내포하고 있는 하나의 정치경제학적인 개념으로 이해할 수 있지 않나 생각된다.

둘째, 이러한 소비세는 심미론적으로 아름다움을 내포하는 세금일 수 있다. 왜냐하면 우선 소외층의 배려와 유산자의 자본형성을 장려해 나라의 경제를 튼튼히 함에 있어 이를 아름다운 심미적인 사회의 세제로 인정될 수 있기 때문이다. 이러한 세금은 인도주의적 이념(人道主義的 理念)에 기초한 세금이라고도 할 수 있다. 우선 세상에 인간의 존재로 살아남자면 무엇인가 삶의 길을 찾아야 하는데, 그것은 물질에 대한 근검절약의 정신으로 열심히 자기 스스로의 노력을 축적해 자존적(自存的)인 힘을 얻어 살아나갈 것으로 생각된다. 이러한 스스로 노력한 정신에 대해 국가는 이를 보호·육성해 주어야 할 것이다.

그러한 보호정신은 우선 백성에 대한 세금정책에 반영되어 각자의 삶의 노력을 보호·장려해 주어야 할 것이다. 그러한 세금은 개인이 애써 마련한 저축에 또는 애써 번 돈에 대해 세금을 매길 것이 아니라 그 돈을 소비하는 행동에 과세함이 당연할 것이다. 이렇게 볼 때 소비지출에 대한 세금은 바로 인간의 삶에 있어 바른 길(正道)을 대변하고 있어 이를 인도주의적 세제라 했음은 저자의 폭넓은 전체론적 경제현상의 접근이 아닌가 생각이 되어 세제개혁의 그 방법론적 우수성이 돋보이는 것이다.

한마디로 "융합형 공락소비세"는 단순한 소비세가 아니라 그것은 인도주의적인 삶의 질서로서 인식해야 할 것이다. 함께 즐겨 내는 세금이란 소비행동을 통한 자동적으로 납세되는 부가세 또는 소비세로서 소비욕구의 만족감에 담겨진 세금으로 즐겨 내는 세금이 아닐 수 없는 것이다.

셋째, 오늘날 우리 주변은 세계화의 물결 위에서 홍수와 지진이나 해일을 언제 어떻게 당할지 불안한 환경 속에서 하루를 살고 있다. 여기에 더해 금융위기다 재정위기다 하는 위험을 안고 불안한 미래를 전망하고 있다.

이런 세계화의 위기시대를 헤쳐 나가기 위해서는 우리로서는 나름대로의 대처방안이 있어야 할 것이다. 여기에는 수다한 정책변수로 대처할 수 있지만, 조세면에서 이를 극복하는 효과적인 수단이 제시되어야 하며, 이는 바로 소득 대신 소비에 과세해 한국경제의 발전촉진적인 저축장려와 자본의 보호로 성장을 도모하는 지출세로 개혁한다면 위기에 대처할 수 있는 힘을 얻을 수 있을 것임을 저자는 확신하고 있다.

세계적인 위기를 극복할 수 있는 힘은 자존적 기틀이 튼튼해야 할 것이며, 이에 세금의 틀도 튼튼해야 한다면 그것은 인도적인 삶의 질서로 자기극복의 힘을 더해 주는 지출세로 세금질서의 힘을 증강시켜야 하기 때문이다. 이러한 위기극복의 힘을 축적하는 길이 바로 소비지출에 있음을 저자가 주장하나 그 실천방법에는 여러 난점이 있을 것으로 생각되어 걱정이 아닐 수 없다.

아무튼 어떤 의미에서 지출세는 극기복례적(克己復禮的)인 세금이며 이는 도의적(道義的)인 세금질서로 볼 수 있을 것 같아 흐뭇한 느낌이다.

넷째, "또 하나의 지출세"에서 저자의 독창성은 소비세를 "공락세"(共樂稅)로 부르고 있는 것이다. 이는 요즘 소득증대와 함께 세상은 중산층 및 서민의 대량 소비시대로 돌입하고 있으며 의식주의 문제도 대량 공급되어 있어 개인의 소비 선택만이 유일한 수요의 힘으로 작용하고 있다. 이와 더불어 요즘에는 주택만을 제외하고 타인과의 소비를 나누어 소비하는 공동소비 풍조가 지배되고 있다.

나눔의 시대가 온 것이다. 그런데 소비란 원래 개인의 소비욕구를 충족해 주며 소비를 통해 개인은 만족해 즐거움과 기쁨을 만나게 된다. 새 양복이나 구두를 신고 즐거워할 것이며 또 맛있는 고급 요리로 희락(喜樂)을 느낄 것이다. 그래서 여기에 세금을 과세해 개인의 즐거움의 일부를 정부가 함께 참여함은 국가와 백성 간에 공평성을 유지하는 세제라고도 볼 수 있다. 이러한 소비세를 일단은 함께 즐기는 세금으로 "공락세"라고 하고 있음은 저자의 세금에 대한 정서문화적 접근으로 볼 수 있어 흥미로움을 감지하는 바이다. 이런 측면에서 "함께 즐겨 내는 세금-융합형 공락세"라고 하는 제목은 시대적 흐름에 적합한 세제로 생각하지 않을 수 없다.

소비세는 대량 소비시대에 하나의 나눔의 세금으로 납세자로 하여금 세금에 대해 혐오감을 소멸하는 긍정적인 조세의식을 유발하고 있어 공감이 가는 심미적(審美的)인 명칭이기도 하다.

아무튼 이 저서가 서가의 장식품이 되어서는 안 될 것이며, 이 나라 세금질서의 개혁에 일조가 될 것을 기대한다. 세정 담당 관료, 학생, 사업가, 직장인, 가정주부 등 많은 사람들이 이 책을 한 번 읽어야 할 것을 추천하면서 끝을 맺을까 한다.

2012년 12월

윤기중(연세대 명예교수, 대한민국 학술원 회원)

머리말

이 책을 쓰게 된 동기부터 언급해야겠다. 저자는 2010년 『한국재정사의 행태적 탐구』라는 책을 발간한 이후 칼도(N. Kaldor)의 *An Expenditure Tax*를 번역하였다. 이 책을 번역하는 과정에서 터득한 세제의 개혁내용을 바탕으로 저자는 한국적인 조세문화 정서에 적합한 "또 하나의 지출세"를 모색해 보았다. 그렇다고 그러한 모색이 방법론적으로 하나의 선험적 가정에 입각한 어떤 연역적인 논리실증주의는 아니며 오히려 한국의 역사문화라는 제도적 틀 속에서 전체론적(holistic)인 배경 하에서 하나의 미래지향적인 한국의 세제를 추론해 보았을 뿐이다.

이러한 추론은 어디까지나 도의적・정서문화적 당위성이지 그러한 한국적 지출세가 법적・규칙적 당위성에 의지하지 않았음을 밝히고자 한다. 세금은 국민의 실질적인 경제현상을 규정하는 인위적 제도로 그것이 결과적으로 납세자에게 유익한 것인지, 또는 정부에 유익한 것인지, 아니면 정치가들에게 유익한 것인지 한 번쯤 냉엄하게 생각해 납세자가 가야 할 길이 어떻게 주어지고 있는지에 관해 관심을 가져야 할 것이다. 그래서 책의 제목을 "함께 즐겨 내는 세금–융합형 공락세"(融合型 共樂稅)로 하여 한국적인 세금의 정서문화에 가까이 하려고 하였다.

저자는 국민에게도 좋고 국가 정부도 나라를 잘 다스리며 정치가도 제 도리를 다하는 세금제도를 한 번쯤 심도 있게 궁리해 보아야 하지 않나 하는 생각으로 이 책을 집필했다. 조세학계에서는 양세란 공평성, 저과세 그래서 작은 정부, 단순성 등의 세제개혁 원칙을 주장한다. 저자의 소견으로는 이러한 세제는 직・간접세 융합형 소비세가 시대적 당위성을 내포하고 있어 이에 대해 깊이 있는 고찰로 이해에 근접해 줄 것을 당부하고 싶다.

많은 측면에서 이의를 제기할 수 있으나 우리의 조세정서를 생각한 역사적·민속적인 세제로서 누구에게나 공평한 그리고 세원의 기반이 가장 넓은 한국적 직·간접세 융합형 지출세 또는 직·간접세 융합형 공락소비세를 하나의 시대적 개혁을 목표로 한 세제이기에 이를 공표하게 되었음을 알리며 이에 머리말에 대신하고자 한다.

2012년 12월

역삼 세학원(世學苑) 서생

李 弼 佑

차 례

제1장 | 들어가는 말_ 1

제2장 | 인도주의적 공평성과 소비세_ 9

1. 인도적 삶: 공자(孔子)와 홉스(Hobbes) / 11
2. 소비세제(消費稅制) 주장 학자들 / 13

제3장 | 지출세의 이해_ 23

1. 지출세의 발상 근거 / 25
2. 소득세제의 불의(不義) 고발 / 26
3. 소비세 또는 지출세의 정치경제학적 의미 / 36
4. 소비세 또는 지출세란 어떤 세제인가? / 41
5. 지출세의 주요 내용 / 48

제4장 | 지출세의 유형_ 63

1. 고전적 지출세 / 65
2. 단일세 / 66
3. 현금흐름의 지출세 / 68
4. X조세 / 77

제5장 | 지출세의 논쟁_ 81

1. 지출세의 이론적 견해 / 83
2. 와렌과 조드로우의 평률세적 견해 / 92

제6장 | X조세 과세방식의 구체성_ 95

1. 소비세로서의 X조세 / 97
2. 내구재, 유증, 자가주택, 이전지출 / 98
3. 자본소득 / 100
4. X조세와 VAT / 101
5. 저축효과 / 101
6. 지출세의 국제과세론 / 102
7. 지출세에 대한 한국적 반향 / 104
8. 지출세의 종합평가 / 107

제7장 | 세제의 이기론적 공락세 선호: 왜 지출세를 좋아하나?_ 115

1. 조세의 근거학설: 조세상생설 / 117
2. 지출세의 이성적 선호 / 123
3. 지출세의 감성적 선호 / 127
4. 공조적 소비풍조와 나눔의 세부담 정서 / 130
5. 공락세 또는 다복세의 출현 / 132
6. 공락세의 시대적 배경 / 134
7. 공락세 또는 다복세의 이기론적 의미 / 140

제8장 | 지출세-공락세의 유형화_ 147

1. 서구형 공락세 / 150
2. 한국형 공락세 / 153

제9장 | 지출세를 반대하는 이유와 그 답변: 공공선택적 해명_ 161

1. 지출세의 반대 이유 / 163
2. 지출세제 반대 견해에 대한 답변 / 166

제10장 | 공락소비세 도입의 당위성_ 177

1. 시대론적 당위성 / 179
2. 조세론 및 경제론적 당위성 / 183
3. 한국인의 문화정서론적 당위성 / 204

제11장 | 지출세의 대안들: 재론_ 221

1. 칼도적 고전적 지출세 / 224
2. 전납형 지출세 / 225
3. 현금흐름의 지출세 / 227
4. 단일세형 현금흐름의 지출세:
   "두 수레의 현금흐름 세금" / 228
5. 포괄적 지출세 / 231
6. 공공선택적 지출세 / 234
7. 지출세 도입의 전체론적 충분조건 / 238

제12장 | 한국형 공락소비세의 설계_ 243

1. 서구의 세제 추세 / 245
2. 한국형 공락소비세의 특성 / 253
3. 한국형 공락소비세의 설계 / 261

제13장 | 결론_ 319

공락소비세 후기 / 339

참고문헌 / 341

찾아보기 / 349

【제1장】

들어가는 말

지금 우리는 전에는 겪지 못했던 글로벌 시대에 살고 있다. 경제적으로 많은 것이 변하였다. 주지하는 바와 같이 무엇보다도, 첫째 이제는 경제요소에 글로벌한 개방화로 한 나라의 불황은 여타의 나라들의 불황으로 전염되는 하나의 세계경제를 이루고 있다. 특히, 강대국의 경제변동의 주변국가에의 영향은 자본시장의 주가의 하락으로 반향되고 있는 것이 현실이다. 한편, 반대로 강국경제의 호황은 주변국 경제의 호황으로 이어져 그 의존관계는 심화되고 있는 것이다. 이를 글로벌 신제국주의로 부르기도 한다.

세계경제가 글로벌하기 전에 대국의 불황이나 호황이 주변 국가에 영향이 전무하다고 볼 수는 없다. 그러나 요즘처럼 자본이나 인력이 국경 없이 타국을 넘나드는 세상에 옛날에는 강국이 감기 들면 머리가 아픈데 글로벌화한 이후에는 기침을 하고 열까지 올라간다. 그래서 강국의 기침은 주변국의 열병을 가져올 수 있다.

둘째, 청년인구는 감소하고 있다. 요즘 젊은이들의 아이 낳기 혐오증의 확대는 청년인구의 감소를 결과하고 있다. 또 결혼생활을 기피하는 독신주의자의 확대로 인구는 감소하고 있다. 한편, 고령화 사회로 진입하여 노인층의 인구는 늘어나고 있으며, 이들은 인구의 노령화 구조를 촉진시키고 있다.

셋째, 오늘날 세계경제는 금융거래의 고도화로 금융경제의 원활한 유동성의 관리가 중요하다. 특히, 서민경제와 고소득층의 경제적 차이는 금융소득의 격차에 기인되고 있다. 글로벌 시대의 빈부격차는 그 어느 때보다도 확대되고 있다.

넷째, 고령화 시대로 진입할수록 사회보험 및 의료보험 문제가 확대되고 있다. 그런데 증가하는 고령화 인구의 사회보험료는 징수하지 않고 청장년층의 사회보험료만 징수한다면, 그 결과는 청년층의 경제활동이 위축될 위기에 놓여 있어 전체적으로 사회보험료 부담상의 불공평성 문제가 있는 것이다.

다섯째, 오늘날 세계 각국은 국가부채의 누적으로 상환불능(default)으로 인한 재정위기에 고심하고 있다. 그리스의 재정위기는 아일랜드, 프랑스 및 이탈리아로 번지는가 싶더니 이제는 미국으로 전파되고 있어 세계는 재정위기로 인한 불황이 다시 세계화될까 걱정하고 있다. 그로 인한 증시의 하락은 민생의 마음을 불안하게 하고 있다. 이를 해결하는 것은 무엇일까? 재정건전화에서 찾아야 할 것이라고 강조하지만 그 한계는 무엇이며 그 대안은 무엇인가? 세계화는 번영의 세계화가 아니고 불황과 불안의 세계화가 되고 있으니 말이다.

여섯째, 경제거래의 디지털화로 피세와 탈세의 경향은 심화되고 있으나 과세와 징세의 과학성과 정확성을 높여 주는 장점을 가지고 있다. 그러나 기계론적 기법은 피세와 탈세의 길을 열어 주고 있어 문제가 되고 있다. 뿐만 아니라 각종 소득공제는 과표를 줄여 세부담을 덜어 주는데, 이러한 공제제도는 세금부담을 빼먹는 피세의 장치로 이용되고 있다.

위에서 열거된 내용은 대체로 우리 경제사회가 당면한 문제이며 이들과 관계되어 있는 내용을 관찰한다면 보다 구체적이고 구조적인 과제로 인식되어질 것이다. 우리는 다음에서 이들 문제가 우리의 세제와 어떻게 연결되고 있는지를 볼 것이며 그것들은 우리의 세금제도를 어떻게 변화 개혁해야 될 것인지를 논의해 보고 싶은 것이다.

결론부터 이야기해서 문제를 풀어 나가자. 그러한 글로벌 시대의 문제를 해결함에 있어 세제의 역할은 중요하며 그 중에서도 소비세, 즉 지출세(expenditure tax)의 역할이 중요하다는 것이다. 지출세의 도입으로 이러한 글로벌 문제들이 잘 해결될 수 있음을 다음에서 구체적으로 이론적으로 논의할 것이다.

지출세는 영국의 정치철학자 홉스(Thomas Hobbes)가 최초로 양세(良稅)라고 주장하였으며, 한편 동시대의 경제학자 페티(William Petty)도 소비세의 공평성을 주장한 바 있다. 그들에 따르면 소득세는 개인이 근검절약해 애써 번 소득에 과세한다는 것은 우선 도의적으로 허용되어서는 안 된다는 것이었다.

그것은 애써 노력해 먹고 살려는 선하고 착한 마음에 물을 끼얹어 자수성가의 마음을 해치는 제도이기 때문이라고 하였다. 사실상 오늘의 자본주의 경제가 이만큼 성장한 것도 그러한 자수성가의 마음이 누적되어 오늘에 이르렀음을 인식할 때 인간의 삶의 의지가 그만큼 강하고 인내심이 깊었음을 보여 주는 것이다.

이제 21세기가 되었다. 우리는 새 시대의 갈 길은 멀고도 험하다. 개인의 시장도 문제이지만 나라살림, 즉 국가의 관리도 매우 중요하지 않나 생각된다. 시장위주의 자유방임 사상이 있는가 하면 시장과 국가가 서로 의존하는 간섭적 자유주의 혹은 혼합제도(mixed system) 아니면 절충적 사회적 시장질서를 주장하는 자도 있다. 그것은 국민의 아니 정치가들의 선택에 맡길 수밖에 없지만 학자적인 양심적 선택은 후자의 사회적 시장질서일 것이다.

사실상 자본주의 국가의 세금질서는 지금까지 약 240여 년간(1776년 『국부론』 발간 이후) 더 잘 살아 보겠다는 자수성가의 마음을 도외시한 세제를 운용해 왔다고 할 수도 있겠다. 그것은 인색한 성취동기만을 부추겼지 자수성가하겠다는 효심(孝心)의 마음이나 정신은 간과되었던 것이다. 국가의 제도는 개인의 양심과 생명을 보호해 주어야 한다면 이러한 비인간적인 세제는 포기되어 마땅하다고 생각하면서 이와는 정반대인 소비세를 도입해 소득세를 대체할 때 자수성가의 길을 확 터주는 세제가 될 것임을 주장하고자 한다.

새 시대의 공생을 위한 혁신세제로서 지출세를 주장하면서, 첫째 지출세가 새 시대의 문제를 해결할 수 있음을 분석적으로 설명할 것이다. 둘째, 지출세의 내용을 칼도(Kaldor) 및 피셔(Fisher)를 중심으로 고전적인 이론을 살펴보고 앤드류(Andrews), 피치만(Pechman), 홀-라부슈카(Hall-Rabushka), 브래드포드(Bradford) 등의 이론을 소개·음미하고자 한다. 셋째, 이러한 지출세를 반대하는 사람들도 많다. 그 이유를 소개하면서 그 반대 이유의 부당함을 확연하게 설명하고자 한다. 넷째, 지출세의 공평성과 효율성의 이점을 서술할 것이며 그의 사회경제적 편익에 대해 설명할 것이다. 이와 함께 지출세의 국제거래상의 과세문제도 공평성과 효율성을 밝혀 글로벌한 최적과세임을 증명하고자 한다. 다섯째, 지출세 도입의 사회경제적 필요조건에 대해 논의하면서 본서의 결론에 이르고자 한다.

하나의 학술적 견해는 그 주장의 근거가 있어야 한다. 우리는 이에 있어 사고의 근본을 제시하는 어떤 철학적인 원리에 의지하지 않을 수 없었다. 즉, 경제학의 합리성이 현재 지배되고 있는 공감이 가는 견해를 쫓아 현상의 진리를 찾아야 하지 않을까?

이에 있어 우리는 그래도 근·현대 철학을 대변하는 유수 철학자들의 원리를 가슴으로부터 이해하려는 노력을 해 보았다. 특히, 하늘의 뜻을 어김없이 받아들이되 그것은 배우고자 하는 아무것도 모르는 학생으로서 천(天) 속에서의 자아(自我)를 찾으며 또 자아 속에서의 천을 섬기는 대아적(大我的)인 자존적 존재(自存的 存在, ontologische Dasein, Heidegger)로 가는 길을 "또 하나의 지출세" 통해 지평선 위에 조화롭고 평화롭게 그려보고자 했음을 고백하는 바이다. 세제는 백성과 나라의 대칭적인 개념이지만 이는 상호 평화적인 융합(irenic fusion) 속에서 이루어져야 할 것이기에 말이다.

이런 험한 세금의 지평선의 길을 걸어감에 있어 의지하였던 사고의 원조들이 있었다. 이들은 근·현대 철학의 선지자적 역할을 하였던 니체(Friedrich Nieztsche)와 하이데거(Martin Heidegger), 인생무상(人生無常)과 무위자연(無爲自然)의 노자(老子) 및 소요유(逍遙遊)를 구사했던 장자(莊子) 그리고 실용주의(實用主義)를 주장했던 듀이(John Dewey) 및 로티(Richard Rorty)가 있다. 한편, 한국의 실학파(實學派)였던 퇴계 이황, 이이 율곡, 성호 이익, 안정복, 다산 정약용 등 한국의 실사구시(實事求是)의 사화과학적 심미성을 세계화 과정에서 재음미해야 할 과제이기도 하다.

그래서 한국의 세금은 이제 그 시대적 흐름에 기초해 함께 즐기면서 세금을 내는 공락세(共樂稅)로 함을 음미해야 할 것이다. 소비는 즐겨 쓰기 마련이며 이와 함께 내는 소비야말로 공락적이며, 특히 나눔의 대량 소비시대에 이르러 소비세의 의미를 재음미해야 할 것이다.

【제2장】

인도주의적 공평성과 소비세

1. 인도적 삶: 공자(孔子)와 홉스(Hobbes)
2. 소비세제(消費稅制) 주장 학자들

1. 인도적 삶: 공자(孔子)와 홉스(Hobbes)

모든 공적인 나라의 제도는 국민 개개인의 삶과 재산을 보호해 주기 위해 제정되고 있다. 우리는 일반적으로 잘 살기를 원하고 이를 위해 매일 매일 삶에 열중하고 있다.

부모는 자식이 자수성가(自手成家)하고 입신양명(立身揚名)하여 잘 살기 바라면서도 자기 가문의 사회적 영광의 평가를 더 중요하게 생각하면서 자녀교육을 할 것이다. 자녀교육은 우리나라에서는 하나의 움직일 수 없는 도리로 여기고 있으며, 자녀의 도리는 부모에 대한 효도에 있다고 볼 수 있을 것이다. 이것이 우리나라에서 통용되는 일상적인 삶의 도리라고 생각하며 저자는 이러한 도리를 한국적인 인도주의라고 부르고 싶다.

이러한 삶의 도리를 다 함에 있어 열심히 노력하여 번 돈을 "티끌 모아 태산"이라고 안 쓰고 절약하여 저축하고, 그 저축의 여력으로 더 큰 사업을 함으로써 소득의 증가로 자녀교육에도 어려움을 덜 수 있는 것이다.

그런데 저축으로 인한 또 하나의 세원이 나왔다고 정부는 세금을 부과하여 재정수입 증가에 좋아하겠지만, 한편 이로 인한 저축자는 고통스럽다. 세금으로 떼이니 애쓴 보람이 없어지고 사업 확장 또는 새로운 사업의 꿈은 좌절되어 삶의 발전의욕은 없어질 것이며, 그 결과 경제의 진보는 좌절되고 국가경제는 쇠퇴할 것이기 때문이다.

결국 나라경제에도 도움이 되고 국민의 삶을 북돋기 위해서라면 이런 삶을 부정하는 세금은 마땅히 고쳐 보다 바람직한 세제로 개혁해야 할 것이다. 즉, 삶의 도리를 다 하는 행동에 과세할 것이 아니라 그 반대의 행동, 즉 번 돈을 마구 쓰는 사치적인 브랜드(brand) 쇼핑을 하는 과다 사치 소비 행동에 세금을 물리는 것이 마땅할 것이다.

소비행동에는 두 유형이 있다. 하나는 여유가 없지만 열심히 노력하여 번 돈으로 꼭 필요한 상품만을 구입하며 값비싼 사치재나 고가소비를 하지 않는 알뜰형이 있다. 다른 하나는 돈이 많은 부유층으로서 흥청망청 마구 사들이는 쇼핑만능의 소비층이 있다고 볼 수 있다.

그런데 우리의 현행 세제는 어떠한가? 한 번쯤 생각해 보자. 근로자는 열심히 일하여 번 소득은 직장에서는 원천과세되고, 사업자는 사업소득세로 과세된다. 여기에서 근검절약하여 남는 돈은 은행에 예금한다. 그런데 예금으로 발생한 소득에 이자소득세를 또 과세하여 결국 이중과세를 당하는 꼴이 되고 있다. 한 번 내면 그만인 세금을 같은 소득에 두 번씩 과세를 해도 되는 것인가?

사실 세금은 국민이 삶에 열중하는 경제행동도 정부가 제공한 여러 법 및 제도로 인해 가능하다고 해석하여 그러한 정부의 공공재(법, 제도 등)의 공급에 대한 비용으로 세금을 매겨 징수한다고 볼 수 있다.

여기까지도 좋다. 고소득층은 대부분 이런저런 씀씀이가 많다. 물론 그런 소비에 세금이 없는 것은 아니다. 소비할 때 누구나 내는 부가세가 10%로 과세된다. 많이 소비하나 적게 소비하나 그 부담은 비례세이므로 하등 차이가 없는 것이다. 있다면 사치재에 특별소비세가 있어 차이를 보일 뿐이며 고소득층의 소비수준은 저소득층에서는 감히 기대할 수 없는 몇 배 높은 수준에 이르고 있다. 물론 요즘에는 중산층의 확대로 그 차이가 축소되는 분야도 있다. 해외여행, 사치재, 아파트, 부동산 구매 등 고소득층의 소비지출은 하나의 흐름으로 보편화하고 있음을 볼 수 있다.

이러한 무절제한 소비 양태는 비례세 10%로 수평적으로 평등하다고 할 수 있겠지만 수직적으로는 엄청난 불공평성을 내포하고 있는 것이다.

2. 소비세제(消費稅制) 주장 학자들

원래 인도주의 경제운용을 하나의 정치적 규범으로 내세우는 사람은 저자 뿐만은 아니다. 아마 이러한 인도주의의 사상은 원래 동북아시아의 유교에서 볼 수 있지 않나 생각된다. 무엇보다도 논어의 자로(子路)에서 공자(孔子)는 "백성들을 부하게 해 주어야 한다"고 했으며 백성의 다스림의 도에서는 인도주의적인 가르침을 교시하고 있다.

즉, "인심(人心)이 천심(天心)"이란 덕(德)의 정치사상으로 백성을 다스렸으며, 특히 "…… 한결같이 여러 별들이 사면으로 돌아 북극성을 보좌함과 같으니라." 이로써 그는 지상의 인간들을 별들의 행방에서 찾았으며, 이는 고대사회의 인도적이고 길흉을 찾아 덕의 정치를 추구하였음을 보여 주고 있는 것이었다(『論語』, 爲政).

한편, 개인적인 이타심의 배려는 인도주의적 사회사상을 교시하고 있다. 즉, "인민을 부리되 큰 제사를 받듦과 같이 하며, 자기가 싫어하는 일을 남에게 강요해서는 안 된다. 그래서 온 나라가 원망이 없고 화평해지며 온 집안이 원망 없이 평화로우리라"라고 교의하고 있다(『論語』, 顔淵 2. "使民如承大祭 己所不欲 勿施於人 在邦武怨 在家無怨").

특히, 공자는 사치스러운 고소비(高消費) 행동을 혐오하였다. 즉, "奢則不孫 儉則固 與基不孫也 寧固"라고 교의한 바 있다(『論語』, 述而 35). "사치하면 거만하기 쉽고 검약하면 고루하기 쉽다. 허나 거만한 것보다는 차라리 고루함이 낳다."

여기에서 우리는 인도주의적 통치를 우주적 천체의 순환법칙에 따르고 있으며, 백성을 단순한 개인적 울타리를 초월한 천도의 인심으로 보고 있는데 반해 사치와 과소비를 거만한 부정적인 사회관계로서 단정하고 있음은 사치적 소비의 문화가치의 하위성을 말해 주고 있음은 주목할 만하다.

한편, 인도적인 과세공평성을 주장한 서구 학자는 주지하는 바와 같이 홉스(Thomas Hobbes)였다. 그는 1651년에 세 차례에 걸친 대륙여행을 한 후 그의 불후의 작품 *Leviathan*을 출판하였다. 여기에서 주권 지배자는 절대적인 힘을 가질 것을 주장한다. 중세 군주국의 절대성을 이론적으로 합리화한 책으로 후세의 많은 비난을 받고 있지만, 단 세제에 관한 한 그의 견해는 오늘의 새 시대 기조사상을 이미 500년 전에 선견지명(先見之明)이 있었음을 말해 주고 있는 것이다(Leviathan이란 군주국가의 엄청난 권력은 아주 큰 괴물과 같음을 상징적으로 표현한 것이었음).

그의 과세공평성의 근본을 살펴보자. 과세의 공평성은 사실상 소비행동에 근거하고 있어야지 소득에 두어서는 안 될 것이다. 즉, 열심히 노력해서 자수성가한 사람이 지금 저축도 많이 하고 소비도 근검절약하여 적게 하는 개인에게 세금을 중과하며, 반면에 돈이 많아 쇼핑에만 열중하는 브랜드 사치품에 집중 소비하는 고소득층에게는 저과세한다면 이는 과세의 공평성을 무시하는 불공평 세제인 것이다.

결국 애쓰며 노력하여 번 사람에게 고과세하고 흥청망청 사재기하는 사람에게 저과세한다면, 국가의 경제발전은 쇠퇴될 것이며 세금부담도 불공평한 세제가 될 것이기 때문이다. 그래서 홉스는 소득과세를 포기하고 소비세로 대체할 것을 주장하였다. 소비세로 과세할 때 과세공평성이 보장됨을 주장하고 있는 것이었다. 소비는 누구에게나 소비한 것만큼 과세되므로 공평하다는 것이다.[1)]

아무튼 장기적으로 보아 소비의 크기가 담세력을 정확히 말해 주며, 신고제 하에서 소득이 늘어도 과거의 소득수준 신고에 집착한다면 이는 장

---

1) Thomas Hobbes(1962), p. 255. "……the impositions, are laid upon those things which men consume, every man payeth equally for what he useth: nor is the commonwealth defrauded by the luxurious waste of private men."

기적인 소득의 크기에 불일치하고 있어 불공평하다는 것을 이해해야 할 것이다.

어쨌든 그런 과세공평성보다 인도적 과세공평성을 주목해야 할 것이다. 즉, 소득에 과세하는 대신 소비에 과세함은 일단은 인간의 생활향상을 위한 노력을 저해하지 않고 오히려 그러한 선(善)의 노력을 보호한다는 의미에서 인도적인 정책이라는 것을 인식해야 할 것이다. 이는 인도적 공평과세로 보는 것이 정당하기 때문에 소비세의 원조는 영국의 홉스로 보아야 할 것이다.

그 후 소비세를 강조한 학자는 홉스와 동시대에 살았던 그리고 홉스의 조교로서 봉사하였던 경제학자 페티(William Petty)가 아닌지 생각한다.

그는 소비과세를 개별 세목(소득세, 덕세, 상업세 등)을 소개하면서 세금징수는 유연하게 과세하여 거둘 것을 건의하였다. 또한 소비세를 중시하면서 이를 공평과세로 제시한 바 있다.[2)]

왜냐하면 토지소득세를 지주에게 과세하면 지주는 소작료를 올려 세부담을 소작인에게 전가해 무산자의 생활을 어렵게 했던 것이다. 이는 오늘의 재산세 과세 및 사업소득세 과세가 상품가격의 상승을 통해 소비자에게 세금부담을 가중시키고, 재산세 고과세는 임대세를 올려 세입자의 부담만을 가중시키고 있기 때문이다.

그는 소비세의 장점을 지적하면서 이를 권장하고 있다. 특히, 그는 여러 면에서 선배인 홉스의 견해가 옳다고 지지하면서 그를 추종한다고 기술하고 있다. 또한 소비세를 소득세 또는 공납세(貢納稅), 덕세(德稅)처럼 과세기준이 모호하고 불확실하나 공평한 과세는 역시 소비세라고 주장하였다.

첫째, 모든 세금은 개인의 경제행동의 동기를 그 과세기준으로 해야 함을 강조하면서 우선 인간의 본능적인 욕구는 모두 소비를 통해 발생하고 있다. 이러한 욕구는 누구에게도 배제되지 않고 있는 공통성을 지니고 있는

2) William Petty, 윤기중 역(2002), pp. 108~114.

것으로 보아, 이 욕구에 일정 비율로 과세함은 공평 이전의 사회적 정당성을 확보하고 있다는 것이다.

둘째, 소비세는 소득세와 같이 이중과세될 수 없는 조세이다. 따라서 납세자의 부담을 덜어 주는 과세가 될 것이다.

셋째, 소득세나 여타의 세금징수는 그에 따른 비용이 상당한 수준에 이르고 있어 문제가 되고 있다. 이에 소비세는 상품의 구매시에 직시 과세됨으로써 징세의 비용은 거의 없다고 볼 수 있다. 상품 판매시 지급한 소비세는 상인이 정부에 넘겨주는 것으로 징세는 끝나기 때문인 것이다. 징세비 절약을 위해서도 소비세 과세를 중시하는 것이다.

1600년대, 즉 약 400여 년 전에 이러한 소비세는 최적과세로 주장되었던 것이다.[3] 그 후 1930년대에 스웨덴의 경제학자 피셔(I. Fisher)는 돈의 흐름을 중시하고 소비세의 정당성을 역설하였다.[4] 이를 근거로 하여 본격적이고 체계적인 단일 세목으로 지출세(expenditure tax)를 영국 정부의 세제개혁안으로 건의하여 논란을 일으켰던 칼도(Nicholas Kaldor)를 들어야 할 것이다.

칼도가 첫 작품을 출판한 것은 1955년에 *An Expenditure Tax*였다. 여기에서 그는 현행 세제(소득세 중심)의 불합리성을 이중과세, 저축 저해, 자본축적 저해, 사치재 소비에 집중하는 고소득층의 낭비성 소비로 인한 사회경제적 불공정성 등을 지적하면서 과세방식을 납세를 기준으로 하여 상세히 설명하는 것으로 끝을 맺고 있다.[5]

이러한 혁신적인 세제개혁안은 영국 정부에 건의된 바 있으나 의회에서 부결되어 뜻을 이루지 못하였다. 그 후 칼도는 인도의 동인도회사에 출장을 갔으며 당시(1956) 지출세를 인도 정부에 건의하여 성공하였지만, 소

3) Irving Fisher(1939), pp. 16~33.
4) Irving Fisher and Herbert W. Fisher(1942).
5) Nicholas Kaldor(1955).

득세 및 행정적인 난점으로 2년 후에 폐지되었다. 그 후 칼도는 스리랑카에 또 지출세 도입을 시행하였으나 인도에서와 같은 이유로 2년 후 폐지되었다.

이는 세제개혁의 기발한 발상이었으나 실천면에서 실패한 경제학자였다. 그는 세제혁명가였으며 또한 이는 과학적 혁명가였다고 본인은 생각하는 것이다. 이러한 혁명적인 이변이 일어나지 않고서 지출세의 도입은 기대할 수 없음을 그는 이 책의 맨 끝에서 결론으로 맺어 지출세는 혁명적인 세목임을 인정하지 않을 수 없는 것이다.[6)]

칼도 이후 조세학 분야에서는 소비세의 관심은 높이지고 있다. 사실상 칼도 이후 약 10년간은 잠잠하였다. 그러나 1970년대에 들어서자 조세학계는 다시 소비세에 관심을 집중시키지 않았나 생각된다.

미국의 브루킹스(Brookings)연구소에서 소비세 중심의 연구, 특히 과표를 소득에 둘 것인지 아니면 소비에 두어야 마땅한 것인지를, 후생경제학으로 칼도 이론을 도마 위에 놓고 논쟁을 벌였다. 결국 헝가리 출신 영국 학자의 지혜는 어떤 면에서 이론적인 난장판으로 전개되는 학문적 수모를 겪으면서도 지출세의 정당성은 인정되어 미국 의회에 상정되었지만 그 곳에서도 인정되지 않았다.

이들의 논의주제는 다음과 같다. 이와 관련된 미국 조세학계의 논문들을 참고로 여기에 소개한다.

Alice M. Rivlin, ed., *Economic Choices 1984*, The Brookings Institution, Washington, D.C. Henry J. Aaron and Harvey Galper 5. Reforming the Tax System.

Alvin C. Warren, "Fairness and a Consumption Tax-Type or Cash Flow Personal Income Tax," *Harvard Law Review*, 88: 931, 1975, pp. 933~936.

---

6) Nicholas Kaldor(1955), p. 242.

Alvin C. Warren, "Would a Consumption Tax be Fairer Than an Income Tax?" *Yale Law Journal*, 89, 1980, p. 1081.

Alvin C. Warren, "How much Capital Income Taxes under an Income Tax is Exempt under a Cash Flow Tax?," *Tax Law Review*, 52, 1996, p. 1.

Anthony B. Atkinson and Joseph E. Stiglitz, "The Design of Tax Structure Direct versus Indiret Taxation," *Journal of Public Economics*, 6, 1976, pp. 55~75.

David F. Bradford, "The Case for a Personal Consumptioln Tax," in Joseph A. Pechman, *What should be Taxed, Income or Expenditure?*, Washington D.C.: Brookings Institute, 1980.

David F. Bradford, *Untangling the Income Tax*, Cambridge, MA: Harvard Univ. Press, 1986.

David F. Bradford, *Fundamental Issujes in Consumption Taxation*, Washington D.C.: AEI Press, 1996.

David F. Bradford, "Transition to and Tax Rate Flexiblility in a Cash-Flow Type Tax," in James M. Poterba ed., *Tax Policy and the Economy*, Vol. 12, Cambridge, MA: MIT Press, 1998.

David F. Bradford, *The X-Tax in the World Economy: Going Global with Simple, Progressive Tax*, Washington, D.C.: American Enterprise Institute, 2004.

David F. Bradford and US Treasury Tax Policy Staff, *Blueprints for Basic Tax Reform*, Washington, D.C.: US Department of Treasury, 1977.

Edward J. McCaffery, "The Tax Policy under a Hybrid Income-Consumption Tax," *Taxes Law Review*, 70, 1992, p. 145.

Harry, Grubert and T. Scott Newlon, "International Implications of Consumption Tax Proposals," *National Tax Journal*, 48, 1995, pp. 619~647.

Joseph J. Pechman, *What should be Taxed, Income or Expenditure?* Washington D.C.: Brookings Institute, 1980.

Michael J. Graetz, "Implementing Progressive Consumption Tax," Harvard *Law Review*, 92, 1979, pp. 1575~1661.

Michael J. Graetz, "Expenditure Tax Design," in J. A. Pechman, ed., *What should be Taxed, Income or Expenditure?*, 1980.

R. Glenn Hubbard, "How Different Are Income and Consumption Taxes?," *American Economic Review*, 87, May 1997, pp. 138~142.

Weisbach, David, "The Ironing-Out the Flat Tax," *Standford Law Revew*, 52, 2000, pp. 1~16.

William D. Andrews, "A Consumption-Type or Cash Flow Personal Income Tax," *Harvard Law Review*, 87(6), 1974, pp. 1113~1188.

위에서 소비세 혹은 지출세에 관한 미국 조세학계의 연구논문들을 소개하였는데, 이들의 연구 추세에 대해 개략적인 정리를 해보자.

첫째, 칼도의 지출세라는 새로운 세제는 1955년에 세상에 선을 보였다. 그 후 그의 이론은 미국의 조세학계에서 큰 관심을 유발시켰다. 그러나 『지출세』 출간 후 약 10년간은 별다른 관심을 보이지 않았다.

『지출세』 출판 후 약 20년 후에 미국에서는 하버드의 앤드류(William D. Andrews)라는 조세학자가 최초로 관심을 보였다. 그는 주로 소비세 유형의 조세에 대해 고찰하면서, 특히 이를 현금흐름(cash-flow)에 과세하는 소득세로 보았다. 이러한 현금흐름에 대한 과세는 그 과세객체가 사람이지 물품일 수 없는 것이었다. 따라서 칼도의 소비에 대한 종합과세로서의(人稅)를 그대로 받아들이고 있음을 볼 수 있다.

한편, 와렌(A. Warren)은 1974년에 소비세와 현금흐름에 과세되는 소득세와 어떤 차이가 있는가를 고찰한 바 있다. 역시 공평성 면에서 현금흐름에 과세되는 직접적인 소비세의 우월성을 논증하고 있는 것이었다.

1970년대 후반기에는 이러한 소비세 유형의 과세방식을 브래드포드(D.

Bradford)는 미국 재정부에 건의했으며, 1979년에는 그라츠(Graetz)라는 조세학자는 종합소비세의 실제 도입방식에 대해 논의하고 있다. 이렇게 볼 때 칼도의 지출세라는 아이디어는 미국 학계에서 매우 긍정적인 관심을 불러일으켰다고 볼 수 있다.

1980년대로 접어들면서 미국 조세학계는 지출세 논의 시대로 접어들게 된다. 즉, 브루킹스연구소(Pechman 주관) 주최로 지출세에 관한 논의가 전문가들에 의해 논평되기 시작하여 마침내 지출세의 장단점을 분별하는 모임을 1978년에 가진 바 있다. 그 주제는 주지하는 바와 같이 소득과표에 과세하는 것이 정당한가 아니면 소비과표에 과세하는 것이 정당한가였다.

이론적으로는 지출세의 장점을 공평성 및 단순성이 있음을 시인하지만 그 시행에는 상당한 법적 절차를 밟아야 함으로 그의 실현화는 미궁의 경지에 잠입하였던 것이다.

그러면서도 지출세의 학문적 관심은 계속 이어지고 있었다. 1980년도에는 브래드포드의 현행 소득세의 불공평성을 논의하면서 오히려 소비세의 종합과세가 훨씬 우수하다는 점을 지적하였던 것이다.

특히, 1980년에 와렌은 지출세가 소득세보다도 공평성 면에서 현저하게 우수하다는 것을 논증하고 있다. 또한 당시 소비세 논쟁은 과표대상에 있었다. 이에 대한 칼도의 견해는 국민의 소득에서 부의 증대로 볼 수 있는 자본축적, 투자, 저축 예금 등을 빼 준 크기를 지출세의 과표로 잡고 있는 것이었다. 이러한 과표는 모두 거시적인 이미 정착된 계량적 지표로서 표현되고 있다.

그러나 미국의 조세학자로 이러한 고정적인 지표를 현금흐름의 개념으로 최초로 압축 표현한 것은 앤드류였다. 그 후 브래드포드 및 아우어박(Auerbach) 등이 이러한 흐름의 과표를 주장하게 되어 지출세는 구 과표에 있어 소득세와 같이 고정된 사후소득과는 달리 이직도 유동적인 흐름의 개인적인 소득을 소비세의 과표로 보고 있는 것이다.

1990년대에는 브래드포드를 중심으로 과세방식을 현금흐름의 소득 개념으로 보고 이러한 과표의 신축성을 실천하는 길을 찾고 있었다. 특히, 이러한 현금의 흐름을 과표로 했을 때 적용되어야 할 누진성에 대해서도 관심을 보였다.

특히, 이러한 과표와 누진성의 세율을 개인납세자와 기업의 법인을 구분해 다루고 있었다. 이와 관련해서는 2008년에 발간된 책[7]은 매우 수준 높은 작품이었음을 특기하지 않을 수 없다. 여기에서 아우어박은 소비세의 효율성을 논하고 과표의 내용이 무엇이며 현행 세제에서 소비세로 이행 전환함에 있어 소요되는 비용이 무엇이며 크기는 얼마가 될 것인지를 논하고 있으며, 끝으로 공평성을 위한 세부담의 누진성에 대해 논의하고 있어 지출세 도입상의 문제점 등 하나의 완벽한 포괄적인 지출세의 이론과 실천을 담은 저작으로 볼 수 있다.

최근에는 영국의 사회경제학자 레이야드(Richard Layard)는 오늘날 고도성장으로 많은 사람들은 더 잘 살기를 원하고 행복을 추구한다. 그래서 고소득층의 고소비는 신분상승의 상징성을 띠고 있기도 하다. 이러한 고소비 풍조는 사회적 낭비를 부추기는 한편 저소득층의 과도한 경쟁심과 초과노동을 요구할 수도 있다.

풍요의 사회는 타인과의 비교 혹은 경쟁심을 자극시켜 오히려 행복수준을 저해할 수도 있다. 이러한 풍요사회의 안정을 위해 레이야드는 고소득층의 사치성과 소비를 억제해야 하며, 이를 위해 사치세를 도입할 것을 건의하고 있다.[8]

한편, 소비세가 최근에는 일본의 조세학계에서 주장되고 있음은 매우 흥미롭다. 왜냐하면 주지하는 바와 같이 대체로 일본 학계에서는 소비세라

---

7) Alan J. Auerbach and Daniel N. Shaviro(2008).

8) Richard Layard(2005), S. 94. "……mit Lxussteuer will er verhindern, dass die Menschen in den Statuswertlauf geraten und ueberarbeiten."

고 하면 악세라고 생각하며, 부가세(VAT)의 세율인상도 부담상의 역진성으로 반대되고 있으며, 이 소비세는 정권교체에도 큰 변수로 작용하고 있기 때문이다.[9] 노령화 사회의 복지비 조달은 소득세에 의존할 것이 아니라 고령자 층도 포함되는 소비세에 의존하는 것이 세부담상의 공평성을 실현할 수 있음을 주장한다. 그래서 고소비행동은 복지시설의 고소비를 요구하고 있어 소비세의 부담은 합리적이라는 것이다. 풍요사회의 과세 공평은 소득세에 있지 않고 소비세에 있음을 알아야 할 것이다.

9) 石 弘三(2009).

【제3장】

지출세의 이해

1. 지출세의 발상 근거
2. 소득세제의 불의(不義) 고발
3. 소비세 또는 지출세의 정치경제학적 의미
4. 소비세 또는 지출세란 어떤 세제인가?
5. 지출세의 주요 내용

1. 지출세의 발상 근거

먼저 지출세(支出稅)를 이해함에 있어 시작해야 할 기본은 역시 이런 생소한 이름의 세금이 왜 주장되고 있는지 그 새로운 세금의 근본을 알아 보아야 할 것이다. 이는 기본적으로 지출세의 철학과 관계되고 있다.

그러나 여기에서는 그런 딱딱하고 어려운 표현보다 알기 쉽고 편한 표현으로 바꾸어 보았다. 그 발상 근거라고 제목을 붙여 알아보기로 하자.

첫째, 지출세의 발상 근거는 역시 홉스(T. Hobbes)의 조세사상에 있었다고 보아야 한다. 그의 조세사상은 두 가지로 나누어 볼 수 있다. 먼저 하나는 잘 살아 보겠다는 노력, 즉 삶의 보편적인 개선욕구를 억제하는 제도는 악재이다. 바로 소득세가 이에 해당한다고 하였다. 그래서 소득세는 삶의 악재로 보았으며 이를 제거하고 삶의 호재가 되는 세금은 역시 소비에 과세하는 것임을 역설하였다. 애써 번 돈으로 삶의 즐거움을 위해 소비하므로, 즉 부를 감소시키는 행동에 과세하자는 것이다. 이는 삶을 보호하는 인도적인 길임을 알아야 할 것이다. 인간적인 너무도 인간적인 니체(Nietze)적인 세제이기도 하다(Menschlich Allzumenschliches Stuersystem).

둘째, 이러한 소비세의 과표는 개인적인 차원에서 소비하지 않고 저축하는 행동에 대해서는 과표로 포함시키지 않는 것이었다. 소득세에서는 이러한 저축행동에 과세해 이중과세 문제를 유도해 삶의 개선의지를 좌절시키고 있는 것이었다. 그리하여 이런 삶의 기(氣)를 저해하는 악재를 제거하고 삶의 호재인 저축을 일단은 과표에서 제외시켰던 것이다.

셋째, 불공평성의 제거에 있었다. 즉, 소득세제 하에서 고소득층의 낭비적인 소비에 과세하는 것이어야 했다.

넷째, 수평적 공평성에 있었다. 즉, 소비세는 모든 개인에게 같은 세율로 과세됨으로써 공평하다는 것이다. 과표의 가감을 통한 피세나 탈세행동을 완전 배제할 수 있어 만인에게 공평하다는 것이었다.

대체로 이러한 장점이 있음을 근거로 해서 칼도는 지출세를 제시하고 있는 것이다. 그의 『지출세』라는 책의 첫머리에 인용된 것은 *Leviathan*의 X.X.X.장에 있는 과세방식의 근거귀절 내용은 다음과 같다.

"과세의 공평성 기준은 소득에 있다기보다 소비에 있음을 알아야 한다. 바로 부유층의 소비가 그 대상이 될 것이기에 말이다. 그 이유는 이렇다. 성실히 일하고 노력하며 근검절약하여 사는 사람에게 세금을 중과하는 반면에 아주 게으르고 그가 가진 돈으로 흥청망청 사치낭비의 호화생활에 전념하는 사람에게 적은 세금을 과세함이 옳단 말인가? 서민의 노동도 사회적 공동재산으로 보아야 할 텐데 이렇게 도외시 되어서는 안 될 것이다. 보호를 받고 있는 사람은 근검절약하는 서민대중이 아니라 낭비적인 소비와 호화생활을 즐기는 부유층이라고 해야 할 것이다. 그러나 세금을 소비행동에 대해 과세하면 모든 사람이 내는 세금은 공평하게 될 것이다. 왜냐하면 자기가 쓴 것만큼, 즉 소비의 크기에 따른 세금은 그 부담률에 있어 동등할 것이기 때문이다. 부유층의 사치적 낭비로 인해 우리의 사회적 공동재산이 소멸되어서는 안 될 것이다."

2. 소득세제의 불의(不義) 고발

1) "자비로움의 정부" 가정

오늘날 재정학 방법론에는 공공선택학파의 개인적 선호사상이 집중되어 하나의 공공정책이 결정된다는 것이다. 그래서 국민을 위한다는 명분은 말뿐이지 대신 정치적 권력의 실속차림이 극대화되고 있음을 지탄한다.

겉으로는 정부는 국민을 위해 희생적으로 봉사하며 국민에 대해 자비로운 정부를 내세우고 있다. 국세청은 최근 친기업적·친시장적인 조세정책을 추진할 것임을 발표한 적이 있으며 바로 그것은 정부의 자비로움(benevolant government)을 대변한다고도 볼 수 있다.

서양 학풍은 아마도 이런 동양적 재정사상을 하나의 자선적 정부로 비하시킬 것이다. 중세기의 독재군주국의 치국 이념은 자선적 정부로 대변되는 것이었다. 맹자(孟子)의 항산항심(恒産恒心)의 치국 사상은 국가의 백성을 위한 희생정신이 선행되고 있으며 이를 자비로운 정부의 개념으로 매도시켜서는 안 될 것이다. 이는 어디까지나 하나의 정의에 기초한 국가의 재정적 규범을 제시하고 있는 것이며 정치적 욕구나 사심을 추구하자는 의미는 아니었다.

어쨌든 현실은 이러한 공공선택학파의 현대 정부에 대한 비난은 현실적이며 정치가의 대부분이 예산은 정치세력의 확장에 집중 운용되고 있는 인상을 주고 있는 것이다.[1)]

동양의 성현의 말씀에는 맹자의 "항산항심"을 인용한다. 이는 재정학적으로 매우 중요한 명제로서 부각되고 있다. 국가는 먼저 국민의 삶을 도모하여 먹고 살 수 있게 한 후에야 국민들은 국가에 세금을 자발적으로 내려고 할 것이라는 아주 선선정(先善政) 후선심(後善心)의 통치자적 재정심리학적 교훈을 시사하고 있는 것이었다. 국가가 먼저 국민을 위해 착한 일을 한다는 것은 자기희생을 감수하겠다는 뜻이다. 그러나 오늘날 정계의 행태는 이와는 정반대이다. 먼저 세금을 걷고 후에 봉사하겠다는 가렴주구적 요인을 내포하고 있다.

규범적 가치에 반대되는 행동을 우리는 불의(不義, unjustice)라고 한다. 이러한 옳지 못한 그릇된 행동에 대해 부끄러워해야 함을 교의하고 있는

1) Geofferey Brennan and James M. Buchanan(1980), chapter 8, pp. 154~163.

맹자를 연상하게 한다. 이를 수오지심(羞惡之心)이라 하였다. 부끄러워하는 마음 그 자체는 바로 올바른 사회규범 가치를 제시한 의(義)의 마음에서 연유되며 잘못을 저지르고서도 부끄러워하지 않는다면 이는 인간이 될 수 없음을 교의하고 있는 것이었다. 그래서 이는 4단(四端)의 하나이다.[2)]

한마디로 말해 법질서가 잘 지켜져야 국민의 일상생활이 편해지고 안정될 것이다. 그러나 현실은 그런 이상적인 법질서의 실천은 보기 어려우며 이런저런 이유로 법대로 질서가 지켜지지 않는 경우가 허다한 것이다.

이런 법질서의 문란은 세금질서에도 그대로 반영되고 있다. 그래서 여기에서는 현행 세제의 운용상의 문제가 되고 있는 측면을 기본적인 시각에서 몇 가지 지적해 보기로 한다.

2) 피세(避稅)행태의 보편화

세금을 덜 내겠다는 마음은 세법에 대한 납세자, 특히 기업들의 반응으로 보아야 한다. 특히, 경제적 도의적 측면에서 접근할 때 그 이해는 더욱 용이해질 것이다.

먼저 피세의 구체적인 행태를 밝히기 전에 알아야 할 것은 왜 납세자들의 대부분은 세금을 덜 내려고 절세를 하며 피세 내지 탈세를 하려는지 그 이유를 알아보아야 할 것이다.

피세나 탈세 또는 절세가 무엇인지 별도로 설명하지 않아도 되겠지만 그래도 조세분야에 대해 잘 모르는 독자를 위해 간략하게 설명하였다. 절세란 세법 테두리 내에서 세금을 덜 내는 방법과 수단을 탐구해 신고 소득을 결정하는 경우에 해당한다. 따라서 각종 공제혜택이 있는데 이를 적용했을 때 세액을 납부하면 되는 것이다. 피세란 세금부담을 조금이라도 덜기 위해 그런 공제제도, 즉 공제세법을 확대 적용해 공제 유사행동으로 둔갑시켜 신

---

2) 이필우(2006), pp. 103~106.

고함으로써 세금액을 줄일 수도 있기 때문이다. 탈세는 이러한 유사 합법성을 초월해 탈법적인 행태로 아예 과세대상인 소득을 부분적으로 또는 전면적으로 신고하지 않으면서 세금을 안 내는 것이다.

납세자들의 이러한 피세 내지 탈세 행태의 원인은 여러 가지 있겠으나 탈세의 전문가(화란)들에 따르면 그 원인은 인간의 욕심(greed)에 있다고 설파하고 있다.[3] 탈세는 법이 정한대로 세금을 내지 않음으로써 자기가 번 소득을 지키겠다는 욕심이 먼저 작용한 것이다. 그런데 이러한 탈세로 인해 정부 세수는 당장에는 감소하겠지만 장기적으로 보면 오히려 세수증가 현상을 유발할 수도 있다는 것이 논증되고 있다.

특히, 지하경제는 사실상 탈세나 마찬가지이다. 탈세된 제조품은 정상 과세된 제품보다 쌀 것이며 임금도 쌀 것이다. 싼 지하경제 상품이 유통됨으로써 오히려 인플레 시기에는 물가하락 효과를 유발시켜 경제를 안정화 시킬 수도 있다.

한편, 지하경제의 소득증대는 지출을 증가시킬 것이며 이는 세수증가 효과를 가져올 것이다. 소비지출의 증가로 인해 GDP도 상승할 것이며 이에 따라 세수도 늘 것이다. 탈세액만큼 세수부족으로 공채발행이 지속된다 했으나 반드시 그렇지 않다는 것을 영국 재정학의 대가 피콕(A. Peacock)과 샤우(G. Shaw)는 주장하고 있다.[4](지하경제와 세수에 대한 상세한 정보는 다음을 참조하시라.[5])

왜 탈세를 할까? 설문조사 결과를 살펴보면 결국 그 사람들은 자기 잇속을 차리겠다는 심산이었으며, 이는 심리철학적으로 인간은 합리적으로 행동하되 탈세의 경우에는 비도의적으로 합리적이라는 것이다(man as a rational amoral taxpayer).

---

3) P. Webley, H. Robben, H. Elffers, and D. Hessing(1991), p. 8.
4) A. Peacock and G. Shaw(1982), pp. 269~277.
5) 이필우(1994), pp. 441~458.

탈세의 원인을 조세의 교환설적 관점에서 보는 사람도 있다. 그것은 개인이 세금을 내면 그에 대한 반대급부로 돌아오는 것이 있어야 하는데 시장에서처럼 세금의 반대급부는 전무하다는 것이다. 세금은 본래 이러한 반대급부가 없는 국민에게 국가에 대한 도리로 의무설이 통용되는 것인데 요즘 젊은 세대의 세금에 대한 의식구조는 지나치게 개인주의화하고 있는 것은 아닌지?[6)]

탈세영역은 지하경제로 볼 수 있으며 이러한 지하경제 규모는 한국에서는 GDP의 약 1/3로 보고되고 있다. 그러나 2010년에 조세연구원 발표에 따르면 약 14%로 보고되고 있으며, LG연구소는 2011년에 11%로 적게 보고하고 있다. 아무튼 그간 국세청의 공평과세 전략으로 많은 사업자들의 탈세분야에 정도과세되고 있어, 특히 과세가 컴퓨터로 인한 디지털 과세행정으로 지하경제를 이루었던 탈세행태는 상당부분 해체되고 있는 것이다.

어쨌든 탈세행동의 수단이 어떻게 이루어지고 있는가를 보기로 하자. 그것은 이른바 과표의 크기를 축소시키는 방법을 다양하게 추구하고 있다고 말할 수 있다. 결국 세금은 일정한 세율로 과표, 즉 과세표준이라는(tax base) 것이 있어 판매소득이라 하면 그 과표는 필요한 모든 비용을 제하고 게다가 감가상각을 제하며 기타 정책적인 세제지원 등 공제되는 부분을 적용하여 이른바 과표의 크기가 결정되는 것이다.

그래서 이런 법적 공제조치가 있어 가급적이면 기업의 절세방법은 공제 해당의 경비 등을 필요 이상으로 신고할 수도 있다. 탈세는 이러한 정부의 공제조치 자체가 기업의 세부담 경감운동을 유도해 그것이 도를 넘으면 위법적인 탈세행동으로 표출되는 상예가 되고 있는 것이다.

---

6) 『세금혁명』이라는 책에서 저자는 첫머리에 납세거부로 세금에 대한 보상효과가 전무하므로 탈세가 보편화되고 있음을 고발하고 있다. 한국의 기성세대는 대체로 조세의 의무설을 믿는 국가에 근본을 두는 애국 시민 납세자일 것을 저자는 주장한다. 세금 보상을 중심으로 한 교환설적 입장에서 세금을 납부하지 않을 것으로 확신한다.

과표의 축소를 통한 탈세행동으로 볼 수 있는 한 가지 예를 들어 보자. 제지회사가 있다 하자. 제지를 생산하기 위해 우선 원료를 투입해야 한다. 그런데 원료 한 단위로부터 산출되는 제지산출량은 일정하게 주어지고 있다. 그래서 원료 10을 투입하면 100의 제지산출이 가능한 것이다. 그럼에도 불구하고 이러한 투입산출률을 축소해, 즉 산출의 크기를 축소해 결국 과표의 크기를 줄인다는 것이다. 이렇게 과표의 축소는 산출단계에서 축소조정됨으로 인해 과표는 축소되고 축소된 과표에 해당하는 세금은 탈세를 가져올 수밖에 없다.

한편, 탈세의 보편화 현상은 경비지출의 확대에 있다. 기업의 사업수익, 즉 조수익에서 사업에 투입된 비용은 제하고 과표가 성립하는 것이다. 그래서 과표의 크기는 경비지출을 크게 잡을수록 과표는 작아져 세금을 적게 낼 수 있는 것이다. 해외여행, 친지 식사대접, 기부금, 접대비, 원료비, 중간재비용, 임금, 행정비, 판매관리비, 교통비, 기타 증정품 등 공제받는 비목도 다양하다.

국세청에 따르면 연말 정산시 소득공제는 사업자에게 적용된 공제내용은 수다하다. 그것은 우선 기본공제, 추가공제, 다자녀추가공제, 표준공제, 연금보험공제, 기부금공제, 개인연금저축, 연금저축소득공제, 투자조합출자 등 소득공제, 장기주식형 저축공제 등이 적용되었다. 여기에 과표가 산출되면 세율이 적용되어 세액이 산출되며 산출세액에 다시 세액공제가 적용되어 최종적인 세액이 산출되는 것이다.

어떤 의미에서 기업이윤은 혁신적인 투자에 있다기보다 과표의 크기에 의존하는 경향이 크다고 볼 수 있다. 즉, 기업이윤은 과표 축소 노력이 의존변수 역할을 하고 있음을 엿볼 수 있는 것이다. 그러한 축소된 과표로 인해 세금부담이 축소될 것이고 이는 역으로 이윤의 증가를 도모하고 있음을 말해 준다. 그러니까 이윤함수는 탈세에 있고 혁신 투자행동은 표면상의 명분으로 제시되고 있을 뿐이다.

현행 세제, 즉 소득세제의 가장 취약한 점은 바로 탈세행동을 수반 아니 피세의식을 전제로 한 납세제도이며, 이는 탈세와 납세가 공생하는 이율배반적 세제환경을 제시하고 있다고 볼 수 있다. 그러니까 피세 또는 탈세의식의 반향의 결과 바른 납세행동은 위축되고 왜곡된 납세행동은 조장되어 탈세와 납세가 개인의 욕구충족에 있어 합리화된 세제가 제시되고 있는 것은 아닌지 의심스럽다. 결국 피세 내지 탈세의식은 납세행동의 범주에 속하는 조세함수에 있어 하나의 의존변수 역할을 하고 있음을 인식해야 할 것이다.

그래서 우리가 말할 수 있는 요점은 현행 소득세제는 탈세행동을 유발시키는 비합리적인 세제로 고발하지 않을 수 없다.

또한 현행 소득세제는 다음과 같은 국민경제적인 부정적 효과를 발생시키고 있음을 지적하지 않을 수 없다. 이러한 내용은 미국의 조세학자 아론(Aaron)과 갤퍼(Galper) 등이 적절히 설명하고 있어 이에 소개하고자 한다.[7]

첫째, 투자세액공제, 감가상각제, 물가상승 세제조치 등으로 인해 기업의 투자행동은 왜곡되어 생산투자는 점차 감퇴일로에 있게 된다. 그러니까 세금을 덜 내는 방식의 자원배분은 세금공제에 적합한 투자만이 선호될 것이며, 그 결과 보다 생산적인 투자는 결여됨을 지적하고 있다. 그로 인한 거시적 결과는 성장의 둔화를 가져올 수 있는 것이다.

둘째, 고용주에게 부담되는 부분은 건강보험 및 생명보험료의 50%는 고용주가 부담하도록 되어 있다. 이를 부가적 편익(fringe benefit)이라고 한다. 이러한 부가적 편익을 수혜하는 피고용자는 세금을 내지 않으며 고용주는 과표에서 공제혜택을 받을 수 있다. 이러한 보상액은 피고용자가 보험료 지급을 현금으로 지불하려는 액수를 초과해 기업은 보상하고 있는 것이다. 보상액이 클수록 세금혜택을 받을 수 있기 때문이다. 이는 자원의 낭비가

7) Henry J. Aaron and Harvey Galper(1978), pp. 84~117.

아니고 무엇이겠는가?

3) 저축의 이중과세

셋째, 소득은 퇴직금 혹은 연금을 위해 저축될 수 있다. 여기에서 이자가 발생되는데 이는 계좌이체시에만 과세가 되고 있다. 따라서 사람들은 세금을 덜 내기 위해 적은 이자율이 적용되는 계좌로 저축할 것이며, 이러한 계좌이동은 저축은 하지 않으면서 계좌이체에만 열중하는 결과를 낳고 있다.

넷째, 과세표준의 크기는 각종 공제조치로 인해 축소되고 있다. 더 열심히 일해 소득을 증가시켜도 세금만 더 내고 고달프기만 하다. 그래서 적당히 일하고 공제혜택이나 받으면서 편하게 지내는 것을 선호하게 된다. 만일 이런 공제조치가 없어진다면 과표는 자연 확대될 것이며 세율도 높게 적용되어 사람들은 더 많은 세금부담으로 어려움을 당할 것이다. 결국 각종 공제제도는 노동의욕을 감퇴시켜 성장을 저해한다고 할 수 있다.

다섯째, 세제 전체는 사실상 이해하기 힘든 내용으로 구성되고 있다. 우선은 내용상으로 복잡하다. 그러한 복잡성은 특별한 과세요건을 법적으로 규정함에 있어 확실하지 않은 불투명성으로 인해 과세형태가 완벽하지 않은 경우에 발생할 수밖에 없다. 이렇게 복잡한 세제 하에서 기업하는 사업가는 가능한 한 번 돈을 노출해 과세 당하는 것을 피하려 할 것이다. 그래서 가급적 제일 적은 세금을 부담하여 이윤을 높이려는 데 신경을 쓸 것이다. 사업가는 피세나 탈세에 관심이 있을 뿐 비용을 절약하는 방법이 무엇이며 기술혁신을 위한 방법이 무엇이고 시장에서의 제품 판매관리의 합리화에 대한 정보에는 전혀 관심이 없는 것이다.

끝으로, 이러한 세제의 불합리성을 인식하고 있는 납세자들은 현재의 세제는 불공평하며 따라서 세제에 대한 불신도 큰 것이다. 우선은 세제 자체가 전체적으로 이해하기가 힘들며 그 복잡성으로 인해 항시 속임수에 놀아나고 있다고 생각할 수도 있는 것이다. 법 규정이나 세칙이 많거나 복잡할수록 개인주의적인 속임수가 내포된다는 설은 상식이다. 세법도 이를 배제하지는 않고 있다 하겠다.

결과적으로 현재 세제 하에서는 세수를 확보하기 어려우며 납세자 간의 불공평은 물론이며 거시적으로도 자원배분의 비효율을 가져오고 있는 것이다.

여기에서 저자가 지적하고자 하는 사항은 제목에도 명시한 바와 같이 현행 세제, 특히 소득세제의 옳지 않은 불의를 명시・고발하자는 것이었다. 위에서 세법상의 부정적인 측면을 주로 경제논리를 중심으로 비판하고 있는 서구적인 고발내용으로 볼 수 있겠다. 그 중의 하나가 바로 담세력의 불완전성에 있는 것이다.

4) 담세력의 불완전성

세금부담은 납세자가 과세된 세금액을 부담할 수 있는 소득이 있어야 한다. 그래서 이를 담세력(擔稅力)이라 하여 이 소득규모의 파악이 중요하며 담세력에 적정한 세금을 징수하도록 해야 한다. 그런데 이러한 담세력은 소득세의 경우 일정 기간, 즉 1년에 실현된 소득의 크기를 담세력이라고 해서 매해 연 기준 소득규모가 담세력이 되고 있는 것이다. 그러나 어떤 납세자는 저축을 늘려 자산을 형성하고 부유하게 된다.

이런 부유층의 소비행태의 기저는 현재소득의 크기에 있지는 않으며 자산소득을 합한 전체 부의 규모가 그 기초가 되고 있는 것이다. 부유층의 소비행태는 불황시에도 사치품의 구매와 자기선호에 맞는 상품구입을 하고 있음을 볼 수 있다.

따라서 담세력은 부유층의 사치적인 소비의 힘을 포함해야 할 것이다.

그러자면 소득세의 단기적인 담세력의 적용은 배제되어 장기적인 미래의 소비수준을 그 기준으로 해야 할 것이다. 따라서 개인의 생애소비수준을 채택·적용하는 지출세가 담세력의 합리성을 나타낸다고 볼 수 있다. 현재 소득기간을 채택할 것이 아니라 영구소비규모를 담세력으로 채택하는 것이 적합하다는 것을 지적하지 않을 수 없다. 현재 자기 재산이 있는 사람은 그렇지 못한 사람에 비해 풍요로운 소비생활을 할 수 있기 때문이다.

프리드만(M. Friedman)의 영구소득에 영구소비의 개념이 성립하는 것이다. 지출세의 담세력은 현재에 있지 않으며 미래에 있다 하겠다.

5) 귀속소득의 과세

한편, 자기 자신의 가내노동으로 가사에 종사한다든지, 텃밭경작을 한다든지, 주택공간을 미화한다든지 비시장적 거래로 얻는 이득에 대해 지출세는 과표로 포함시키지 않는다. 그래서 집을 지어 전세를 놓아 얻는 이득을 과표에 포함시키지 않고 있다. 이는 현재의 소득세에서도 이러한 범례를 적용하고 있다. 이를 귀속(歸屬)소득(imputed income)이라고 해서 비과세 대상으로 다루고 있다.

따라서 미실현된 자본소득에는 비과세하고 있는 것이다. 헤이그-사이몬스(Haig-Simons)의 발생소득을 과표에 포함하는 세수초대형화 사상을 배격한 것으로 볼 수도 있다.

6) 인플레이션으로 인한 중과세

소득세는 인플레이션이 발생할 경우 납세자의 세부담을 부당하게 증가시킨다. 가령 3%의 물가상승으로 급여수준도 증가하며 이때 실질적인 구매력은 하나도 증가하지 않았는데 과표단계가 높아져 세금부담을 더 하는 것이다. 이렇게 해서 인플레이션은 실질적인 소득의 증대도 없는데 세부담액이 늘어나고 있어 문제가 되고 있다.

그래서 미국에서는 물가조정 소득세법 조치가 있다. 어쨌든 지출세는 현금흐름을 과표의 대상으로 하고 있어 물가상승 문제를 수반하지 않는다. 왜냐하면 인플레이션 하에서 물가가 상승하여 비싸게 살 것이지만 세금은 소비세로 즉시 과세될 것이며 이로 인해 부당한 세부담을 강요받지 않는다.

소득세 하에서는 실질소득의 부담상의 불공평성이 나타나지만 소비세는 그런 문제가 발생할 수 없어 오른 물건 값에 따른 세금을 내면 될 것이기 때문이다. 그러나 그러한 사후적인 납세자 계층 간의 공평성이나 국민경제적인 효율성을 논하기 이전에 과세의 인륜에 관한 얘기로 풀어야 하지 않을까? 즉, 공평 이전에 세금을 내는 사람으로 하여금 편해야 할 것이며 그래야 납세를 잘 할 것이기 때문이다.

3. 소비세 또는 지출세의 정치경제학적 의미

세금 액수가 지나치게 많으면 부담스러워 낼 수 없을 것이며 그 시기도 적합한 시기에 내도록 하여 납세자의 편의성을 제일 먼저 생각하는 것이 과세요건이 될 것이다.

첫째, 먼저 항산항심의 조세의 고전적인 철학을 지켜야 한다. 정부가 과세해 세금을 수입으로 확보하려면, 먼저 국가가 국민에게 먹고 살 수 있는 생업을 마련해 주고 실업도 없고 사회문제도 없는 태평세대를 실현한다면 국민은 순순히 아무 저항 없이 세금을 내려 할 것이다.

그러므로 유념해야 할 것은 국가가 국민을 위해 먼저 자기 희생을 통한 봉사가 있을 때 국민은 정부의 말을 잘 수용할 것이다. 그러나 현실은 다르다. 세금을 걷은 후에야 봉사하겠다는 것이 공적 부문의 태도인 것을 어찌하랴?

세상이 어지러워 사회질서가 문란하며 도둑, 사기, 강도, 성폭력, 자살, 테러, 촛불시위 등이 난무하는 가운데 세금이 의무라고 강요하는 것은 국가권력을 그만큼 하락시킬 것이며, 그런 사회의 부정적인 악재 공급을 위해 세금 내는 것이 아깝고 어떤 면에서 국가로부터의 세금착취란 말도 할 수 있지 않을까? 아니 지방단체장이 세비를 유용했다든지 정부 관료의 낭비적 지출, 국회의원의 지나친 해외출장 등 우리의 세금은 권력층의 부귀영화를 위해 납세하고 있는 꼴이 아니고 무엇이겠는가?

그래서 세금을 안 내려는 피세와 탈세 경향이 보편화되고 있는 것은 아닌지? 2000년 전 맹자의 항산항심 재정철학은 오늘에도 적용되어야 할 정치철학으로 받아들여야 할 것이다.[8] 국가가 국민을 편안하게 먹고 살 수 있도록 한 후에야 국민의 마음은 국가를 위해 세금으로 지원해 주어야 한다는 생각이 울어 나온다는 조세원리이기도 하다.

항심(恒心, mind willing to pay taxation to government), 즉 납세의지가 있을 때 과세를 해야 징세가 가능한 것이다. 이러한 납세의지는 마음이 우선 편해야 나올 수 있다. 그래서 옛날 고대국가는 인두세(人頭稅, head tax)라고 해서 일정 금액을 징세하였던 것이다. 그러니까 고대사회의 평률세(flat tax)이기도 한 인두세는 하나의 의무로 알고 편한 마음으로 냈을 것이다. 지금의 주민세에 불평하는 사람은 별로 없을 것이다. 국가에 대한 조세의무설의 무조건적 절대성 가치를 맹자철학은 부인하고 있는 것이다. 국가가 먼저 국민에게 봉사할 때에 국민의 조세의무설이 성립할 수 있는 것이기 때문이다.

H–R(Hall–Rabushka) 지출세는 사실상 과표가 가장 적은 과세방식을 적용하고 있다. 임금세는 일반 서민 납세자에게 과세된다. 그리고 자영사업

8) 이필우(2006), p. 105.

자 및 기업에 대해서는 법인세를 대신하는 일종의 사업소득세가 있다. 이의 과표는 기업의 지출비용을 임금을 포함한 지출비용을 과표공제해 과세를 한다. 이는 기업의 이윤에 대해 과세할 뿐이다.

그러나 어떤 면에서 고전적 지출세와 다른 것이 없어 보인다. 왜냐하면 H-R의 단일세는 서민대중의 임금세가 있으며 한편 임금을 공제하는 이윤에만 사업세를 과세하고 있기 때문이다.

고전적 지출세는 현금흐름에 대해 임금 플러스(+) 사업소득의 흐름을 포함해 과세하고 있기 때문이다. 이렇게 볼 때 이러한 지출세의 과표 크기는 단일세의 과표와 다를 것이 없기 때문이다.

인두세가 아니면 귀족세 또는 덕세라는 세금으로 그 나라의 고위직에 있는 귀족과 대신들에게 이러한 공납을 세금으로 거두었다고 한다. 귀족세나 덕세는 고위관직에 있으면서 국왕의 재정을 돕는 일종의 납세행태이며, 이는 자발적으로 내는 명예로운 공납으로 볼 수도 있어 많이 내기를 경쟁할 수도 있는 것이었다.

특히, 덕세(德稅, virtuose tax)는 영국에서 시행된 자발적인 납세였다. 1660년 왕정복고 후 국가로부터 혜택을 받은 사람들이 자진하여 냈던 세금이다. 그들은 국가의 대 사면법으로 이득을 본 대가로 볼 수 있다. 이러한 덕세는 납세자의 마음을 편하게 해 주어 자발적으로 납세하였던 것이다.[9)]

한국의 봉건왕조시대에는 이러한 자발적인 덕세와 유사한 세금은 없었다. 봉건왕조의 전통적인 세제는 租, 貢, 調이다. 즉, 논밭 농사로부터의 세금을 거두었으며(租), 다음으로 백성들을 노동력으로 동원해 공공재 생산에 활용하고(庸), 마지막으로 조(調), 즉 지방의 특산물을 거두어 들였던 것이다. 한 마디로 한국의 중세시대에는 가렴주구적인 백성의 어려움을 가중시켰을 뿐이다. 양반은 세금을 덜 내고 서민 백성들의 세부담은 더 무거웠던 것이다. 항산항심의 자발적인 과세방식은 볼 수 없었다.

9) William Petty(1889), 윤기중 역(2005), p. 73.

오늘날 소득세는 세금 내려는 마음을 처음부터 막아놓는 납세의지의 마음을 제약하는 세법이 되고 있어 문제가 아닐 수 없다. 개인은 자기의 삶을 개선하기 위해 전념을 다하여 노력한다. 그러나 힘들여 번 소득에 대해 과세됨은 근검절약했던 그 선심에 정의로운 바른 마음에 박탈감을 느끼지 않을 수 없을 것이다.[10]

국가가 백성이 노력하여 얻은 삶의 수확인 소득에 대해, 즉 개인으로부터 그 삶의 피를 흡취하는 것과 같은 것이 과세와 징세인 것이며, 그래서 옛부터 이를 혈세(血稅, tax on blood)라고 칭했음은 너무도 바른 표현이었음을 실감하는 것이다.

삶을 위한 노력의 의지를 북돋아야 세상이 발전하는데 오늘의 소득세는 이러한 마음을 침탈해 가고 있어 문제다. 그래서 일찍이 영국의 정치철학자 홉스(T. Hobbes)는 이러한 삶의 의지를 침탈하는 소득세 대신 소비세를 권장했던 것은 아닌지?

어쨌든 세금은 편한 마음으로 낼 수 있는 세제로 전환하는 것이 새 시대의 세금혁신이 될 것이다. 소득세는 인간의 삶의 의지를 침탈하는 의롭지 못한 정부의 시책임에 지나지 않는다.

둘째, 소득세는 개인의 삶의 의지를 침탈해 그 결과 개인의 부의 추구활동을 저해해 소득수준의 향상을 저해하며 나아가 사회 국가의 성장과 발전을 더디게 할 것이다.

셋째, 소득세는 한 번 과세하면 그것으로 끝나지 않는다. 즉, 이중과세를 한다. 번 돈을 아껴 쓰고 저축을 하면 또 한 번 과세를 당하기 때문이다. 예금의 이자소득이라고 해서 세금을 또 거두고 있다.

넷째, 소득세는 수직적·수평적 불공평성이 많다는 것이다. 돈 많은 사람들은 사치적 소비가 많다. 브랜드 상품이 아니면 상대도 안 하는 부유층 여성의 소비풍조는 서민층에게도 과대한 소비풍조를 일으켜 저축이 향

---

10) William Petty, 윤기중 역(2005), p. 73.

상되지 않고 가계부채만을 증가시키고 있어 문제가 아닐 수 없다. 한편, 소득세는 각종 공제조치가 많으며 이는 서민층의 복지와 기초생활에 필요하다고 하지만 회사마다 지급되는 특별복지수당(fringe benefit)은 감세처리되어 기업의 피세풍조를 조장하고 있는 것이다. 그러한 감세조치는 화사마다 상이한 규칙으로 결국 수평적 불공평성을 가져오고 있는 것이다.

특히, 부유층의 과소비에 대하여는 어떤 과세도 없다. 부가세나 물품세 외에 소비능력에 대한 세금이 없음은 수직적 불공평성을 표출하고 있는 것이다. 결국 그러한 고소비는 장래에 소비할 수 있는 여력이 있기에, 예로서 부동산이나 금융자산이 있어 장래 소비를 보장하는 영구소득을 담보로 그런 사치소비가 표출되는 것인데 이에 대한 과세도 전무한 소득세는 수직적으로 불평등한 불의(不義)의 세제임이 틀림없는 것이다.

다섯째, 마지막으로 소득세제 하에서는 피세 또는 탈세 행태가 보편화되고 있어 조세풍토의 쇠퇴현상을 볼 수 있다. 수백 가지의 다양한 세법 시행상의 규칙으로 변호사나 세무회계사의 잔머리는 얼마든지 세금액을 줄이는 세텍크로 인해 그렇지 못한 납세자는 바보가 되는 셈이다.[11] 컴퓨터를 통한 디지털 세무관리로 탈세 없이 정도세정을 도모한다고 국세청은 자랑하지만 실제로는 조세체납은 점증해 오고 있음을 보아야 할 것이다.

2005년에 탈세건수는 전국적으로 9,118건에 달하였다. 이러한 탈세건수는 3년 후 10,385건으로 증대했으며 2009년에는 10,743건으로 증대하고 있어 조세저항은 실질적으로 더욱 거세지고 있다고 보아야 할 것이다.[12]

한편, 세금납부가 어려워 또는 부담상 불가능함으로 인해 세금을 못내는 체납현상이 있다. 세금질서가 개선되었다면 우선은 이러한 체납현상이

---

11) 세금 내는 사람은 사회적으로 바보 취급되어 버린다는 세금풍월담은 다음을 참고하시라. Joachim Josten(1968), 이필우 역(2008).

12) 국세청(2010), p. 914.

줄어들어야 할 것이다. 그런데 세금체납건수는 2005년에 256만 3,192건수였는데 반해 2008년에는 272만 281건수로 증가했으며, 2009년에는 282만 3,349건수로 늘어나 오히려 디지털 세무행정이 세금체납과 탈세행태 등 조세저항을 조장하고 있음을 어떻게 해석해야 옳은지 묻고 싶다.[13)]

저자는 기본적으로 과표를 삶의 개선노력이 압축된 소득에 두어 과세함으로 기인한 것으로 보는 것이다. 그러한 체납과 탈세현상은 더 잘 살아보겠다는 소박한 인간의 본성에서 분출된 풍요추구적인 본능에서 나왔다고 보는 것이다.

4. 소비세 또는 지출세란 어떤 세제인가?

1) 과표의 의로움: 헤이그-사이몬스의 축적된 소득인가? 아니면 칼도적인 현금흐름의 소비인가?

우선 세금이 어디에 매겨지는가는 매우 중요하다. 어떤 생산적인 행동에 대해 또는 어떤 물건이나 재에 대해 세금이 매겨지느냐는 개인의 경제행동에 직·간접적인 영향을 줄 것이기 때문이다. 보통 우리가 내는 소득세의 과표는 소득 그 자체에 있다. 1년에 벌어들인 소득을 종합해 해당 세율을 적용해 세액을 산출한다. 물론 그런 산출에는 공제받을 것을 뺀 후 세금이 매겨지는 것이다.

이렇게 세금을 매겨야 할 대상이 곧 과세표준이라고 해서 간단히 과표라고 하는 것이다(tax base). 그런 과표는 조(租)소득에서 식구가 먹고 살 수 있는 기초생계비는 빼 주어야 하며 게다가 의료비보험, 교육비 등 필요

13) 국세청(2010), p. 42.

공제 비목은 다 빼 준 후 과표가 결정되는 것이다. 그런 후 과표에 세율적용을 하여 세액이 결정되면 또 세액공제가 적용될 수도 있다. 이렇게 해서 세금은 이렇게 저렇게 빼먹을 수 있는 구멍(loophole)이 나 있어 사람에 따라 다 다를 수도 있다. 이렇게 세금 빼 먹는 기술적 노하우를 전문업으로 하는 변호사, 세무회계사 등이 이에 활용되고 있음은 주지의 사실이다.

이런 과표가 소득세에서는 한 해에 번 돈으로 일단은 자기 노력의 축적의 산물인 고정된 소득 또는 축적되어 멈춘 쓰지 않은 저축된 돈이라고 볼 수 있다. 그래서 이를 수식으로 표현하기도 한다. 즉, $Y=C+S$인데 여기에서 Y는 개인소득, C는 개인소비, 그리고 S는 개인저축이라고 하자. 그런데 소득세를 매기는 과표는 바로 개인이 저축한 소득부분을 그 과표로 하는 것이다. 즉, $S=Y-C$가 바로 그것이다.

여기에서 소비는 저축했던 호주머니 돈이 나가는 것을 뜻한다. 그래서 개인소비는 개인소득에서 저축소득을 빼 준 나머지 소득인 것이다. 즉, $C=Y-S$이다. 여기에서 소득세의 과표 대상은 개인의 저축이라고 볼 수 있다. 이를 구체적으로 살펴보면 개인이 직장에서 월급으로 받은 수입, 은행의 예금, 재산을 매각해 얻는 양도소득, 건물을 임대해 주고 받는 임대소득 등이라고 볼 수 있다.

2) 인도적 · 인륜적 과표의 주장

이러한 소득들은 분석의 편의상 다 저축이라는 범주에 포함시킬 수 있다. 월급을 받는다. 일부는 은행에 예금으로 예치함은 저축행동에 속하며, 나머지 수입은 장롱에 감추어 놓았다면 이 역시 쓰지 않고 저축으로 남긴 결과인 것이다.

임대소득이나 양도소득이나 물적 자산으로 인해 실현되는 소득도 소득의 모체인 자산이다. 이는 역시 저축의 산물임을 인정할 때 이들을 저축이라는 개인의 행동범주에 포함시켜 표현할 수 있다. 아무튼 소득세의 과표는 그 대상이 개인이 노력해 번 돈이 되고 있어 "盡人事待天命"(진인사대천명)이 盡人事稅天命(진인사세천명)이 될 것이며 고진감래(苦盡甘來)의 생활철학을 뒤엎는 고진고환래(苦盡苦患來)로 전환되어 애써 돈을 벌려고 하는 마음을 해치는 꼴이 될 수도 있다.

그런데 이런 인간본성을 저해하는 과세방식을 억제하고 삶의 의지를 북돋는 긍정적인 과세방식을 추구해야 한다. 이러한 제도개혁의 정신은 무엇보다도 하나의 도의적이고 인본(人本)에 맞는 생활철학의 가치가 전제되어 있을 때 가능한 것임을 거듭 강조하고자 한다. 이러한 생각(사상)은 오늘날 인간을 위주로 한 심미가치의 다양성을 추구하는 후기 산업화 시대에 걸맞는 제도개혁이 아니고 무엇이겠는가?[14)]

3) 소비세 혹은 지출세의 도입발상은 후기 근대화 철학에 일치

우리가 짊어지고 있는 이 무거운 짐은 바로 소득세제에 있다. 흔히 세제의 이상적 가치를 공정성(公正性, fairness), 효율성(效率性, efficiency), 단순성(單純性, simplicity) 등을 들고 있다. 이 세 가지 가치를 충족시키지 못하고 있는 세제가 소득세라면 우선 이를 시정개혁하려는 노력이 있어야 할 것이다. 그러한 노력은 소득세법의 손질 정도에 그치고 있으며 그것이 본원적인 개혁차원이 아님을 저자는 주장하는 것이다.

정부당국이나 정부 산하 연구소에서의 세제연구는 다양하지만 역시 세제 자체의 근원적인 세제의 틀을 다루지는 않고 있다. 예로서 마차의 바퀴가 있다 하자. 그런데 바퀴의 틀이 팔각형으로 울퉁불퉁해서 잘 굴러가지 못한다. 그런데 기술자들이 하는 것은 기름을 더 치며 기계의 연결장비에 만전을 기하는 수리에 전념하고 있는 것이다. 마차가 잘 굴러가기 위해서는

14) 심미가치의 다양성에 대해서는 이필우(2007), p. 69 참조.

바퀴의 울퉁불퉁한 틀을 깎아 부드럽게 돌아갈 수 있도록 해 주는 것이 올바른 수리이다. 바로 이러한 근원적인 틀을 바꾸는 작업이 바로 우리의 세제에도 있어야 할 것이다.

4) 개방적 · 실용적 가치에 의존한 한국적 세제이어야 한다

서구의 후생경제학적인 틀 속에서만 세제개편을 모색하는 일종의 서구식 조세이론의 보편화의 이론적 틀에 잠겨 사대주의적 조세이론의 틀 속에 갇혀 있는 것이 한국의 조세학계임을 지적하면서, 한 번 이러한 학문적 성찰은 새 시대에 요구되는 방법이 아닌가 생각되는 것이다.

소득세제의 불의를 시정하기 위해, 저자는 우선 세제의 틀인 바퀴를 살펴보고 시정하는 방향으로 생각을 집중하고자 한다. 우리는 동양문화에 잠긴 한국인으로서 세계화에 처해 있다. 한국인으로서 세계화의 길은 종교가치나 전통가치에 무조건 의지해서는 안 되며 어디까지나 실용적인 가치(pragmatic value)에 의존해 일을 처리해 나가는 것이 바른 길이라고 생각한다. 그러한 실용적인 가치는 때로는 한국의 제도개혁에 있어 한국적인 동양철학의 가치 적용에도 있음을 인식해야 할 것이다.

각종 공제조치의 복잡성은 납세자 간에 불공평과 단순성을 침해하고 있으며 투자, 저축 의지를 저해해 성장을 왜곡하는 세법으로 인식되고 있다. 이를 시정하기 위해서는 근본적으로 과표부터 새롭게 접근할 필요가 있다. 즉, 어디에 세금을 매길 것인가? 소득에 또는 저축에 아니면 소비에 또는 지출에 세금을 매기는 것이 바른 것인지는 공평성, 효율성 및 세수면, 행정면 등 그 장단점을 논의해 결정되어야 할 것이다.

이에 있어 과표는 소득에 두는 것보다 소비지출에 두는 것이 더욱 합리적임을 주장한다. 그 이유는 서구의 후생경제학이나 홉스나 칼도적인 철학적인 관점과는 상이한 조세의 근거학설을 중심으로 접근해 보고자 한다.

조세의 근거학설이 공수설이나 의무설은 고대 중세사회에서 통용되었으며, 근대 및 현대 사회로 들어서면서 조세는 개인주의적 학설인 이익설 또는 보험설이 적용되고 있다. 즉, 세금은 국민이 국가로부터 필요한 공공재를 얻어 쓰는 대가로 내는 것으로 생각할 수 있다. 즉, 세금을 공공재와 교환해 낸다는 뜻이다.

이러한 교환설에서 국가가 만일 개인이 애써 번 돈에 과세한다면 이는 개인의 저항의식을 유발시킬 수도 있다. 그러나 대신 국가가 개인의 소비를 통해 즐거움과 본능적인 낙(樂)을 취하는 경우에 한해서 세금을 매긴다면 이는 아무 탈 없이 세금을 걷을 수 있게 된다.

이러한 주장을 한 사람은 저자뿐 아니라 1600년대 초기에 경제학자 페티(William Petty)에 의해서도 주장된 인도적 조세인 것이다. 소비는 개인의 물적·심리적 욕구를 반영함으로 본능의 충족으로 만족해 환락을 누릴 것이다. 그러한 소비는 여러 가지일 것이다.

생존을 위해 필요한 소비도 있을 것이고 여유가 있으면 사치적인 소비도 있을 것이다. 이러한 소비를 통해 얻는 만족도에 따라 과세하는 것으로 보는 것이 곧 소비세인 것이다. 그러나 소비만족도에 따른 과세는 만족도의 측정이 사람마다 다 다를 것이기에 공평과세가 어려울 것이다. 그래서 과세기준을 소비만족도 대신 소비의 크기에 두어, 즉 소비를 위해 지출한 돈의 크기를 기준으로 하여 과세하는 것이 가장 공평할 것이다.

5) 교환설적 조세의 공평한 과표는 소비에 있다

소비세를 과세함으로 인해 얻는 국민적·국가적 이득 또는 편익은 한둘이 아니다. 국가가 공급하는 공공재의 대가로서의 세금은 소득이 아니라 소비에 과세할 때 소득창출에 애쓴 보람을 침해 당하지 않아 우선 심리적으로 충격을 받지 않을 것이다.

첫째, 소득세 대신 소비에 과세하면 소비를 통한 자기 만족도에 대해 국가도 함께 그 만족도의 일부를 떼어 세금으로 낸다는 공조의식이 발생할 수 있으며 이는 자기 노력을 침탈당하는 소득의 과세로부터 받는 느낌과는 다른 것이기도 하다. 소득세의 경우에는 자기 노력의 침탈감으로 인한 부담감을 직접 느끼게 되지만, 소비세는 물세인 경우에 그 부담을 전혀 감지할 수 없어 예전부터 징세의 어려움이 없는 조세로 인식되고 있다. 소비세는 개인에게 직접적인 부담감을 주지 않지만 소비를 통해 내가 만족했으니 나라도 이 만족의 일부를 떼어 주어 공생한다는 사회적 국가의식이 나올 수도 있다. 그래서 공공재의 대가로서의 조세는 조세심리론적으로 볼 때 부담감을 안 주는 세금이기도 하며, 교환설적 입장에서 소득세보다 소비세가 양세로 볼 수 있다.

둘째, 일본이 우리보다 잘 사는 이유 중 하나는 세금 정직성이라는 것이다. 일본인은 세금을 고지서대로 정확하게 꼬박꼬박 정직하게 잘 내고 있다는 것이다. 그런데 한국인은 피세, 탈세를 하려고 거짓 신고하는 것을 능력으로 보고 있다. 결국 바른 마음이 제일이다.

소비를 통해 얻는 만족은 쾌락일 수도 있다. 그러한 즐거움에는 그 대가로 베푸는 미덕이 있어야 함을 주장한다. 즉, 즐거움에 대한 남을 위한 배려는 우선 나라에 대해 베푸는 정신이 있을 때 이는 세금의 납부로 교환설적 세부담이 완결될 수 있다. 이러한 욕구충족으로 인한 소비세의 납부는 역시 베푸는 인간적 양심, 즉 나눔의 양심(良心, conscience or good mind to share)에 근거하고 있음을 알아야 한다. 양심 없는 쾌락은 사회를 파괴시킬 것이며 하나의 큰 사회악임을 깐디는 일찍이 지적하고 있는 것이다.

6) 소비세의 이론적 근거—칼도의 견해

우선 칼도가 소비세를 주장하는 이론적 근거는 소득세가 저축과 투자를 감퇴시킨다는 부정적인 효과가 있기 때문은 아닌 것이었다. 오히려 납세자의 담세력의 관점에서 소득 개념 자체가 잘못되어 있다는 것이었다.[15)]

그는 세금을 논할 때 그 기준이 있어야 하는데 그것은 담세력에 두었던 것이다. 그래서 소득의 크기를 정확히 측정해야 하는데 한 해의 소득 크기는 저량(貯量, stock)으로 파악하여 이에 최소한 이자율을 적용해 측정해야 함을 주장한다. 그런데 이런 이자율은 늘 변하기 때문에 정확한 측정이 쉽지는 않다는 것이다.

소득을 특히 축적된 자본으로 볼 때 자본의 유지형태에 따라, 즉 주식투자, 배당지불, 주식의 판매, 증권의 구입 등 그 가치를 일 시점에서 측정하기란 더욱 어렵다. 그래서 피셔는 아예 소득이란 원래 고정되어 있지 않고 늘 유동적인 흐름의 개념으로 파악하여 어느 시점에서의 축적된 개념으로서의 소득이 아니라 어느 시점에서 소비지출하는 행동을 소득으로 보자는 것이었다.

칼도는 사실상 헤이그-사이몬스(Haig-Simons)의 소득 개념이 잘못된 것은 없다고 하면서도 문제가 되는 것은 소득의 지불능력 또는 두 시점 간 발생하는 "경제력의 순증가"(net accretion of economic power)는 주의 깊은 관찰에 따르면, 소비의 합산과 순저축의 합이 곧 이와 일치하고 있다는 것을 주장한다. 특히, 이자율의 변동은 순증가의 측정을 어렵게 하고 있기 때문이다.

소득의 정확한 이해는 피셔가 주장한 소비에 있지 않나 생각된다. 현실에 있어 이런저런 공제를 하고 지하로 숨는 소득의 행태는 정확한 소득을 측정할 수 없다. 결국 소득은 소비나 투자로 사업에 쓰이거나 어쨌든

15) N. Kaldor(1955), p. 54.

소비지출을 하게 되어 있다. 이는 속일 수도 없는 것이다. 소비의 힘은 곧 소득의 크기에 있는 것이며 소득이, 즉 돈이 있으니까 쓰며 투자도 할 수 있기 때문이다. 그래서 피셔는 소득의 참뜻은 바로 소비에 있음을 주장하면서 소득세를 매겨야 한다면 바로 소득 그 자체가 아닌 소득이 파생시킨 소비에 과세해야 할 것을 주장하고 있는 것이다. 소비는 돈을 수반하며 돈의 흐름은 거짓말을 못하게 된다. 정직한 것은 돈의 흐름인 것이다. 피셔는 자본을 투자하여 번 자본이득은 역시 언젠가는 소비되어질 수 있는 장래의 소비로 보고 지출세의 과표로 보는 것이었다.[16](a stock of wealth …… is called Capital, a flow of benefits through a period of time is called Income).

5. 지출세의 주요 내용

다음에서는 지출세의 주요 내용을 소개하고자 한다. 사실상 칼도의 지출세는 그 정확한 명칭이 애매하다. 직역하면 지출세이지만 생소한 명칭이다. 그래서 소비세라고 하며 구 세액이 연간 종합 합산하여 과세됨을 이를 종합소비세라고 한다. 여기에 소비세라 하더라도 이것이 물세가 아니고 인세임으로 소득세와 같은 직접세인 것이다. 그래서 이러한 소비세를 개인종합소비세라고 이름 붙여 보았으나 학계에서 합의된 개념이 아니며 사람에 따라 다른 명칭을 쓸 수 있을 것으로 사료된다.

16) N. Kaldor(1955), p. 58.

1) 개인종합소비세의 취지[17)]

"개인종합소비세"는 개인의 일정 기간에 있어서의 소비지출의 크기를 과표로 하여 과세되는 소비세라고 할 수 있다. 이는 종래의 소득에 대해 과세되는 소득세와는 전혀 다르다는 것이 그 특징이며, 과세효과면에서도 소득세가 저축과 노동의욕을 저해하여 대체효과를 초래하는데 반해, 개인소비세의 경우에는 이러한 대체효과를 배제할 수 있다는 장점을 지니는 것으로 제시되고 있다.

개인소비세는 최근 일부 재정학자와 조세전문가들에 의해 주장되어 오고 있으며, 따라서 이에 관한 관심이 점차 높아가고 있다. 이들은 종래의 개인소득세를 개인소비세로 대치할 것을 건의하고 있다. 사실상 제2차 세계대전시 미국 재무성 당국이 스스로 이의 도입을 주장한 바 있었으나 그 복잡성으로 도입될 수는 없었다.

개인소비세는 원래 영국의 경제학자 칼도가 『지출세』라는 저서에서 이의 도입을 권장한 바 있다.[18)] 제2차 세계대전 직후 스리랑카와 인도에서 도입되어 시행된 바 있으나 그 행정적인 어려움으로 인해 곧 폐지되었다. 그럼에도 불구하고 다시 최근에 이 세목이 거론되고 있는 것은 이론적으로는 최소한 이 세목의 우수성이 논증되고 있는 것이라고 할 수 있다. 개인소비세에 관한 집중적인 논의는 1978년 브루킹스연구소 주최 학술대회에서 "무엇에 과세되어야 하나? 소득인가 아니면 지출인가?"라는 주제에서 볼 수 있다.[19)]

이 학술대회에서 당시 IMF의 구데(R. Goode)는 개인소비세의 경우 저축공제로 인한 세제의 역진성을 지적하면서 소득세의 우수성을 역설하였다.

---

17) 칼도는 개인종합세의 내용을 개인소비세로 대체할 것을 건의하고 있으며 그가 주장한 견해는 다음을 참조하시라. 이필우(1994), pp. 695~706.

18) N. Kaldor(1955).

19) Joseph A. Pechman(1980).

그러나 프린스턴대학의 브래드포드(D. Bradford)는 저축장려 기능을 지닌 개인소비세제가 보다 합리적이라는 사실을 주장한 바 있다.

브루킹스연구소의 개인소비세에 관한 학술심포지엄이 개최되는 동년(1978)에 영국에서는 『미드(Meade) 보고서』(Mead Report, The Structure and Reform of Direct Taxation, London, 1978)에서 세제개혁안이 제시된 바 있다. 여기에서 미드(Meade)위원회는 영국의 조세제도 전반에 관한 검토를 한 후 소득세와 자본소득 과세(tax on capital gains)를 폐지하고 개인소비세(personal consumption tax) 또는 지출세(expenditure tax)를 도입할 것을 건의하고 있다.

개인의 연간 지출액에 대해 과세하자는 지출세 또는 개인소비세의 주장은 칼도 이전에 피셔에 의해서도 제시되었다.[20] 원래 개인소비세의 발상을 추적해 보면 밀(J. Stuart Mill) 그리고 홉스(T. Hobbes)로 거슬러 올라간다.

1970년대 이후 시장제도의 효율성은 떨어져 시장기능의 둔화와 불황에 허덕이는 선진산업국가에 있어 공급 중시의 경제운용이 요구되고 있는 상황에서 개인소비세가 거론되는 것은 당연한 귀결이기도 하다.

개인소비세는 원래 칼도가 지출세라고 칭하였으나 브래드포드는 "지출"을 "소비"(consumption)로 파악하고 "개인소비세"라고 하고 있다. 그러나 일본의 井藤平邇는 "지출세"를 "종합소비세"라고 칭한 바 있다. 우리는 여기에서 "개인소비세" 또는 "개인종합세"라 하지 않고 칼도가 제목으로 붙인 "지출세"로 부르기로 한다. 왜냐하면 과표를 지출에 두었기 때문이다.[21]

일반소비세인 부가세가 물세이며 간접세인데 반해 "지출세"는 소비행동에 과세된다는 점에서 같겠지만 그것은 인세이며 또한 직접세의 특성을 지닌다. 특히, 연간 개인이 지출한 총소비액에 과세된다는 점에서 종합과세

20) Irving Fisher(1942).

21) N. Kaldor 著, 時子山常三郎 監役(昭和 38年 9月).

의 성격을 지닌다. 따라서 "개인종합소비세"라고도 할 수 있으나 여기에서는 개인과 기업의 소비는 모두 돈의 지출로서 이루어지기 때문에 이를 "지출세"라고 하는 것이다.

2) 지출세의 과세방식

종래의 물품세나 일반소비세인 부가세는 과세시 개인적 사정을 고려하지 않는다는 점이 그 비판의 대상이 되고 있다. 그러나 개인소비세는 과표산정에 있어 개인적인 사정을 배려할 수 있다는 점이 바로 그 장점이 되고 있다. 즉, 모든 가계는 연간 지출액을 기장하여 신고해야 되는데 이때 개인소득세의 경우에서처럼 개인적 사정을 고려한 각종 공제 및 면세규정을 받도록 되어 있는 것이다. 세율은 이렇게 해서 결정된 과표에 비례적으로 또는 누진적으로 주어질 수 있으며 이는 정책적 선택의 문제에 해당한다.

지출세의 과표는 어떻게 결정되며 소득세의 경우와 어떻게 다른가를 보기로 하자. 헤이그-사이몬스의 포괄적 소득과표(Y)(exclusive tax base)는 일정 기간의 소비액(C)과 부의 순증($\triangle W$)의 합이다. 즉,

$$Y = C + \triangle W$$

이다. 포괄적 소득세(comprehensive income tax)의 과표는 Y이다. 그러나 개인소비세의 경우 과표는 소비액인 C이다. 즉,

$$C = Y - \triangle W$$

이다. 포괄적 소득 Y에서 소비하지 않은 부의 추가적 축적분($\triangle W$)은 비과세되고 있는 것이며 다만 소비부분에만 과세된다. 개인의 소득은 근로소

득(E)과 자본소득(iW)(i=이자율)이라고 할 때 소비액은

$$C=E+iW-\Delta W$$

로 표현할 수 있다.

개인소비세 또는 지출세의 과표산출에 있어 문제되는 것은 납세자의 연간 소비액을 낱낱이 기장해서 그의 총계의 값을 얻어 내야 하는데, 실제로 헤아릴 수 없을 정도로 많은 소비지출을 일일이 기장을 비치하는 데는 행정적인 측면에서나 기장자의 입장에서도 어려움이 따르는 것이다. 그러나 위의 식에서 보는 바와 같이 소비는 소득에서 저축을 뺀 부분으로 정의된다. 이를 개인소비세라 하며 그 과표산출 방법을 알아보자.

〈표 3-1〉에서 보는 바와 같이 소득수준에서 소비되지 않는 부분, 즉 저축, 투자 등을 뺀 준 나머지를 소비지출로 파악해 과표를 산출할 때 과

표 3-1 지출세(개인소비세) 과표산출 방법

1. 개인소득
   - 임 금
   - 봉 급
   - 배 당
   - 이 자
   - 지 대
   - 이 윤
   - 특허료
   - 합 계
2. 자본수입
   - 자산실현액
   - 당년도 신차입금
   - 대금회수액
   - 현금 및 예금감액
   - 합 계
3. 우연소득
   - 상 속
   - 수증액
   - 합 계
4. 비소비지출
   - 자산구입비
   - 당년도 신대부금
   - 구채무상환액
   - 현금 및 예금증대액
   - 증여액?
   - 직접세?
   - 합 계
5. 과표(1+2+3-4)

표는 쉽게 결정될 수 있다. 이러한 방법은 소비지출의 크기를 통해 간접적으로 산출해 내는 것으로 피셔에 의해 고안되었으며 그 후 칼도나 미드(Meade) 보고서도 이를 채택하고 있다.

과표대상은 개인소비세의 경우 한 해에 있어 실현한 개인소득+자본재매각수입(이자소득)+예금인출액+우연소득−자본재구입지출−예금액−비과세지출=과표가 된다.

3) 지출세의 효율성, 공평성 및 간편성

개인종합세의 장점을 효율과 공평의 두 관점에서 정리해 보면 다음과 같다.

(1) 효율성

개인소비세는 소득세에 비해 배분의 효율(efficiency)면에서 이점이 있다. 첫째, 개인소득세의 경우 그것이 미래 소비증대를 위한 저축에 과세될 때 현재 소비와 미래 소비의 상대가격은 변동된다. 그 결과 저축은 저해될 수밖에 없다. 그러나 같은 세수를 확보하는데 있어 저축소득에 과세하지 않고 개인의 소비에 과세할 때 그러한 배분의 왜곡은 발생하지 않을 것이다.

〈그림 3−1〉에서 보는 바와 같이 과세 전 균형은 E_1이나 미래 소비에 소득세가 부과될 때 예산선은 AB에서 $A'B$로 이동함으로써 현재 소비와 미래 소비의 가격비는 변동된다. 이때 균형점은 E_2이다. 그러나 같은 세수(E_2C)를 개인소비세에 의해 징수한다면 과세 후 예산선 $A''B'$비는 과세 전 AB에서 평행이동함으로써 현재 소비와 미래 소비의 상대가격은 변동하지 않고 있으며, 따라서 이때의 균형점 E_3는 소득과세시의 E_2보다 높은 위치에 있어 그 효용수준은 높으며 배분의 왜곡이 없다는 것을 알 수 있다.

그림 3-1 개인소비세와 소득세의 효과

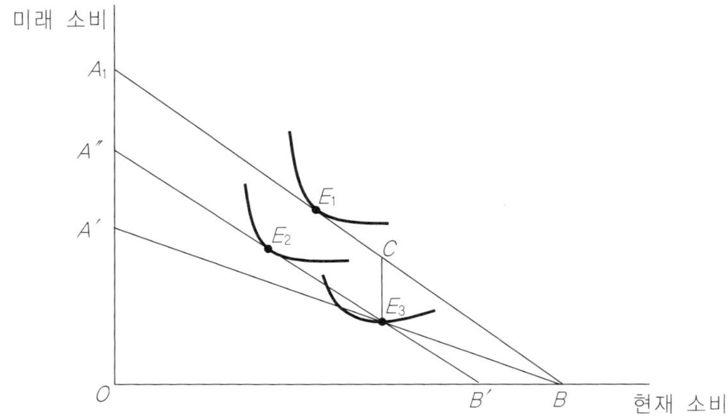

따라서 개인종합소비세는 저축에 대해 중립적이라고 할 수 있다. 그러나 이는 노동에 대해서는 역시 소득세의 경우와 마찬가지로 대체효과가 일어난다고 할 수 있다. 왜냐하면 소비의 크기는 노동투입에 의한 소득에 의존한다고 할 때 소비과세는 노동을 여가로 대체하려는 배분왜곡적 선택을 허용하기 때문이다. 즉, 덜 일하고 소득이 줄면 자연 덜 소비함으로써 소비세는 줄어들 것이기 때문이다.

둘째, 개인소비세는 저축행동에 중립적일 뿐 아니라 투자에 대해서도 중립적이다. 미드(Meade)위원회는 특히 개인소비세의 투자기회에 대한 중립성을 그 우월성으로 강조하고 있다. 따라서 소득세율이 50%라고 할 때 어떤 사람이 500만 원에 주식투자를 했다고 하자. 후에 그는 이 주식을 1,000만 원에 매각해서 500만 원의 자본이득(capital gains)을 실현했다고 하자. 이것이 만일 소득세 대신 개인소비세가 과세된다면 그는 1,000만 원의 투자소득을 향유하게 될 것이다. 따라서 개인소비세는 투자의 수익률에 대해 중립적이라고 할 수 있다.

물론 이론적으로 소득세보다 개인소비세가 저축과 투자에 대해 중립적이라고 하지만 그러나 이러한 면제는 소득세가 실제로 저축과 투자에 대해 얼마 만큼 저해적인가에 대해 경험적 논증 없이 단정적으로 결론지을 수는 없다. 특히, 오늘날 소득세제에는 여러 가지 저축우대와 투자유인적인 배려를 해 주고 있음을 고려해야 할 것이다.

셋째, 소득세는 주지하는 바 이중과세적인 결함을 지니고 있다. 왜냐하면 소득이 실현될 때 한 번 과세되며 과세로 감소된 가처분소득 중 저축했을 시 예금이자소득에 다시 과세되기 때문이다. 그러나 개인소비세는 이러한 이중과세적 요소를 포함하지 않고 있어 소득세에 비해 보다 효율적인 세제라고 할 수 있다.

그러나 이러한 견해는 반드시 옳다고 받아들여질 수 없다는 데 주목해야 할 것이다. 왜냐하면 이자소득은 저축이 이루어지는 순간부터 생성되고 있으며 일단 이자소득이 발생된 시점보다 후의 시점에서 과세됨으로 이자소득과 원본소득과는 별개의 소득으로 보아야 할 것이기 때문이다.

(2) 공평성

개인소비세의 공평성(equity) 면에서의 장점은 효율성 면에서보다 더 많은 것으로 생각된다. 첫째, 종래의 개별 물품세나 일반소비세(VAT)는 세부담이 전환되어 대중의 기호품이나 생필품의 경우 역진적인 성격을 면치 못하고 있다. 그러나 반드시 그렇지도 않다. 생필품에 면세규정을 두며 사치품에 고과세하고 그리고 여타의 상품에 대해 단일세로 과세하는 부가세를 채택한다면 개인소비세의 과세효과와 별다를 것이 없기 때문이다.

그러나 상품에 따라 개별 세율이 적용되는 물품세 또는 판매세의 경우에 비해서 개인소비세는 개인적 사정을 고려함으로써 공평한 세목이라고 해야 할 것이다.

둘째, 물품세나 부가세는 개인 또는 가족의 연간 소비총액의 대소를 고려하지 않고 있다는 데 공평성이 저해되고 있음을 지적할 수 있다. 그러나 개인소비세는 소비주체인 개인 내지 가족을 과세단위로 하고 있으며 개인적 경제사정을 고려한 인세인 직접세라는 점이 종래의 소비세와는 다른 것이다. 종래의 소비세들은 인세가 아니라 물세인 것이다.

개인소비세는 기초공제, 소득공제, 의료공제 등 각종 필요경비를 과표에서 공제해 줄 수 있어 개인소득세의 경우처럼 공평성을 실현할 수 있는 것이다. 또한 소비의 연간 총액의 대소에 따른 누진율을 적용하여 수직적 공평에 기여할 수 있다.

1977년 미국 재무성은 한계세율 10~40%가 적용되는 개인소비세로 당시(1976년)의 개인소득세와 법인세의 세수를 확보할 수 있는 것으로 추계한 바 있다. 이때 2.1%의 유효세율을 적용받는 납세층은 연간 소비액 10,000달러 이상이었다.

셋째, 개인소비세는 개인의 지불능력을 소비로 보고 있다는 점에서 소득을 지불능력으로 보는 소득세와는 다르다. 홉스도 지적한 바와 같이 저축자는 사회자본 형성에 기여하지만 소비자는 그를 저해한다는 저축미덕론(貯蓄美德論)에 따를 때 소비의 크기를 지불능력으로 삼는 것이 바람직하며 이는 사회발전에도 유리하다고 해야 할 것이다.

개인의 경제력 지표를 소득에 구한다는 것은 여러 가지 문제를 발생시킨다. 그러나 이를 소비면에서 포착한다면 세수면에서 간편하게 된다. 소비를 개인의 경제력 지표로 파악하겠다는 것은 개인의 욕구충족은 결국 소비를 통해서만 이루어질 수 있다는 인식에서 비롯되고 있는 것이다.

그러면 소비능력의 척도는 무엇인가? 그것은 소득, 재산, 예기치 않은 이득 등에 의해 결정된다고 할 수 있다. 개인이 얼마 만큼을 소비할 것이냐는 바로 자신의 소득, 재산, 우연소득 등의 크기를 신중하게 고려해서 결정할 것이며 뿐만 아니라 현재의 상황, 장래의 전망과 기대 등의 요인을 감안해서 소비액이 결정된다.

예로서 자가소유주택자는 그렇지 않은 전세로 사는 사람의 경우보다 같은 소득수준에서 소비할 수 있는 여유가 더 있기 때문에 이를 곧 지불능력으로 본다는 데 개인소비세의 비전이 있는 것이다. 따라서 개인소비세는 개인의 지불능력인 소비에 과세함으로써 응능과세(應能課稅)의 원칙을 구현한다는 장점이 있는 것이다.

넷째, 소득세제 하에서는 저축자가 중과세되고 소비자는 경과세됨으로써 수평적 공평이 저해되고 있음이 지적되고 있다. 이를 증명하기 위해 개인의 생애를 1기와 2기의 두 기간으로 구분해 보자. 1기의 소득을 Y_0라 하고 2기의 소득은 없는 것으로 가정하자. 같은 소득수준에 있는 개인 이씨와 박씨가 있다고 하자.

그런데 이씨는 2기에, 즉 퇴직 후 또는 노후에 소비수준을 높이기 위해 1기(청년–장년기)에 덜 소비한다고 하자. 반면 박씨는 노후생활에는 별 관심이 없어 1기에 많이 소비한다고 하자. 이씨의 1기의 소비를 C_0^L, 박씨의 소비를 C_0^P라고 한다면 $C_0^L < C_0^P$가 될 것이다. 이씨는 1기에 저축하여 이자소득을 실현할 것이며 이자율을 i라고 한다면 저축이자소득은 $i(Y_0 - C_0^L)$이 될 것이다. 박씨의 경우는 $i(Y_0 - C_0^P)$가 될 것이다.

여기에 만일 소득세가 t의 비례세율로 과세된다면 현재에 있어서(소비전) 이들 양자의 소비액은 같을 것이다. 그러나 장래의 2기에 있어서 이씨와 박씨의 세부담은 각기 $ti(Y_0 - C_0^L)$, $ti(Y_0 - C_0^P)$이 된다. 이때 이씨가 박씨보다 소비가 적음으로($C_0^L < C_0^P$) 이씨의 세부담은 박씨에 비해 무거워질 것은 분명하다. 결과적으로 저축자인 이씨는 소비지향적인 박씨보다 세금을 더 많이 내게 된다는 불공평이 있는 것이다.

그러나 지금 소득세를 개인소비세로 대체하여 과세한다고 하자. 비례세율이 적용되는 개인소비세를 과세했을 경우 개인의 저축선호나 취향에 아무런 영향을 주지 않게 되어 과세의 중립성을 지킬 수 있다.

이를 증명하기 위해 양자의 비자본소득은 1기에서만 창출된다고 하자. 생애소비(生涯消費, life time consumption)의 현재가치는 생애소득(生涯所得, life time income)의 현재가치와 일치되어야 한다는 제약조건을 요구한다. 따라서 이씨의 제약조건은

$$Y_0 = C_0^L + \frac{C_1^L}{1+i}$$

이며 박씨의 제약조건은

$$Y_0 = C_0^P + \frac{C_1^P}{1+i}$$

이다. 소비 C에 지금 비례세율 tc가 적용된다면 이씨의 1기의 과세액은 $tc \cdot C_1^L$이며 2기에는 $t_c \cdot C_1^L$이 될 것이다. 이씨의 생애소비액(R_c^L)은

$$R_c^L = tc \cdot C_1^L + \frac{t_c \cdot C_1^L}{1+i}$$

이 되며 박씨의 생애소비액(R_c^P)은

$$R_c^P = t_c \cdot C_0^P + \frac{t_c \cdot C_1^P}{1+i}$$

이다.

위 식에서 알 수 있듯이 이씨의 생애소비세(life time consumption tax) 액은 $t_c \cdot Y_0$이며 또한 박씨의 그것도 $t_c \cdot Y_0$가 됨으로써 결국 양자의 세부담은 동일하다는 것을 알 수 있다. 이는 개인소비세가 저축지향성이나 소비지향성이라는 다른 취향을 지닌 두 사람의 경우 세부담을 같게 해 줌으로써 수평적 공평성을 실현할 수 있음은 물론 자본형성 촉진적인 저축행동을 저해하지 않는다는 이점을 지니고 있음을 입증하고 있는 것이다.

다섯째, 헤이그-사이몬스의 포괄적 소득 과세방식에 따른다 하더라도 자본소득의 평가의 어려움이 뒤따른다. 즉, 자본소득이 발생했을 때에 자산가치를 평가해야 한다는 번거로움이 그것이다. 한편, 자본소득 과세시 자산의 유동성이 높아져 이에 따른 부작용이 발생한다. 또한 발생이득을 과세한다면 자산의 "동결효과"(lock-in effect)가 발휘되어 자산의 유동성이 경직화된다는 부작용이 있음을 주의해야 할 것이다.

이 밖에도 주부의 가사노동, 주말의 자기노동, 자택소유시의 주택임대세 상당분 등 이른바 귀속소득(imputed income)을 과세해야 되는데 이들의 과세산출은 거의 불가능한 것이 현실이다. 따라서 이렇게 비과세되는 것만큼은 현행 소득세제는 불공평하다고 비난 받지 않을 수 없으며 이러한 취약성을 극복할 수 있는 세목으로서 소비세가 권장되고 있는 것이다.

여섯째, 이 밖에도 개인소비세의 경우 인플레이션으로 인한 세부담의 불공평 문제가 없어 유리하다. 또한 개인소득세와 법인세를 모두 개인소비세로 전환할 때 세제의 단순화를 실현할 수 있는 이점이 있는 것이다.

(3) 간편성

지출세는 우선 납세자 이해를 쉽게 한다. 세금제도상의 어려움은 납세자들로 하여금 그 이해를 어렵게 하고 있다. 지출세의 간편성에 대해 요점만 언급한다.

첫째, 지출세는 과표 파악에 있어 간편하다. 소득이 아니고 돈의 흐름을 과표로 하고 있기 때문이다. 소득은 일정 기간에 수취한 수입의 총계가 되고 있어 그 가감으로 피세와 탈세를 할 수 있다. 그러나 지출세는 과표를 현금흐름에 둠으로 인위적인 가감이 불가능하여 우선 정확한 과표결정에 투명하고 간편성을 제시하고 있는 것이다.

둘째, 지출세의 세율은 대체로 단일세(flat tax)로 주어져 단순하며 세부담상의 공평성 평가도 쉽게 이루어지고 있다. 단일세는 일단 납세자 간에 수평적 공평성을 보장하고 있어 역시 간편성이 있다고 해야 할 것이다.

셋째, 지출세는 조세순응비가 감소되고 세법상의 전문지식을 필요로 하지 않아 변호사, 세무사, 세무회계사의 세무처리 업무를 감소시켜 조세순응면에서 단순성과 간편성을 제시하고 있다.

(4) 지출세의 문제

지출세는 원래 소득에서 저축부분을 뺀 나머지가 과표가 된다고 하였다. 따라서 과표를 순전히 현금의 흐름을 과표(cash-flow basis)로 하여 산출할 때 세무행정면에서 용이해진다고 할 수 있다.

이러한 과세산출 방법은, 특히 앤드류(1974)에 의해 제시되고 있다. 개인소비세의 과표는 총현금수입과 총현금저축의 차이로 결정된다. 이러한 산출방법을 위해서는 모든 납세자들의 수입은 은행 또는 기타의 금융기관에 예치해야 하며, 저축도 마찬가지로 금융자산의 형태로 이루어져야 한다는 것을 전제로 하고 있다. 이런 상황에서 개인의 소비과세에 있어 기장의 책임은 개인이라기보다 금융기관이 져야 할 것이다. 물론 이자소득이나 자본이득은 비과세된다. 지출세의 도입 시행시 문제점은 적지 않다고 본다.

첫째, 위에서 본대로 모든 사람들은 금융기관에 전 소득을 예치해야 한다는 조건은 금유제도가 미발달한 사회에 있어서는 그 도입 시행이 어려울 것이다.

둘째, 내구재 구입은 그것이 소비인데도 이를 저축으로 간주함으로써 비과세할 때 다른 소비와의 불공평 문제가 발생한다. 내구재 수요의 과잉수요로 물가상승을 가져올 우려가 있는 것이다.

뿐만 아니라 내구재는 장기에 있어 그 소비로부터 편익이 발생하는데 이를 비과세한다는 것은 개인소비세 취지에 배치된다는 것이다. 따라서 이런 문제를 극복하기 위해 고안된 방법이 이른바 "조세선납방법"(租稅先納方法, tax prepayment approach)이다. 이는 내구재 투자에 대해 장래의 소비편익 흐름의 현재가치에 일치하는 세액을 투자자에게 과세함으로써 세부담이 소비자에게 전전되어 역진적 성질을 지닐 수 있는 방법이기도 하다.

셋째, 개인소비세-지출세는 저축과 투자는 비과세됨으로써 개인의 자산관리비는 자연 증가하여 납세자 협력비용(copliance cost)이 상승한다는 점도 잊어서는 안 될 것이다.

넷째, 납세자는 여러 형태의 절세노력을 할 것으로 본다면 저축과 자본재 구입비용을 실제보다 높게 신고함으로써 새로운 형태의 조세기피 현상이 발생할 수도 있다.

다섯째, 내구재 구입시에 조세선납제도를 적용해 내구성의 장래편익 흐름의 측정이 부정확하게 이루어질 때 납세자는 부당한 세부담을 강요받게 될 것이다.

개인소비세-지출세라는 신세를 도입할 때 이에 따르는 사회적 비용은 결코 적지 않을 것이다. 신세가 구세가 될 때까지 이에 따르는 사회적 비용은 늘어날 것이다. 신세가 구세가 될 때까지의 정착비용을 과소평가할 수 없기 때문인 것이다. 스탠포드가 지적한 "신세적응비용"(learning cost for adapting new tax)은 상승할 것이다.

(5) 요약

모든 제도가 사회적 산물일진데 조세제도도 이에 예외가 될 수 없다. 하나의 제도가 그 사회 구성원들의 요구를 충족시키기 위해 그리고 그들의 가치와 규범을 실현하기 위해 생성·발전하는 것이라면 이러한 제도는 사람들의 사고방식과 행동양식에 적합한 것이어야 할 것이다.

그러나 한편 제도는 어제 만들어진 것이지만 오늘 사람들의 가치가 어제와는 판이하게 변화했다고 하면 어제의 제도는 더 이상 올바른 제도로서 존속해야 할 가치가 없다고 해야 할 것이다. 여기에 제도변화의 문제가 있는 것이다. 이러한 제도변화의 원리는 여기에서 논하고 있는 세제에 있어서도 그대로 적용된다고 해야 할 것이다.

오늘날의 조세제도는 산업화 과정이 고도화함에 따라 세원의 다양화와 납세계층의 다양한 종래의 소득세제나 소비세제로 공평하고 효율적인 과세가 어려워지고 있음을 부인할 수 없는 것이다. 특히, 1970년대 초반부터 불황의 늪으로 잠긴 자유시장 경제제도를 채택한 나라들에 있어 저축과 투자의 증대는 그 어느 때보다도 절실히 요구되고 있다.

이러한 시대적 요청에 부응할 수 있는 세제로서 개인소비세–지출세가 다시 부각되고 있으며, 어쩌면 지출세는 지금까지의 어떤 세목보다도 공평성, 효율성, 간편성에 있어 가장 뛰어난 세목으로 21세기에 각광을 받을 세제라고 할 수 있다. 우리도 미래지향적이어야 한다면 우리의 실정에서 이론적으로 가장 우수하다고 하는 지출세–개인소비세에 대한 관심을 게을리 해서는 안 될 것이다.[22)]

---

22) 지금까지의 논의는 다음에서 인용된 글임을 밝힌다. 이필우(1994), pp. 695~706.

【제4장】

지출세의 유형

1. 고전적 지출세

2. 단일세

3. 현금흐름의 지출세

4. X조세

1. 고전적 지출세

영국의 칼도는 1955년 지출세(an expenditure tax)라는 새로운 소비세 제도를 제시한 바 있다. 그 후 미국에서는 1978년, 즉 23년이 지난 후 브루킹스연구소에서 페치만(Pechman)이 주관하는 학술대회로 소득세와 소비세를 비교해 어떤 세제가 보다 바른 세제인지를 논의하였다.

당시 브래드포드는 지출세의 취지를 동의하면서도 그 명칭을 개인소비세(individual consumption tax)라 칭하였다. 게다가 앤드류(Wllliam D. Andrews)는 개인소비세의 과표는 현금흐름(cash flow)의 크기로 파악하고 소비지출의 개념에 의지하지 않고 있다.[1)] 최근 하버드대학의 아론(Henry J. Aaron)은 아예 칼도의 지출세 대신 현금흐름의 조세제도(A Cash Flow Tax System)로 부르고 있는 것이다. 다음에서는 이런 현금흐름의 개인소비세 특성을 과표측정과 누진율의 적용 등 그 과세방식을 개인적 차원에서 본 후 기업의 차원에서 보기로 하자.[2)]

고전적 지출세(classical expenditure tax)는 그 과표결정에 있어 현금흐름을 그 대상으로 하고 있다. 즉, 경제주체가 자금유입 총계에서 비소비적 자금유입의 총액(예: 저축)을 공제한 크기가 곧 과표가 되는 것이다.

따라서 자산의 유입액은 저축으로 간주하여 과표에서 공제되나 자산의 유출액은 과표에 포함되어 과세가 되는 것이었다. 이는 영국 의회에 제출된 미드(Meade) 보고서(1978)나 미국 의회에 제시된 설계안(Blue Print, 1977)

---

1) 칼도는 앤드류의 이러한 화폐의 흐름을 지출세에 적용한 것을 보고 그에 동의한다고 하였다. 이러한 흐름의 개념은 일찍이 피셔에 의해 제시되었음을 강조하고 있다. W. D. Andrews(1980), p. 154.

2) 이 장의 내용은 다음의 논문을 참조하여 이해하기 편하도록 엮어 보았다. Henry J. Aaron and Harvey Galper(1978), pp. 113~119.

에 잘 반영되고 있다.

여기에서 타인으로부터 돈을 빌려 쓰는 부채는 과표에 포함되어 과세되며 반대로 그 부채를 이자와 함께 상환할 시 이는 과표에서 공제된다. 그러나 고전적 지출세의 난점은 사실상 자산의 확인이 어려워 언제 유입되어 언제 어디로 도피하는지를 정확히 추적한다는 것은 그 한계가 있는 것이다.

다음에서 소개되는 세제는 하나의 현금흐름의 세제로서 공평성과 효율성 및 단순성 면에서 아주 우수하며 일관성 있는 지출세와 같다. 이를 현금흐름의 소비세로 부르고자 한다. 이는 종래의 소득세에 비해 훨씬 우수하다는 것을 다음에서 증명할 것이다. 현실세계는 복잡하게 얽히고설킨 혼돈질서인 데다 세법은 잘 지켜지지 않고 있어 피세와 탈세 행태로 공평하지 않고 배분의 효율성도 왜곡되고 있다.

2. 단일세

단일세(flat tax)의 원래의 뜻은 사실상 비례세를 의미한다. 소득의 고저 없이 같은 비중으로 과세됨을 뜻하는 것이다. 이러한 세법을 1983년에 미국의 홀(Robert E. Hall)과 라부슈카(Alvin Rabushuka)에 의해서 제시되었다.

이 세금은 두 수레에 의해 굴러 가는 조세로 볼 수 있다. 즉, 좌측은 임금세이며 우측은 사업자세로 구성된 수레이기도 하다. 이 두 개의 수레는 그 세율이 19%의 단일세를 적용하며 대신 일체의 감면세 조치와 공제조치를 하지 않고 있음이 그 특징이다(flat tax의 번역은 평률세로 번역되기도 한다).

이들은 스탠포드대학의 교수로서 동년에 *Low Tax, Simple Tax,*

*Flat Tax*라는 저서를 미국의 대통령과 의회에 헌정함을 저서 맨 앞에 명시하고 있다. 그들의 새로운 세제는 단일세로 불리었으며 주지하는 바 2000년 대통령 선거 당시 포브스(Steve Forbes) 입후보자의 공약이기도 했으며, 다시 2008년 대통령 선거당시 공화당의 Rudi Giuliani 입후보자의 선거 공약이기도 하였다.

이러한 단일세는 개인과세와 사업자과세로 나누인다. 그래서 이를 전자는 보상세(compensation tax), 후자는 사업세(business tax)라고 하였다. 사실상 사업세는 통상 부가세(VAT)와 유사한 세목이다. 사업자는 매출액에서 타 기업으로부터의 원료, 중간재, 기타 비용 및 근로자에게 지급한 임금 등을 공제한 순이윤을 과표로 하여 과세하도록 한다. 세율은 19%이다.

보상세는 개인의 임금을 과표로 한다. 여기에 개인적인 자본과세는 없다. 세율은 19%의 기본세율이 있으며 연소득 24,000달러 미만에는 비과세하도록 한다. 또한 금융자산소득에는 과세하지 않으나 공제나 면세를 일체 허용하지 않는다는 것이다. 한 가지 특이한 것은 사업자가 내는 세금에는 임금은 공제되고 있으나 임금에 대해서는 보상세에서 과세되고 있음을 알 수 있다.

그리고 단일세제 하에서 모든 소득은 저율의 세부담을 한다. 특히, 개인의 부동산 거래의 부채로 인한 이자율의 적용을 50%로 경감과세하도록 한다. 한편, 저축에 대해서도 기타 이자소득에도 저율과세하도록 되어 있다.[3)]

자본소득은 사업자들에 대해서는 과세하도록 하지만 가계에 대한 자본소득은 과세하지 않는다. 자가주택 임대소득에 대해서는 비과세한다.[4)]

---

3) R. Hall and A. Rabushka(1983), p. 33.
4) R. Hall and A. Rabushka(1983), p. 49.

3. 현금흐름의 지출세

개인소비세로서의 현금흐름의 조세는 1980년 브루킹스연구소에서 학술대회 이후 출현한 대안이기도 하다. 이 과세방식은 한 가구라는 세대에 과세하는 것으로 되어 있다. 이때 과표는 현금흐름이며 소득이 아니다. 즉, 현금흐름의 세금은 그 과세단위가 한 개인으로 되어 있다. 즉, 사람에 과세되는 인세(人稅)이지 물건에 과세되는 물세(物稅)가 아니라는 것이다. 그러므로 개인소비세는 소득세와 같이 인세이며 직접세인 것이다.

1) 개인에 대한 과세방식

우선 조세납부 단위가 내야 할 세금의 모체인 과표는 한 해에 받는 모든 현금수입을 합하여 형성된다. 이때 중요한 것은 저축된 소득부분은 과표에서 빼 주어야 한다.

과거 소득세제 하에서 헤이그-사이몬스(Haig-Simons)의 과표는 소비와 순저축(증가한 저축)을 합계한 크기와 같다. 즉,

$$Ci + \triangle Wi = Y$$

이다. C는 i기에 소비를 $\triangle Wi$는 i기에 저축의 증가를 뜻한다. 그러나 개인이 받는 임금, 월급, 임대소득, 이자소득, 이윤, 주식 배당소득, 이전지출(연금, 보험, 정부보조), 선물 기부수증, 유물 등은 현금흐름 형태의 소득이라고 볼 수 있다.

이러한 흐름의 소득은 장래 언제고 필요와 취향에 따라 소비되어질 원

천이 된다는 점에서 잠재적 소비로 볼 수 있는 것이다. 그래서 흐름의 소득은 소비지출의 특성을 지니고 있는 것이다. 이러한 과표를 수식으로 나타내면

$$Ei+rWi-\triangle Wi=Ci$$

이다. 즉, 이러한 현금흐름의 소득에서 자본의 이자소득을 더해 주어야 소비의 크기를 알아낼 수 있다. 소비세 과표의 조 개념이기도 하다. 그러나 소비세의 실제 과표는 거기에서 저축의 순증분(rWi)을 빼 주어야 한다. 결국 은행 이자소득과 같은 추가적인 부의 증분은 조과표에서 제해서 순과표가 결정됨으로써 실제로 저축소득에는 과세가 안 되는 것이다. 이는 저축을 장려하는 조세제도임이 분명하다.

그런데 이러한 저축분은 개념상 넓은 의미의 저축임을 알아야 할 것이다. 즉, 개인이 현금을 지급하되 어떤 질적으로 우수한 계정에 돈을 지불한 행동으로 볼 수 있다. 예를 들어, 주식투자, 증권매입, 기타의 금융자산 등을 말하며 은행 또는 기타의 금융기관에 계좌를 두어 예치한 예금 및 생명보험, 실물자산(집, 상가건물 등)이 이에 속한다. 그러나 저축은 그 현금흐름의 목적가치가 없는 흐름이다. 하지만 이러한 저축은 언제고 목적가치가 있는 현금흐름의 형태를 갖출 것이며 그렇지 않으면 단순한 소비로 전환될 수도 있다. 결국 이러한 현금지출은 현금흐름의 형태를 취하며 목적가치가 있건 없건 그 흐름을 모두 소비로 보고 있는 것이다. 그러나 그 흐름의 형태가 지금 주택구입으로 나타날 수 있다. 집을 사서 이를 임대를 놓으면 임대소득이 생길 것이다. 이런 임대소득은 면제되지 않고 과표에 포함된다. 그것은 저축이 아니라는 것이다. 언제고 써버릴 잠재소득원으로 보는 것이다.

이러한 저축의 순증가는 과표에서 제외되지만 반대로 주식을 판다든지

은행 예금을 인출한다면 이는 과표로 포함되어 과세가 되는 것이다. 그리고 남에게 돈을 빌려 주면, 즉 대부는 과표에 포함되지만 반대로 빌린 돈을 상환하는, 즉 원금과 이자지불을 상환할 시에는 이를 과표에서 제외하여 과세하지 않는 것이다.

만일 선친으로부터 유산을 받았다면 소비로 인정하여 과세가 된다. 유산상속도 현금흐름의 수입(receipt)으로 보는 것이다. 그러나 상속수입의 일부를 소비하지 않고 저축했다면 이는 비과세가 되는 것이다. 선물이나 기부 또는 유물을 받았을 때 그 받은 시기 이후에 소비한다면 이는 소비로 간주해 소비세로 과세되는 것이다. 그런데 그 흐름의 규모에서 얼마큼을 쓰는지는 그의 연간 소비액의 평균치를 기준으로 하여 평준화된 기부금 소비의 크기를 추정하도록 한다는 것이다. 예를 들어, 평생 일인당 기초공제액이 100,000달러라고 한다면 부부 한 가구에 200,000달러가 된다. 그런 경우 소액의 선물이나 유산은 모두 비과세로 처리될 것이다.

그러나 선물이나 유산의 규모가 기초공제액을 초과하는 경우는 마땅히 그 초과액에 대해 과세해야 할 것이다. 이러한 공제초과분에 대한 과세는 공평한 세제의 기본인 것이다.

인적 공제조치도 현행의 소득세제와 다를 바가 없다. 다만 그 액수만이 다를 것이다. 우선 극빈자의 최저 소비수준 미만의 빈곤층은 비과세하도록 한다. 일인당 연 5,000달러 미만의 소비수준인 자, 2인 가구에 8,250달러 소비, 여기에 부양자 일인당 1,500달러 소비수준일 때 비과세하도록 한다.

예를 들어, 가족 1인이 노동하여 가계를 이루고 있는 경우와 부부가 맞벌이 하는 가계를 비교해 보자. 두 가계의 소득은 같다고 하자. 그렇다면 맞벌이 가계가 불리할 것이다. 맞벌이 가계는 주택 관리에 다른 사람의 도움이 필요할 것이고, 특히 어린아이를 돌보아 주는 비용이 추가로 더 소요되기 때문이다. 그래서 맞벌이 가계에 대해 10%의 과표공제를 해 주어야 한다. 맞벌이 가계의 소비수준은 연 30,000달러 미만일 때 공제하도록 한다. 한편, 맞벌이 가계의 저소득층에게는 세액공제 조치를 해 주고 있어 현금흐름의 소비세는 공정성을 제공하고 있다.

현금흐름의 조세 과표는 소득세의 과표보다 넓다. 그래서 같은 세율로 개인소비세는 더 많은 세수를 확보할 수 있다. 다시 말해, 소득세율보다 얕은 세율을 소비세에 적용해도 같은 세수를 실현할 수 있는 것이다. 결국 현금흐름의 소비세가 소득세보다 세수확보면에서 더 우월한 위치에 있음을 인정해야 할 것이다.

뿐만 아니라 지출세는 소득세보다 더 누진성을 강화해 적용할 수 있다. 왜냐하면 현금흐름의 과표는 현행 소득세보다도 더 넓기 때문이다. 같은 세수액을 소득세율보다 더 낮은 세율로 현금흐름의 소비세제의 경우 거둘 수 있는 것이다.

현행 소득세제 하에서 징수되는 조세수입을 현금흐름의 소비세로는 먼저 연 10,000달러 소비에 5%의 세율로 걷고, 30,000달러의 경우에는 20%, 40,000달러 초과시 32%를 적용하도록 한다. 가구가 1인일 경우 0달러에서 5,000달러까지는 5%, 5,000달러에서 40,000달러까지는 20%, 그리고 40,000달러를 초과하는 가구에 32%의 세율을 적용하도록 한다.

그런데 1989년도의 균형예산을 유지하자면 세율을 올려야 한다. 이 경우 첫 번째 과세층에게는 6%, 두 번째 납세층에는 24%, 마지막 납세층에는 38%의 세율을 적용해 소비세를 과세해야 된다.

이러한 세율은 하위층 빈곤층의 면세규정을 허용하고 이러한 비과세 범위는 소득세제 하에서 보다 넓은 것이다. 이러한 세율적용은 소득세제 하에서 결정되는 세부담 분포와 유사하다. 그러나 현금흐름 소비세제가 소비 하위층에 면세범위가 넓게 적용되고 있어 소득세제 하에서보다 형평성을 이루고 있다 하겠다. 4인 가족의 세부담은 연 11,250달러 미만 소비액에는 면세됨으로 하위층을 배려하고 있다. 소득세제 하에서는 연소득 74,000달러 초과시에 과세되고 있는 것이다.

한편, 조상으로부터 유산을 받았다면 이는 현금흐름 소득의 과표에 포함시켜야 한다. 앞에서 지적한 바와 같이 유산의 과표는 연간 평준화된 크기를 적용한다. 그러므로 유산액 중 평준화된 연 소비액이 과표가 되는 것이다. 이 경우 고용연수가 길수록 세부담은 줄어들고 있으며 사망시에는 그 부담은 늘어나고 있다. 사망시 부담의 중과는 재산세보다도 그 과세방식이 탈세를 배제하는 엄격한 조치가 집행되고 있기 때문이다. 소득세제 하에서는 세수를 늘리자면 세율을 인상하면 될 것이다. 즉, 11%에서 50%로 증가시키고 13%에서 59%로 인상시키면 세수는 그에 따라 증가할 것이다. 그러나 현금흐름의 소비세는 세율 6%에서 38%까지 인상시키면 같은 세수목표를 달성할 수 있을 것이다.

그러나 현금흐름 소비세제는 기초공제 외에도 공제제도가 다양하게 적용되고 있어 세부담상의 불공평성을 발생시키고 있다. 예로서 저소득층의 맞벌이 가구에 대한 공제, 제한된 범위에서의 부의 이전에 대한 특별공제, 세액공제, 기타 공제 등은 형평성·효율성 면에서 적합하지 않은 조치이다.

이런 불공평한 공제조치를 지나치게 적용한다면 공제조치의 철폐운동이 일어날 것이다. 예를 들어, 모든 이전적 지불은 과세되어야 할 것이다. 특히, 부의 이전은 100% 과세되어야 하며 그 부가 소비에 쓰여진다든지 타인에게 이전되는 경우 과세해야 할 것이다. 또한 주택담보 이자지급을 과표에서 공제해 주어서는 안 될 것이다. 또한 지방세를 공제해서도 안 될 것이다.

특히, 지방자치단체는 세수면에서 이로운 것이 모든 기업의 자본소득은 그것이 저축되지 않는 한 과세되기 때문이다. 그뿐이랴? 은행에 지급되는 대출이자, 연방국채소득 등은 공제되었는데 이러한 조치는 폐지되어야 하며 이는 지방정부 세수확보에 유리할 것이다.

이러한 세제조치 후보자의 이점을 납세자들은 최대로 활용하고자 할 것이다. 하지만 이러한 공제조치들은 세제를 더욱 복잡하게 할 것이며 불공평성과 비효율성을 극대화시킨다는 것을 알아야 할 것이다. 무엇보다도 주의해야 할 사실은 이러한 공제조치가 지나치면 세수확보에 차질이 발생할 것이며 결과적으로 세율을 인상해야 할 필요성이 요구되기 때문이다.

2) 현금흐름 소비세의 기업과세 방식(The Tax on Business)

현시대는 세계화 속에서 국제적인 조세경쟁이 만연되어 있다. 그래서 법인세의 세율을 인하하여 자국의 투자경쟁력을 제고하고자 한다. 미국의 경우 법인세의 세수는 연방정부 총세수에서 1984년도에 약 10%에 불과하였다.

법인세율을 인하하자면 현금흐름의 소비세를 활용해야 할 것이다. 즉, 회사의 투자활동으로 기업의 이윤이 발생하면 그 자본이득을 개인에게 분배한다. 그러한 분배는 배당소득이 되며 정부는 이에 배당소득세를 과세한다. 결과적으로 그러한 세액만큼 법인세율을 인하할 수 있는 것이다. 하지만 이러한 법인소득세에는 세 가지 문제점을 야기시키고 있다.

첫째, 다국적기업으로 인해 미국에서는 기업이윤의 큰 부분이 외국기업으로 흘러들어 가고 있다. 이러한 외국기업의 소득은 대체로 탈세를 해 세금을 내지 않고 있다.

둘째, 그래서 많은 사람들이 피세를 위해 위장 주식회사를 만들 수 있다. 회사는 세금부담을 고용인과 주식소유자들의 이름으로 소비재를 구입해 소비하면서 전혀 세금을 내지 않고 있는 것이다. 즉, 가명계좌로 탈세가 심한 것이다. 그러한 소비재는 자가용승용차, 주택, 생명보험, 의료비, 법률비용 등 내구재 투자, 보험료 공제 등으로 처리해 비과세 내지 공제혜택을 받을 수 있기 때문이다.

셋째, 법인세율 인하는 감가상각 자본을 소유한 주식소유자에게 우연

소득(windfall gain)으로 실현될 것이다. 이런 이유에서도 법인세는 계속 유지되어야 할 것이다. 하지만 보다 중요한 것은 법인세로 인해 투자형태의 다양성을 왜곡할 수 있다. 이러한 과세중립성은 견지해야 하며 또한 현금흐름의 조세를 회피하는 회사의 탈세풍조를 억제해야 할 것이다.

우리는 여기에서 법인세의 합리적인 개편을 다음 두 가지로 건의하고자 한다. 첫째, 법인 기업의 모든 현금흐름을 직접 수령하는 수입에 대해 과세하도록 한다. 따라서 회사가 수령하는 모든 수입은 과표로 포함시켜야 한다. 이때 단 주식을 팔았을 경우 이득은 과표에서 제외된다. 한편, 투자지출이나 임금이나 모든 사업비 지출은 과표에서 제외되는 것이다.

그러나 피고용인에게 지출하는 비용이나 기업주가 소비하는 지출액은 공제하지 않으며 또한 비용지출이 회사의 사업과 아무 관련성이 없는 지출은 역시 공제가 허용되어서는 안 된다. 한편, 자금이 부족하여 부채를 썼다면 이는 과표에 포함시켜 과세하도록 한다. 그러나 반대로 회사 부채를 원금과 이자를 상환한다면 이 상환액은 과표에서 공제하도록 한다. 또한 주식소유자에게 지급되는 배당을 공제해서도 안 되며 기타의 소득을 지급하는 경우 이를 과세해야 할 것이다. 따라서 배당소득에 과세하는 것이다.

주식판매 또는 배당의 지급 등을 공제하지 않고 모두 과세하도록 함은 결국 정부 재원조달면에서 일정액(공제 배제액)의 정부 부채의 발생을 면제해 주는 재원조달 효과가 있음을 이해해야 할 것이다.

만일 기업이 부채를 얻어 투자를 했다면 투자를 한 해에 과세되지는 않는다. 투자를 위한 대출에 비과세하는 것이다. 따라서 부채로 투자한 결과 이윤을 실현한 후 원금과 이자지불 등 부채상환에는 비과세 한다. 그렇지만 부채액을 초과하는 이윤에 대해서는 수입형 현금흐름이므로 과세하도록 한다.

이러한 과세규칙은 법인이 아닌 일반 사업자의 경우에도 동일하게 적용되어야 한다. 특히, 신투자나 부채상환액은 역시 비과세해야 한다. 법인

대표인 자본가는 순현금흐름에 대해서 즉시 과세되어야 할 것이다. 하지만 이 경우 소비하지 않고 저축하여 회사의 운영자금을 확보했다면 이는 비과세되어야 할 것이다. 결국 이러한 사업자에 대한 과세규칙은, 즉 현금흐름의 사업세는 영업세 또는 소매세(retail tax)와 다를 것이 없다. 또한 부가세(VAT)와도 같다. 즉, 중간단계에서 사업자는 전 단계 세액공제 조치를 적용받아 여기에서 순부가가치는 사업자의 순수입(이윤)이라고 볼 수 있기 때문이다.

둘째, 외국인이 국내에서 소득을 올리는 사업가에 대한 과세는 어떻게 할 것인가? 이는 자국기업이 외국인 또는 외국기업에 지급하는 현금지출은 모두 일단은 원천징수 조치를 적용하는 것이다. 이러한 원천징수 조치는 주식배당, 이자지급, 임대수입, 특허권 비용 등 기타의 현금흐름의 지급을 포함한다.

이러한 현금흐름의 회사 소득에 과세함은 결국 과거의 법인세를 대행할 수 있는 것으로 이해해야 할 것이다. 특히, 이러한 투자비용에 대해 비과세함은 결국 기계마모에 대한 감가상각도 이미 시행되고 있기 때문에 그러한 과거의 번거로운 감세제도는 무용지물이 되고 있는 것이다.

또한 현금흐름의 과세는 인플레이션으로 인한 세부담상의 불공평 문제도 배제되고 있다 하겠다. 왜냐하면 사업상 수입은 오른 가격으로 팔아 영업수입은 상승할 것이며 그에 대한 세금을 부담해야 할 것이기 때문이다. 이것이 현금흐름의 인플레이션적 이득이기도 하다.

특히, 자본으로부터 나오는 자본수익도 현금소득으로 파악됨으로 과세가 될 것이며 소득계정에 있어 자본수익 개념상의 번거로움도 제거되어 탈세 경향을 완전 배제할 수 있어 정도세정(正道稅政)에 도움이 되고 있다.

동시에 법인으로서 개인소비세를 탈세하려는 의지는 약화될 수밖에 없다. 가령 미국에서 번 돈의 지출에 대해서는 원천과세될 것이다. 법인에 적용되는 세율은 개인의 현금흐름 세금의 세율과 동일하게 적용될 것이다. 기업과세나 개인과세나 부담상의 차이는 없는 것이다. 공평한 세제가 바로 현금흐름의 지출세인 것이다.

여기에 덧붙여 근로자 사업가의 모든 지출에 소비지출을 현금흐름으로 과세함은 좋다고 본다. 그런데 가계나 기타 일반소비자가 소비할 때에는 역시 소비세가 적용될 것이다. 이러한 소비세는 구입시에 일시불되며 역시 부가세와 같이 사업자가 징수해 재정당국에 납세하도록 한다. 이런 경우 소비세는 간접세이며 직접세가 되지 않는다.

그래서 연말에 세금정산을 할 때 개인소비자는 직접소비세의 납부자가 되는 것이다. 연말 정산에서는 현금흐름의 연간 액수에 기초공제, 기족공제, 교육비, 의료비 공제 등 각종 공제조치를 적용하여 공정한 현금흐름의 세금을 정산해 납세하도록 해야 할 것이다.

현행 소득세제는 주지하는 바와 같이 비합리적이고 이율배반적인 규칙으로 오랫동안 정착해 왔으며, 이런 상황에서 건설적이고 공평하고 바른 세제를 건의해도 구세는 명세라는 명분 하에 이는 한낱 풀 수 없는 수수께끼로 받아들여져 허구적인 왜곡효과만 일으킬 것이다. 그렇기 때문에 신세도입에 있어 가장 중요한 것은 제도이행(institutional transition to expenditure tax)에 있으며, 적합한 제도의 수용과 이전에 요구되는 모든 사회문화적 법적 절차를 추적해 점진적인 제도 정착의 고안이 요구되는 것이다. 이에 있어 주택마련, 교육, 국제적인 자본, 투자의 지출흐름 등은 예의 주시되어 신세도입에 중시되어져야 할 측면인 것이다.

특히, 배당에 과세함은 법인세와 이중과세될 수 있어 현실적으로 배당세에는 상당한 공제 배려를 하고 있다. 그런데 기업규모가 클수록 회사의 수익을 배당하지 않고 유보해 놓고 배당세를 회피하는 경향이 있다. 그렇다고 이러한 자본소득이 재투자되어 경제의 활성화를 가져와야 하는데 그대로 유동성의 유휴자금으로 피세하고 있음은 문제가 아닐 수 없다. 일정 규모 이상의 유휴자금에는 따라서 상당한 유보세를 적용해야 할 것이다.

신세도입의 기본문제는 그래도 공평성의 저해, 비효율성, 전체적인 제도상의 복잡성 등이다. 신세도입 과정에 요구되는 모든 조치와 작업에 만전을 기하여 성공해야 할 것이다.

4. X조세

브래드포드의 X조세는 1986년에 제시되었는데 이에 대한 개념설명은 다음과 같다. 즉, 사업을 하는 영리사업가는 법인과 비법인의 차이가 없는, 즉 법인세를 배제한 조세로서 우선 기업이 사고 팔아 남긴 이득, 즉 양도차익소득을 단일세(혹은 평률세, flat tax)로 과세하도록 한다. 여기에 더해 보상세(compensation tax)라고 하여 기업이 피고용자에게 지급하는 급료, 특별급여 등에 누진율로 과세하되 인적공제를 적용한다는 것이다.

따라서 X조세란 사업소득세(단일세율)+근로소득세(누진율)=X조세라고 기술할 수 있다. 다른 것이 있다면 그것은 사업소득에는 단일세율이 적용되며 근로소득에는 누진율이 적용되고 있다. 브래드포드는 X조세를 하나의 전형적인 가능한 소비세로 제시하고 있으며 기업의 법인세를 배제하고 이윤세로 전환하고 있다.[5]

그가 제시하는 소비세는 하나의 포괄적인 소비세로 주장하고 있는데, 이 개념을 하나의 가설적인 개념으로 X조세라고 하고 있다. X조세는 우리가 잘 아는 부가가치세의 일종이라고도 할 수 있다. 한편, 라부슈카(Alvin Rabushka)와 홀(Robert Hall)이 제시한 단일세 혹은 평률세와도 유사한 조세이다.[6] 위에서도 본 바와 같이 X조세란 두 개로 구성되어 있는데 하나

5) David F. Bradford(2000), p. 67.
6) Robert E. Hall and Alvin Rabushka(1985).

는 사업자세(business tax)이고 다른 하나는 근로소득자에 대한 임금세(wage tax)로 결합된 세제이다. 이러한 사업자는 법인이건 비법인이건 또는 합작 공동사업이건 토지소유자이건 과세대상으로 포함된다. 임금세의 경우 브래드포드는 이를 보상세(compnsation tax)라고 하였다. 따라서 임금세는 계층적인 노동소득이라는 측면을 제거하고 다만 노동에 대한 보상으로 지급되는 모든 소득을 보상으로 보고 이를 보상세(補償稅)라고 하였다.

1) 과표

그 보상은 피고용자에게 지급되며 지급자는 고용자인 기업주일 것이다. 그런데 사업자세는 사업을 하는 기업주의 부담이며 이는 그 과표가 그 사업체가 각종 유형의 상품 판매로부터 발생하는 판매수입이다. 그러한 사업자는 법인이건 아니건, 합작 공동사업자이건 동업자이건 관계 없이 일단 사업자등록을 한 업자들을 포함한다.

여기에 보상세는 고용주로부터 각종 보상금을(즉, 월급, 임금, 상여금, 휴가비, 각종 보상금 등) 받는 피고용자가 부담하도록 되어 있다. 그런데 사업자의 사업세는 모든 유형의 상품 또는 재고상품을 타인에게 판매한 수입에서 타 기업으로부터 구입한 재화(원료, 중간재)의 비용을 빼 주며, 이렇게 해서 사업자의 양도차익을 얻게 된다. 이 밖에 현재, 과거, 미래의 노동공급에 대한 임금지급액, 즉 보상금액을 빼 준 남은 수입이 곧 사업세의 과표가 되는 것이다. 이러한 수입액이 순과표로서 사업세가 여기에 과세될 것이다. 이때 적용되는 과세의 세율은 7%로 한다. 이는 단일세이다. 즉, 사업세의 과표는 수입에서 지출을 뺀 양도차익이 과표가 되고 있다. 여기에 더해 기업이 지급하는 각종 보상비용(임금)을 기업의 양도차익에서 빼 주어 그 나머지가 곧 과표가 되는 것이다.

단일세나 X조세는 그 과표가 임금을 공제한 순이윤이 되고 있음은 공통적인 특징으로 볼 수 있다.

2) 세율

모든 종업원은 사업체로부터 받은 수입에 대해 납세의무를 진다. 심지어 정부로부터 수령된 이전지출, 보조금의 수령도 납세의무를 지게 되어 있다. 이러한 보상소득의 총계는 누진적으로 과세된다. 예로서 최하위급 수입수준인 5,000달러 미만에는 0 세율을 적용하며 그 이상의 수입에는 3%, 5%, 7%의 세율을 적용하도록 한다. 그러므로 임금수준이 연 10,000달러 이상인 근로자에게 7%의 단일세율을 적용한다. 중산층 이상은 사업자나 근로소득자나 단일세로 과세되고 있으며 이는 과세의 수직적 불공평을 가져올 것이다. 단일세와 다른 것은 보상세에는 3개의 상이한 세율(3%, 5%, 7%)을 적용하여 누진율을 적용하고 있다는 점이다.

3) 공제

X조세는 이자소득 및 주식배당 지급은 과표에서 공제되어 비과세한다. 그래서 상위급 수준의 보상세는 그 세율이 사업소득자와 같은 7%가 될 것이다. 이러한 임금세는 그 세율이 7%가 되어 사업세 세율과 같게 과세될 것이다. 그러나 사업자의 경우 종업원 보상지출에 대해 공제조치를 받게 되어 있다. 우선 사업체의 거래에는 손실이 없다는 전제 하에서, 즉 모두 수익을 올린다는 전제 하에서 비용만을 공제해 주고 있기 때문이다.

종업원의 보상세는 사실상 저소득층에게는 정부보조금이 지급되는 상황에서 과세되지만, 사업세는 기업이 다른 업체로부터의 구매액은 비용으로 즉시 공제된다. 그러므로 납세 전이나 납세 후의 사업자수익률은 언제나 동일한 비율을 나타낼 것이다. 따라서 정부는 두 측면에서 역할을 해 주고 있다. 즉, 공제액에서는 7%의 세금을 받지 않는 셈이며 세금징수는 기업의 순수입에서 7%의 세금으로 징수하게 된다.

X조세가 단일세보다 낮은 세율을 적용하고 있다.

아론(Aaron)의 현금흐름의 소비과세론이 1984년에 제시되었다. 그 이전의 논의를 살펴보면 이미 앤드류(W. A. Andrews)는 헤이그-사이몬스(Haig-Simons)의 발생주의 과세원리를 배격하면서 1974년에 소비세의 우월성을 주장하였다.[7] 지출세를 우수한 세제로 소개하고 있는 주된 이유는, 소비유형의 지출세는 현재 소비하여 지출하는 사람과 장래를 위해 지금 소비하지 않고 근검절약하여 더 저축하려는 사람과의 사이에 중립적인 효과(neutrality)를 준다고 가정하고 있는 것이었다.

7) William Andrews(1974). 여기에서 그는 지출세란 인류 역사상 매우 우수한 사상임을 역설하고 있다.

【제5장】

지출세의 논쟁

1. 지출세의 이론적 견해

2. 와렌과 조드로우의 평률세적 견해

1. 지출세의 이론적 견해

다음에서는 현금흐름의 지출세 및 사전적 임금세 및 사후적 기업 소비 지출세 등에 대한 칼도(N. Kaldor)와 맥카페리(E. J. Maccaffery)의 전문화된 견해를 짚고 넘어가자. 즉, 지출세에 대한 전문가들의 비판내용을 알아보기로 하자.

1) 칼도와 맥카페리의 논쟁

(1) 칼도의 견해

미국에서 지출세에 관한 학계의 동향은 1970년대 이후에 많은 관심을 보여 왔다. 이에 있어 대표적인 조세학자는 W. Andrews(1974), A. B. Atkinson(1977), A. J. Auerbach(1978), D. F. Bradford(1975, 1976, 2004), D. A. Weisbach(2008), M. Graetz(1979, 2001) 등 수없이 많은 학자가 지출세 도입을 위한 연구논문을 발표하였다.

이러한 지출세제의 중요성을 인정하고 정부에 건의한 것은 영국의 왕립조세개혁위원회이었으며, 1952년에는 영국 정부의 재무성장관이 지출세 도입에 관심을 두고 발표한 바 있다. 미국에서는 영국보다 약 20년 후인 1977년에 의회에 상정된 바 있으나 채택되지는 않았다. 1년 후인 1978년에 영국에서는 이른바 미드(Meade) 보고서가 발표되었다.

인상적인 것은 1978년에 브루킹스연구소는 페치만(Josepf A. Pechman)이 주관한 "소득세냐 소비세냐"를 주제로 한 심포지엄에서 브래드포드는 지출세 도입의 합리성을 주장하고 있다. 그는 화폐흐름의 소비세나 임금세나 동등함을 논증하고 있는데 칼도의 논점을 넘어서 후생경제학의 주류파 이론에 치우치고 있음을 볼 수 있다.

그러나 이러한 임금세와 소비지출세가 같다는 동등성(equivalance) 명제는 이미 피셔의 주장이기도 하며 칼도는 새로울 것이 없다는 것이다. 칼도의 견해는 심포지엄에서, 특히 앤드류의 논문발표에 대해 다음과 같이 토론을 전개하고 있다.[1]

첫째, 우선 과표의 크기에 대해 소득의 유용성 가치면에서 본다면 그것은 소비한 액과 다를 것이 없다는 것이다. 칼도의 이러한 주장에 대해 피셔는 소득의 진실된 과표는 소비임을 역설했다는 것이다. 그러나 대체로 많은 사람들은 소비와 소득은 다르다고 하며, 특히 담세력을 놓고 볼 때 소득이 소비보다 훨씬 우수하고 바르다고 생각하는 것이다(소득은 소비능력을 가지고 있으며 경제행동의 지배력을 지니고 있기 때문이다).

앤드류는 소득세는 소비세와 유사하므로 결국 소비세와 소득세는 대체관계에 있다고 보는 것이다(hybrid tax with income tax). 그러나 소비에는 쓰지 않고 저축한 소비는 소득의 크기와 다르다는 것이다. 저축부분은 과표에서 공제되기 때문에 세액 자체가 다를 것이다. 한편, 돈을 빌려 부채를 발생시켰을 때 부채액은 과세되어 소비세와는 세부담이 다를 것이다.

뿐만 아니라 소득세가 종합과세되어 소득의 발생근원을 추적해 헤이그-사이몬스의 과표를 충족시키는 것까지는 좋다. 그러나 소비세도 소득세도 가족공제와 기초공제를 배려하는 세제이다. 과표는 그만큼 소득세의 경우 작아지겠지만 저축의 크기와 소비의 크기에 의존할 것이다. 결국 세부담능력이나 경제력은 소비의 크기에 있지 소득 그 자체에 있지 않다는 것이다.[2]

둘째, 소득의 크기를 발생된 소득(accretion)을 기준으로 하는 헤이그-

---

1) W. D. Andrews(1980), p. 127.
2) N. Kaldor(1955), p. 154.

사이몬스의 접근은 사실상 소비행태의 소비가치를 바르게 측정할 수 없는 결함이 있다. 특히, 주식이나 증권의 가치는 두 기간에 있어 가치변동은 항시 계속되므로 그 가치의 측정은 하나의 과정 속에 있음으로써 올바른 가치평가가 어렵다는 것이다. 즉, 발생주의적 가치변동은 항시 유동적이므로 불분명하다는 것으로 평가됨을 칼도는 지적한다.[3]

셋째, 소비세에 있어 현금흐름을 추적하여 과세한다는 점은 앤드류와 동의하고 있다. 그러나 주택구입은 투자로 보아 과세되는 것에 반대하고 있지만 부채상환시 전액을 과표에서 공제할 것을 주장한다. 동시에 전세금, 월세금 등은 지출세로 과세할 것을 주장한다.

넷째, 앤드류는 조 개념(gross)에서 본 지출세를 다루고 있다. 따라서 지출세 하면 그것은 다양한 공제조치 후에 세금을 덜 내는 순조세로 이해할 수 있다. 그러나 그의 지출세 개념은 공제조치를 배제한 조 개념의 지출세를 주장하고 있다.

그러나 칼도는 순개념으로서의 지출세를 주장한다. 즉, 모든 공제조치 적용 후의 순개념으로 지출세를 제시하고 있다.[4] 그는 지출세 과세는 사후적이지 사전적이 아니라는 것이다. 후에서 논의될 원천과세되는 임금세와 다르다는 것이다. 사후적이란 공제받아야 할 사항을 모두 측정하여 공제받은 후 지출세를 납부하는 것이다. 따라서 이러한 공제 후의 지출세는 순지출세이며 이는 납세시점이 신년초가 될 수 있어 그 가치평가는 작년보다 다를 수 있기 때문이다. 순개념의 지출세로 개인은 보다 합리적인 선택에 임할 수 있는 것이다.[5]

넷째, 칼도나 앤드류는 지출세 도입과정은 처음에는 소득세와 지출세를 겸용하는 방식으로 시행하는 것이 바람직하며 새로운 제도의 이식은 사

---

3) N. Kaldor(1955), p. 152.
4) N. Kaldor(1955), p. 155.
5) N. Kaldor(1955), p. 232. 그는 여기에서 소득세는 조 개념을 사용하고 있으나 지출세는 모든 공제조치 후의 세액, 즉 순세(net tax)로 나타내고 있다.

회문화적으로 적합할 것을 주장하는 것이다. 그래서 이를 보조적인 지출세(supplemental personal expenditure tax)라고 하였던 것이다.[6)]

여기에서 주의할 것은 칼도의 지출세는 사전적이 아니며 어디까지나 사후적임을 고집하고 있다. 그것은 개인적으로 공제 후에 과세되는 인세이며 직접세임을 주장하는 것이다.

(2) 맥카페리의 동등성 명제 비판

2006년 5월에 뉴욕대학에서는 재정학의 주요 연구과제(Key Issue in Public Finance)에 대한 학술대회가 브래드포드를 추념하는 모임으로 개최된 바 있다. 여기에서 두 번째 발표자인 와이즈바하(David A. Weisbach)의 "Implementing Income and Consumption Taxes"에 대한 논평을 맥카페리가 발표한 바 있다 이를 요약하면 다음과 같다.

이 논문에서 와이즈바하는 소득세는 소비세와 같다는 것을 논증하고 있다. 즉, Equivalance Theorem을 제시하고 있다. 이를 동등세 명제라고 해 보았다.

이는 들어 온 수입은 결국 언젠가는 소비되어진다는 전제를 깔고 있는 이론이기도 하다. 이러한 명제는 저축은 없다는 또 하나의 전제가 덧붙여지고 있다. 단기적으로 저축은 있을 것이지만 장기적인 조망에서(longer perspective) 언젠가는 필요시에 소비될 수밖에 없는 것이 소득의 필연적인 운명임을 인식해야 할 것이다.

소득세와 소비세의 다른 점이 있다면 소득세는 이자소득세를 포함하고 있다는 사실일 것이다. 소비세에 이자소득세는 없기 때문이다. 그러나 바로 여기에서 소득세와 소비세 간에는 마치 코즈(Coase)의 거래비용 전무의 명

---

6) 칼도는 이러한 보조적인 지출세를 소득세 및 부가세와 함께 어떻게 보완할 것인지를 그의 책 마지막에서 결론으로 다루고 있다. N. Kaldor(1955), p. 240.

제가 적용될 수 있다는 것이다. 주지하는 바 코즈는 양자 간에 합리적인 배분은 거래비용이 드는 법정에서 결정할 것이 아니라 쌍방이 의논하여 해결할 수도 있다는 당사자 간 교섭을 통해 이른바 거래비용(transaction cost)이 전무한 효율성 있는 배분방식으로 노벨상을 수상하기도 하였다.[7)]

이러한 동등이론은 원래 브래드포드가 창시했으며 와이즈바하는 이를 그대로 소비세 실천에 적용하고 있다. 정확히 따진다면 양자는 일치하지 않지만 이러한 이자소득은 과세 후 작아질 것이고 장기적으로 보아 이는 소비로 지향되어 결국 소비세는 증가해 이자소득세를 포함한 소득세와 같아진다는 것이다. 이런 가정 하에서 브래드포드와 와이즈바하는 동등이론을 주장하는 것이다.

결국 이렇게 보면 소득세로 징수해도 이는 소비세와 별다를 것이 없으며 소비세로 거두어도 소득세나 다를 것이 없다는 결론에 도달한다. 문제는 시차에 있다. 소득세는 사전적 과세(exante tax)이며 소비세는 사후적 과세(expost tax)인 것이다. 이자소득은 위험부담이 없는 수입이다. 저축의 일부이기도 하다. 초기에는 소비로 잡을 수 없는 이자소득이며 저축의 증분이기도 하다.

사전과세인 소득세액이나 사후과세인 소비세액이 같다는 것이 동등세의 명제인 것이다. 소득세는 위험부담 없이 발생하는 이자소득을 포함하고 있으며 소비에는 이런 자본수익은 제외되어 있다. 그럼에도 불구하고 이 두 세액이 동등하다는 사례를 다음의 네 가지로 와이즈바하는 분류하고 있다.

첫째, 현금흐름의 지출 대 장부기록의 기초.

둘째, 개인과세 대 기업과세(슬렘로드(J. Slemrod)는 이를 개인적 면제세(business remission taxes) 대 사업상 면제세로 구분하고 있음).

셋째, 개방성 대 폐쇄성. 이러한 용어는 와이즈바하에 의해 아주 특이한 표현으로 구현되고 있다. 즉, 그의 2000년의 발표에서와 같이 조세제도

7) R. Coase(1960).

가 쌍방(판매자와 구매자 간의 거래)의 거래형태를 고려하고 있는지의 여부에 따라 과세하는 경우를 지칭하고 있다.

넷째, 과세의 국제화(원산지과세 대 종착지과세).

이러한 논점은 매우 중요하며 이를 위한 와이즈바하의 접근은 가치 있는 것으로 평가해야 한다. 그런데 동등성의 기준은 분석적으로 탁월한 점도 있으나 맥카페리의 이러한 접근에 대한 비판은 도의적인 규범성에 있음을 지적하고 있는 것이다. 이러한 도의적 규범성에 대해서는 잠깐 뒤로 미루고 먼저 임금세와 소비세의 동등성 명제에 대해 알아보도록 하자.

지출세에서는 소득과 지출은 같다는 것으로 볼 수 있다는 것이다. 이러한 동등성의 명제는 이론적으로는 브래드포드의 X조세(X-tax)라는 사전에 납부한 누진적인 개인소득세와 회사 수입에서 임금을 제한 순수입에 대한 기업과세를 대칭적으로 잘 조화시켜 두 조세를 하나로 단순 결합시킨 조세를 지칭한다.

결국 사전과세인 임금세는 사후과세되는 지출세와 같다는 것이다. 왜 같을까? 소득과 소비와의 관계는 동등성이 성립하는 것은 우선 그 전제는 언젠가는 단기·장기적으로 보아, 즉 생애 전 기간의 관점에서 볼 때 번 돈은, 즉 개인의 소득은 다 써버리고 만다는 것이다. 영구소득은 영구적으로 소비된다는 전제가 깔리고 있는 것이다.

이렇게 볼 때 소득의 크기는 그 시점이 다를 뿐이지 장기적으로는 소비의 크기와 같다는 것을 말해 주고 있다. 이러한 동등성의 원리를 수리적으로 정확하게 표현한 개념이 브래드포드의 X조세인 것이다.[8)]

이를 수식을 통해 이해하도록 한다. 우선 소득(Y)이란 소비(C)와 저축(W)인 자산의 증대로 표현할 수 있다. 즉,

$$Y = C + \Delta W$$

8) D. Bradford(2004).

이다. 그런데 헤이그–사이몬스는 소득을 자산소득의 증대와 소비로 표현하고 있다. 여기에서 이를 비자산소득(Ei)과 자산소득(rW)인 이자소득, 증권수익, 주식 배당소득 등의 합을 소득으로 볼 수 있다. 즉,

$$Ci + \Delta Wi = Ei + rWi$$

로 Ei는 i기의 비자산소득이고 rWi는 i기의 자산소득을 말한다. 여기에서 자본증가(ΔW)와 자본소득(rW)은 개념상 다르다. 즉, ΔW인 자본증가는 저축의 증가를 통해 이루어진 자산을 의미한다. 이러한 저축은 결국 소비를 줄여야 저축이 느는 것이다. 즉, 소비를 절약해 얻는 저축행동을 뜻한다.

그러나 자본소득인 rW는 예금에서 나오는 은행 이자소득이 있다. 그뿐이랴? 자본을 금융자산으로 운영하여 주식배당, 임대소득 등 가만히 있어도 저절로 생기는 불로소득이 있는 것이다. 그러면 Ei는 무엇인가? 이는 비자산소득으로 봉급, 급료, 이전소득 등을 들 수 있다.

여기에서 소비란

$$Ci = Ei + rWi - \Delta W$$

이다. 즉, 비자산소득과 자산소득에서 저축분을 빼 주어야 한다. 즉, 소비하지 않은 부분이 소득으로 남는 것이다.[9]

소득세에서는 저축을 소득으로 보고 과세하지만 소비세에서는 과세하지 않는다. 저축이 소비가 아니기 때문이다. 그래서 과표의 크기면에서 볼 때 역시 소득과표가 저축을 포함하여 소비세의 과표보다 큰 것으로 볼 수 있다. 즉, $YiB > CiB$이다.

총체적으로 Y는 총소득이지만 이를 헤이그–사이몬스처럼 소비와 저축

9) David F. Bradford(1984), p. 79.

으로 나타낼 수도 있지만, 저축된 소득도 언젠가는 소비나 투자로 지출될 것이기 때문에 Y라는 총소득을 소비로 간주하는 수밖에 없다. 영구소득과 함께 영구소비가 성립되는 것이다.

지출세를 도입하면 자산소득인 주식 배당소득, 증권차익 등을 소비세에서는 이를 소비로 본다. 저축은 소득으로 보지 않으며 이를 소비세로 과세하지 않지만 자본소득인 주식소득이나 증권소득 등은 모두 소비로 간주하여 이를 과세하도록 하고 있다.

결국 지출세 도입 후에는 저축소득은 과세하지 않으며 자산소득인 주식배당에는 과세가 되는 것이다. 그렇게 되면 저축소득과 자산소득은 양(+)이나 음(−)의 효과로 어느 것이 크고 작을 것인지는 측정을 해야겠지만 대체로 큰 차이가 없는 것으로 평가되며, 그렇게 되면 결국 소득과 소비는 일치하여 여기에서 논하는 동등성의 명제가 성립할 수 있는 것이다. 즉, $Yi=Ci$가 되는 것이다.

저축과 자산소득을 같은 크기로 가정한다면 동등성이 성립하는 것이다. 그런데 소득세와 지출세를 상호 보완적인 세제로 이용한다면 그 특성은 소득세는 선불제도(exante prepayment)이며 지출세는 후불제도(expost postpayment)에 있다.

그런데 지출세의 과표는 저축의 크기만큼 소득세 과표보다 작을 것이다. 하지만 이를 자산소득을 과표에 포함시켜 저축으로 빼 먹은 과표를 보상회복할 수 있다. 이를 소득세와 지출세의 상호 보완적인 관계를 유지한다고 하며, 이는 칼도나 앤드류가 A Supplemental Personal Expenditure Tax로 칭하면서 이를 동시에 주장하고 있는 것이다.

그래서 과표가 큰 소득세가 소비세보다 세금은 많이 거둘 수 있으나 그 차이는 그렇게 크지는 않으며, 오히려 사후세금의 지출세의 경우 자산소득인 이자소득은 그렇게 위험부담이 예민하게 작용하지 않는 규칙소득으로 공제 받은 저축의 크기와 크게 차이나지 않는 것으로 가정하고 있는 것이

다. 즉, 사전세금=사후세금, 소득세=지출세로 볼 수 있다는 것이다.[10)]

여기에서 임금세는 소비와 저축에 대한 세로 보면서 소득세는 이중과세되나 지출세는 저축과 소비를 합한 지출세로 한 번 과세되고 있는 것이다. 그런데 문제는 이러한 소득세와 지출세의 동등성 명제는 앞에서 지적한 바대로 도의적 규범성 면에서 문제가 있다는 것이다.

즉, 2D(브래드포드와 와이즈버그의 first name이 David로 같다)는 모두 한 결같이 지출세의 분석체계는 하나의 도의적 규범가치를 배제하고 있다는 결함을 나타내고 있다. 이러한 규범적 논리(normatitivity)의 결함은 바로 맥카페리가 지적하고 있다.[11)] 동양철학은 도의적 규범에서 출발하고 있다. 이런 도의는 사회행동에 이르기까지 시종일관 적용되고 있는 것이 동양의 철학원리이다. 그러나 유독 서구의 사회행태 교의는 분석에 집중할 뿐 그 분석체계의 배경에는 일관된 도의적 규범성이 결여되고 있는 것이다. 세상만사는 일어난 사실에 연유되고 있으며 이러한 사건은 반듯이 그 배후가 있는 것인데 그 배후는 일관된 도의적 규범과 깊이 연계되어 있기 때문이다. 그래서 흄(Hume)의 감동적인 교의철학도 그 뒤에는 도의적 규범이 내재된 것이었다.

그러데 권위 있는 재정학자인 2D는 "X세"의 분석체계는 효용과 효율이라는 목적함수에 집착한 나머지 도의적 규범은 배제되고 있어 후기 산업화 시대에 걸맞지 않음을 지적하지 않을 수 없다.

예를 들어, 소득세와 지출세를 조화롭게 결합한 "X세"의 과표에는 의료비도 포함되고 있어 도의적 규범성을 결여하고 있다. 그러한 의료비에 과표공제를 하지 않은 것은 역시 정부 재정당국의 편의를 제공한 데 있으며 결국 과표의 확대로 세수확보에 집중한 것이다. 이러한 분석체계의 규범이

---

10) Edward J. Maccaffery(2008), p. 97. 그는 두 조세의 세수 차이는 자본소득의 위험부담이 아주 적음으로 큰 차이로 나타나지 않는다고 평가하고 있다.

11) Edward J. Maccffery(2008), p. 98.

극단화하는 경우 이는 소득세와 지출세의 동등성을 침해할 수도 있음을 유념해야 할 것이다.[12]

2. 와렌과 조드로우의 평률세적 견해

앤드류는 소비형 과세모형(consumption-type tax model)을 선호한다. 그러나 예일대학 출신의 와렌(Warren)은 이러한 견해에 반대하고 있다. 즉, 그러한 중립성은 사실상 부에 대한 비과세효과로 오히려 분배효과에 부정적이며, 따라서 형평을 위해서도 발생주의적인 소득세를 선호하면서 생애소득을 기준으로 하는 장기소득에 대한 과세나 혹은 장래 소비에 대한 현금흐름의 사전소비과세를 주장하고 있다.[13]

그는 1996년에 자본수익에 대한 과세가 소득세와 현금흐름의 세와 어떠한 차이가 있는가를 논하고 있다.[14] 그는 여기에서 주지하는 바와 같이 현금흐름의 과세시에는 자본비용을 공제하고 있어 자본소득에 비과세되고 있지만 소득세에서는 자본수익은 과세되고 있어, 이것이 요구하는 내용은 형평성 면에서 현금흐름의 과세에서 역시 자본소득에도 과세해야 함을 시사하는 논의를 제시하였다.

이보다 조금 앞선 1992년의 논문에서는 소득세와 소비세를 결합시킨 하나의 혼합형 세제(a hybrid tax)를 맥카페리가 발표하고 있다.[15] 이 논문

12) Edward J. Maccaffery(2008), p. 99.
13) Alvin C. Warren, Jr.(1975), pp. 931~946.
14) 여기에서 그는 현금흐름의 과세시에는 자본비용을 공제한 소비세만을 납세하고 있으며, 소득세에서는 전액을 과표대상으로 하고 있어 큰 차이를 나타내고 있음을 주장하고 있다. Alvin C. Warren, Jr.(1996), pp. 1~16.
15) Edward J. McCaffery(1992), pp. 1145~1228.

은 소득세와 소비세를 결합하여 과세하는 결합세로서 저축행동을 선호하는 정책을 구사하고 있다. 정책적 선호와 관련된 논의로 혼합세라는 소비와 저축의 중간영역을 추적해 과세하는 것이 최적이라는 추상적인 결론에 도달하고 있어 개념적인 차원에서 끝나고 있는 인상을 주고 있다.

이보다 한 해 앞서, 즉 1991년에는 조드로우(George R. Zodrow)와 Charles E. McLure, Jr.의 공저에서는 직접소비세(direct consumption tax)의 개도국 적용을 논하고 있다.[16] 그는 결론적으로 개인소득에는 누진율을 적용하여 수직적 공평을 기한다. 그런데 이러한 직접과세를 장래 소비에 대해 내야 할 사전적인 조세납부로 간주하고 있는 것이다. 여기에 기부나 유증의 증여소득도 과세하도록 했다. 이러한 개인 현금흐름의 소득세는 폐지할 것을 요구하고 있다. 소비세를 위한 선납된 세금은 비현실적으로 보는 것이다.

한편, 기업과세는 평률세를 기업이윤에 적용하도록 하고 있다. 여기에 기업부채와 이자소득에 대해 역시 과세하도록 하며 이들 모두 역시 기업의 선불소비세로 보고 있다 하겠다. 그리하여 이러한 선불개인소득세+선불기업소비세=X조세라 하였다. 이러한 X-tax는 원래 이미 1985년에 홀과 라부슈카 및 브래드포드에 의해 처음으로 제시된 개념이었다.[17]

조드로우는 여기에 더해 형평성을 위해 부유세를 추가로 과세할 것을 제의하고 있다. 그러나 이러한 부유세는 일단 직접소비세를 결합한 시점에서 기산하여 일정 한도를 넘는 부에 대해 과세할 것을 건의하고 있다. 따라서 직접소비세 도입 이전에 실현된 부는 그대로 존치하며 과세하지 않는다는 것이다. 이러한 직접소비세는 현금흐름의 과세를 배제하고 있으며 공평성, 효율성, 단순성에 유리한 과세방식임을 주장하고 있다.

---

16) George R. Zodrow and Charles E. McLure, Jr.(1991), pp. 405~487.

17) David F. Bradford and the US Treasury Tax Policy Staff(1984), Robert E. Hall and Alvin Rabshka(1985).

【제6장】

X조세 과세방식의 구체성

1. 소비세로서의 X조세

2. 내구재, 유증, 자가주택, 이전지출

3. 자본소득

4. X조세와 VAT

5. 저축효과

6. 지출세의 국제과세론

7. 지출세에 대한 한국적 반향

8. 지출세의 종합평가

1. 소비세로서의 X조세

브래드포드는 X조세를 어디까지나 하나의 완벽한 소비세로 간주하고 있다. 그 이유는 다음과 같다.

첫째, 임금세인 보상세는 언제고 장래에 소비될 소득으로 미래 소비에 대한 전납형(前納型) 소비세로 보는 것이다. 이는 칼도의 과표에도 임금소득은 소비항목으로 취급되고 있는 것이다. 한편, 사업세(business tax)는 법인이라는 의제화된 인격을 버리고 역시 자연인으로서의 사업가 또는 기업가를 다루고 있다. 따라서 법인이건 비법인이건 사업하는 이윤추구자는 이 범주에 속하는 납세자이다. 법인세는 사업세로 대체되고 있는 것이다.

실질적으로 사업세의 내용을 보면 사업자가 소비자에게 판매한 매출액은 상당히 많을 것이다. 그러한 매출은 상품판매는 물론 재고품, 자산거래의 유무 등 다양하다. 이러한 연 판매액 또는 매출액에서 이 매출을 위해 지출한 경비는 일체 빼 줌으로써 매출이득액을 산출할 수 있을 것이다.

매출이득은 곧 기업이윤과 동일시된다. 이 매출이득에 7%라는 세율로 단일과세하는 것이 여기에서의 사업세인 것이다. 매출이득은 총매상에서 총비용을 제한 잉여인 나머지가 곧 과표가 된다. 이러한 과표에는 자본소득(배당, 이자소득)은 포함되지 않고 있다. 이는 아론의 현금흐름의 사업세에는 배당이나 이자소득도 과세함으로써 세수효과면에서 X조세를 앞서가고 있다. 그런데 이러한 사업세를 소비세라고 하는 것은 상품수입으로부터 비용을 뺀 판매수익이 나온 것으로 보아, 즉 판매액은 소비액이므로 이는 모두 소비자의 구매소비를 전제로 한 소비의 결과인 것은 틀림없다는 것이다.

이러한 사업세는 판매세(sales tax) 혹은 영업세로 보는 것이다. 또는 부가가치세로 볼 수도 있다는 것이다. 유통과정에서 중간단계에 있는 기업은 부가세액은 전 단계 세액공제를 받아 자기단계에서의 순부가가치에 대해서 세금액을 부담한 것과 동일하다는 것이다. 따라서 사업자세는 소득세가 아니라 소비세라는 것이다. 이는 칼도의 지출세에서도 자산수입은 모두 소비된 것으로 처리하고 있는 것이다.

2. 내구재, 유증, 자가주택, 이전지출

지금까지의 논의에서 본 바와 같이 이러한 X조세의 과세방식은 모두 소비행동에 대한 과세였음을 말해 주고 있다. 즉, 그것은 소비세에 불과한 것이었다. 기업이 가계소비자에게 판매한 것은 모두 소비재이기 때문에 사업세는 소비세라고 할 수 있다. 이러한 소비자 구매가 모두 소비로 귀착될지는 아무도 모를 것이다. 하지만 정책적으로 일단은 이러한 소비로 인해 부담한 소비세로 세금부담의 소비자 참여로 조세부담상 조세정의를 구현할 수 있다는 데서 그 의미를 찾아야 할 것 같다.[1)]

그런데 소비 중에서도 다음의 세 가지 소비유형은 항시 소비세로 과세할 것인가에 대해 논쟁거리가 되고 있다. 그것은 내구재, 유증(bequest), 이전지출이 그것이다.

예로서 자가주택을 지었다고 하자. 이를 소비세로 과세할 수는 없다. 대신 자가주택의 소유로 말미암아 도출되는 미래시간에 가져다 주는 유용성의 흐름을 인정하지 않을 수 없다. 이러한 주택 건설비의 지출에 대해 X조세는 선불납세제도(先拂納稅制度, prepayment tax)를 적용할 수 있다.

즉, 그것은 장래에 자가주택 소유주에게 가져다 주는 무형적인 편익의 흐름을 수혜할 것이다. 이러한 장래 주택에 거주하면서 얻는 미래편익의 흐

1) David Bradford(2000), p. 70.

름을 측정해 과세하자는 것이다. 이는 주택뿐 아니라 자가용자동차, 냉장고 등 기타의 가정용 내구재의 구입에도 적용되는 것이다. 이는 모두 전납지출세(前納支出稅)로 볼 수 있다. 즉, 투자수익의 면제(yield exemption)로 볼 수 있다. 자가주택의 심리적 만족감은 이미 집을 마련하는데 지불된 각종 유형의 비용이 투입된 결과이며, 이는 장래 소비편익을 위한 비용, 즉 세금으로 보아야 할 것이다. 이를 전납세(prepayment tax)라 하였다. 따라서 개인 성취력의 사회적 비용에는 이미 세금은 납세되어 내구재의 장래 소비에 대한 세금은 그것으로 끝나고 있음을 말해 주고 있음이 곧 전납세인 것이다.

한편, 조상이 후세들에게 상속이나 유산을 물려줄 경우에 소비세의 논쟁이 비등하고 있다. 이러한 상속, 유증, 기부금 등에 대해 X조세로 과표에 포함해 7%의 세율로 과세되어야 한다. 단, 그러한 유증이 일부 소비되는 부분에 한하여 과세하는데 이는 조상의 재산소비에 대한 과세가 될 것이다. 원칙적으로 상속이나 유증에 비과세하는 것이 원리이지만 소비시에는 소비세가 과세됨은 당연하다 하겠다. 상속을 받은 후세대는 역시 X조세로 과세해 선납조세로 납세하도록 되어 있다. 따라서 상속, 유증의 경우 조상이나 후세는 모두 7%의 세율로 과세되어야 한다.

또한 기부금 같은 일방적인 지원에 대해 비과세한다. 정부의 고용지원금과 같은 이전적 경비도 있다. 이는 모두 비과세대상이 되고 있다. 문제는 노동소득인 임금과 불로소득인 자본소득을 세제면에서 어떻게 다루고 있는가이다.

사실상 부의 창출은 노동자나 자본가나 그 원리는 같다고 보아야 한다. 즉, 근로자의 부는 열심히 일하여 번 소득에서 근검절약 정신으로 저축하여 쌓아 올린 결과로 작은 부이겠지만 가능한 것이다. 근검절약의 저축 정신일 것이다.

3. 자본소득

자본소득도 원초적으로 열심히 일하여 번 노동소득을 저축으로 돌려 자본을 형성한 것으로 볼 수 있다. 그 정신은 임금소득자(w)나 자본소득자(r)나 다 같은 근검절약의 정신이라고 볼 수 있다. 그리고 임금소득자나 자본소득자나 소비는 가계를 통해 이루어지고 있어 그 예산선(budget line)은 같다고 본다. 두 가계는 각기 소정의 VAT 세율 25%를 세금으로 납부해야 한다. 그 과세대상은 각기의 소비크기이다.

임금세와 소비세를 비교해 보자. 임금세는 임금소득이 과표가 되고 있어 여기에 자본소득은 완전 배제되어 있다. 그러나 소비세는 임금소득자나 자본소득자 모두 가계를 통한 소비자이며 이때 자본소득이 있다면 이는 과표에 포함되어 과세가 되는 것이다.

자본가나 노동자가 같은 방법으로 과세되고 있다. 그들이 소비시 가계를 통해 소비지출을 하고 있음은 같다. 한편, 자본소득이나 근로소득이나 소득을 아끼는 근검절약 정신도 두 소득자에게는 동일하다.

다른 것이 있다면 자본가는 그 소득원이 자본에 있으나 근로자는 급료에서 발생하고 있다는 것이다. 그것은 불로소득과 노동소득의 차이로 비판되고 있다. 같은 점이 있다면 소비지출은 각기 가계로부터 이루어지고 있으며, 소비재 구입에 25%의 부가세의 단일세를 적용받고 있다는 것이다. 다른 것이 있다면 그들의 다른 소득원에는 과세되지 않고 있다는 사실이다. 그러므로 소비행동에 대한 단일세율 25%의 VAT가 적용되고 있는 것이다.

하지만 임금세 과세시에는 자본소득을 비과세하여 부유층에 대해 유리하다. 그러나 소비세가 도입되는 경우 이러한 자본소득도 과세되므로 이를 이전세(移轉稅, transition tax)라고 한다. 이전세를 통해 결국 유산자와 무산

자에 대한 수직적 공평성을 실현할 수 있다고 보아야 할 것이다.[2]

4. X조세와 VAT

어떻게 보면 X조세와 부가가치세는 유사하다. X조세나 VAT가 단일세율을 적용하고 있다는 점에서 같다고 보는 것이다. 이러한 X조세, 즉 소비세를 단일세(flat tax)로 보고 있는 것이 홀 및 라부슈카이기도 하다.[3]

이러한 단일세율은 사업자들에게는 전 단계 세입공제를 적용하는 VAT와 다를 것이 없으며 이때 사업자가 피고용인에게 지불하는 보상금은 일체 공제를 배제하고 있다. 그러한 불공제는 이미 근로소득세의 전납형이며 대신 근로소득세는 저과세되고 있다. 하지만 근로소득자의 납세는, 즉 임금세는 저소득층에 대한 저율과세가 적용되며 특히 부양가족에 대한 공제가 적용되고 있어 사업자와 동일한 세제가 아니다.[4]

5. 저축효과

지출세의 특성은 저축에 대해 이중과세를 하지 않는다. 임금세에서 저축은 공제되고 있다. 이는 자본형성의 촉진을 의미하며 장기적으로는 소비의 증대를 뜻하기도 한다. 브래드포드는 현행의 세제는 저축저해적인 조치

2) David Bradford(2000), p. 72.
3) Robert E. Hall and Alvin Rubshka(1883).
4) David Bradford(2000), p. 90.

가 많으며, 특히 저축에 비과세하여 이중과세를 없애야 하며 이자소득에 대한 과세를 반대하고 있다.[5)]

이는 소득세를 제거하고 소비세로 전환해야 함을 강조하고 있다. 자본소득, 배당소득의 배려를 주장하고 있다. 이들 소득에 비과세 하나 그의 소비시에는 소비세가 부과되고 있는 것이다.

6. 지출세의 국제과세론

나라 사이에 세금문제는 관세에 집중되고 있다. 수출에 대해서는 대체로 비과세되고 있는 것이 관례이다. 그런데 지출세의 국제과세이론은 좀 다르다.

X조세는 원래 국내 소비는 직접적으로 과세의 대상이 아니다. 그것은 다만 간접적일 뿐이다. 사업소득세나 근로소득세는 장래 소비에 대한 사전적 과세이기 때문이라는 것이다. 그러나 국제거래에 있어 이러한 선납제도의 적용은 있을 수 없다. 여기에 적용되는 것은 소비이며 그것은 영업세 또는 부가가치세이다.

오늘날 세계에서는 40여 개국 이상이 부가세를 도입·운용하고 있어 국제 과세의 기준은 부가세가 될 것이다. 그래서 동구의 신생국들을 비롯한 세계 25개 국가가 부가세(VAT)를 단일세로 도입·운용하고 있는 것이다. 또 하나의 세제혁명이기도 하다.[6)]

외국으로 물자를 판매하는 수출이 있으면 물자를 사 들이는 수입이 있을 것이다. 이러한 수입·수출에 대해 어떻게 과세되어야 할 것인가? 현행

---

5) David Bradford(2000), p. 195.
6) Chris Edwards and Daniel G. Mitchell(2008), p. 61.

제도에서 보는 바와 같이 수출에는 비과세하고 수입에만 관세가 과세되고 있으며, 한편 소비자가 수입품을 구매할 시 소정의 부가세를 납부해야 된다. 이를 종점지과세(destination-based tax)라고 칭한다. 종점지과세는 일단 수입된 물자의 판매에서는 종착국가의 소비자에게 부가세가 과세되는 것이다.

이와는 반대로 원천지과세를 생각해 보자. 즉, 자국의 일반소비세율을 적용하여 세액만큼 비싼 값으로 수출하게 된다. 그러므로 수입국 소비자들은 수출국의 세율적용을 받으며 세부담을 할 것이다. 그 대신 외국으로부터의 수입에는 부분적인 공제를 허용하고 있어 저과세를 적용한다. 이러한 과세제도를 원천지과세(origin-based tax)라고 한다.[7)]

결국 원산지과세나 종착지과세가 국제 상품거래에 중립성과 단순성을 갖추고 있어 별 문제는 없다고 주장되고 있다. 이렇게 해서 일단은 국내에서 기업이 생산하여 판매하는 전 상품에 대해 과세할 수 있어 공평성을 달성할 수 있다는 것이다. 이러한 견해는 세계 모든 나라가 X조세제도를 도입한다는 전제가 깔려 있음을 이해해야 한다. 특히, 이러한 X조세제도에는 금융자산의 거래에서 오는 수익을 과표에서 다루지 않고 있다. 이자소득, 배당소득, 주식의 판매수익 등 모든 금융자산의 거래는 과표에서 배제되고 있다.

그러한 금융소득의 과세배제로 소득원의 원천에 대한 논쟁이 없을 것이고 오로지 거래에서 실현된 현금소득에 과세함으로써 지출선택에 있어 중립적인 효과를 줄 수 있다. 이러한 과세의 중립성은 X조세를 도입한 나라라면 어디서나 과세의 중립성 효과로 국제 과세상 역시(중립성을 보장함으로써) 권장해야 할 세제인 것이다.[8)]

브래드포드는 결론적으로 종착지과세 방식보다도 원산지과세 방식이

---

7) 이필우(1992), p. 708.
8) D. Bradford(2001), p. 1459.

국내적으로나 국제적으로 효율성과 중립성을 보장하는 과세방식이라고 주장하고 있다.[9)]

그런데 이러한 X조세의 단일세 과세에 반대하는 학자도 있다. 그러한 세제는 오히려 많은 비효율과 불공평성을 유발할 것이라고 반대하는 것이다. 그래서 차라리 개정된 소득세와 현행의 부가세의 활용으로 오히려 공평성과 효율성 및 단순성은 높게 제고될 수 있다는 지출세의 반론도 있다.[10)]

한편, 위에서 논의된 와이즈바하의 동등이론은 맥카페리에 의해 반론이 제기되고 있음을 설명한 바 있다. 즉, 선납하는 임금세와 후납하는 사업세는 동등하다는 가설에 부정적인 것이다. 그러면서 와이즈바하의 동등성 명제는 이른바 분배적 형평성이라는 도의적 규범이 결여된 과세방식으로 비판을 하면서 정부의 세수확보에만 집착한 과세방식은 수용될 수 없음을 주장하고 있다.[11)]

7. 지출세에 대한 한국적 반향

우리나라에서 지출세의 관심은 지극히 약하다. 이필우의 교과서적 관심과 업계의 사업가적 민간 경제적인 관심으로서의 박종규 회장이 있을 뿐이다. 여기에 두 사람의 지출세에 대한 견해를 요약, 소개하도록 한다.

9) D. Bradford(2001), pp. 14~59.
10) D. A. Weisbach(2008), pp. 599~664.
11) Edward J. McCaffery(2008), pp. 94~103.

1) 이필우

한국 조세론 문헌에서 지출세에 대한 개념적 소개는 저자의 『조세론』의 마지막 장에서 펼쳐지고 있다. 아마도 그것은 이 나라에서는 최초의 지출세에 관한 정보가 아니었나 사료된다. 그 내용은 지극히 교과서적 내용으로 먼저 저축을 비과세하는 성장촉진적 세목으로 연간 소비를 종합해 개인이 신고하는 개인 직접세로 기초공제, 가족공제를 한 후 과세함으로써 누진적인 공평성을 실현할 수 있는 세목으로 소개하였다.

한편, 지출세의 효율성, 단순성 등의 장점을 소개했으며 또한 그 단점 등을 소개하였다. 그러면서 끝으로 신세도입 절차가 중요함을 피력하면서 결국 지출세 징세에 있어 인도나 스리랑카에서 실패하였던 행정적인 난점이 있음을 문제로서 지적하였다. 특히, 자산등록의 불일치는 피세의 기회를 열어 줄 수 있으며 내구재의 비과세는 내구재의 과수요로 물가상승을 초래할 수 있다는 문제들을 열거하였다.

그 후 1988년에 이르러 정치적으로는 민주화가 고도화되고 있는 상황에서 시장기능이 활성화되는 상태에서 모든 납세자들에게 공평과세될 수 있는 하나의 신세도입을 제의하였다. 이러한 신세로서 칼도의 지출세를 소개하면서 한국에는 이미 부가세도 도입·운용하고 있어 대형 부가세를 직접세로 종합과세한다면 지출세 도입이 불가능한 것이 아님을 역설하였다. 이를 국민 모두가 납세하는 "시민세"(市民稅)라고 하였다.[12]

지출세는 누구나 내는 소비세로 국민개세적인 시민세라고 했음은 옳다고 볼 수 있다. 시민세는 민주적이고 공평성 있는 투명한 신 세목으로 도입할 것을 건의한 바 있다.

2010년 9월경에는 칼도의 『지출세』(*An Expenditure Tax*, 1955)를 완역하였다. 그 내용은 이해에 난해한 경제논리(금융, 조세, 민간의 경제행태 반

12) 이필우, "市民稅의 꿈", 『월간재정』, 1988년 6월호.

웅 등)로 구성되어 범인의 상식적인 이해의 범주에서 벗어나고 있어 수정 후에 출판예정으로 있다. 이는 일본판 번역본도 같은 표현의 난점을 보이고 있음은 주지의 사실이기도 하다.

2) 박종규

2009년 (사)한국납세자연합회 포럼에서 박종규(바른경제동호회 회장)는 지출세를 소개하면서 자원절약의 효과와 투명성 확보에 역점을 두어 지출세 도입을 주장하고 있다. 그 후 한국조세연구원에서 지출세를 도입할 것을 건의한 바 있다. 그는 우리나라에서 유일한 지출세 찬성자이며 지출세 도입을 위한 노력을 지속적으로 하고 있어 소개하지 않을 수 없다. 1909년에 한국납세자연합회에서 두 번에 걸친 지출세 도입과 관련한 주제로 발표한 바 있다.

그는 무엇보다도 소득세는 저축을 감소시켜 모자라는 지구자원을 낭비하게 하고 소비 촉진으로 과잉공급을 유발하게 하여, 수시로 큰 불황을 유도하는 근본적으로 잘못된 제도라고 보고 있다. 과잉공급을 수요충족으로 메우려고 하니 돈을 풀 수밖에 없고 이로 인하여 부동산과 증시로 몰려 허상의 금융소득에 밀착되어 결국 금융위기를 초래하고 있다고 진단하였다. 또한 소득세는 절세를 위한 지출의 과다가 자원의 과소비, 세제의 복잡성, 정부의 시장개입 확대, 소비 확대로 이어질 수밖에 없다는 것이다. 특히, 매출누락 행태는 끝없는 싸움이고, 세금 감축을 위한 정치적 로비가 판을 치는 사회를 조성하는 원인이 소득세제도라고 주장한다. 요약 · 정리한 그의 발표내용은 다음과 같다.[13]

---

13) 박종규, "세제개혁: 지출세(후손을 위한 사회로, 자원절약형 자본주의로)", 한국납세자연합회 납세자 포럼, 2009년 9월 23일, 국회도서관 회의실.

표 6-1 소득세와 지출세 대비

소득세	배분효과	지출세
저축축소, 자원낭비	저축, 자원	저축증대, 자원절약
민간투자 위축, 허수성장	투자, 성장	투자증대, 실질성장
큰 정부	정부 규모	작은 정부
세제가 복잡하다	세제 간편성	세제가 간편하다
많이 벌고 적게 냄	공평성	쓴 것만큼 세금낸다
매출누락이 가능	투명성	매출누락이 가능(현금지출 중과세)

여기에서 눈에 띄는 것은 매출누락 부분이며 기업의 씀씀이에 대해 과세하는 지출세는 그러한 매출액을 누락 신고한 기회를 제거할 수 있다. 조세정의에 가장 투명한 세제가 되려면 지출세 외에 없다는 것이다. 쓴 것만큼 세금을 내기 때문에 납세자가 납세규모를 자기 자신이 정하는 자율성, 공평성, 투명성이 확립되고 세무사의 조언도 불필요해 납세자의 조세순응비도 감소될 것이며 간편성도 제고된다고 주장한다.

2009년 2월에는 『월간조선』 시사지에 그의 글이 게재되었는데, 지출세를 도입하면 기업의 비자금 문제 불법 정치자금을 비롯한 뇌물 등 비자금, 지하자금도 대폭 감소할 것이며, 한편 금리의 저하로 민간 투자자금 조달이 용이해질 것으로 논평하고 있다.[14]

8. 지출세의 종합평가

사실상 지출세의 논의는 다양하다. 특히, 1970년대에 전개된 미국 조

14) 박종규, "지출세를 도입하자", 『월간조선』, 2009년 2월호.

세학계에서의 지출세 논의는 피셔와 칼도의 현금흐름 조세를 집중 논의하였다. 이는 1980년대에 와서는 단일세로 주장되어 조세학계의 일대 변혁을 일으키기도 하였다. 단일세는 이렇게 보면 지출세 논의의 후속적인 개념으로 보아야 할 것이다.

이러한 단일세 주장은 주지하는바 홀과 라부슈카였다.[15) 그들은 현금흐름의 과세의 정당한 시점을 넘어서 세율이 하나로 집약되는 단순하고 세부담이 적은 단일성(flat)에 집중 논의하고 있는 것이다.

여기에서 그들은 과세대상을 근로자의 개인 과세와 다른 하나는 사업을 하는 기업인에 대한 과세였다. 흔히 우리는 전자를 임금세 또는 보상세(報償稅)라고 하며 후자는 사업세(事業稅)라고 한다. 그래서 단일세제도는 과세대상을 현금흐름에 두지만 그것은 개인 근로자에게 부과되는 보상세와 사업자에게 부과되는 사업세로 구성되어 있는 이원적인 세제인 것이다.

그러나 단일세 과세는 부담상 고소득층에 유리하고 근로자층에는 불리하다는, 즉 세부담상의 불공평성을 지적받음으로써 해법으로 보상세의 저소득층과 관계된 공제를 허용하고 있다. 한편, 기업이 지급한 보상세의 지출에 대해서는 전혀 공제를 허용하지 않고 있다.

특히, 근로자 공제로 인한 제도상 보편성의 차질은 있지만 이러한 단일세제는 결국 부가가치세와 다를 것이 없다는 것을 주장한다. 특징적인 것은 단일세는 저축에 대해 비과세하지 않고 있는 것이다. 이러한 저축과세는 X조세의 경우도 같다는 것이다.

둘째로 제시된 개인소비세제는 잘 배려된 현금흐름세(a full-fledged cash-flow tax)이다. 이는 아론과 갤퍼에 의해 1984년에 제시된 견해이기도 하다.[16)]

이 세제는 개인이 저축한 소득에 대해 비과세하며 반대로 저축을 안

---

15) Robert E. Hall and Alvin Rabushka(1983).
16) Aaron and Gapler(1984).

하고 부채를 얻어 쓰면 이는 과세한다는 것이다. 지출세의 본래의 취지인 이중과세를 반대하고 있으며 그것도 저축을 장려하는 근검절약 정신을 보호・육성하겠다는 도의적 측면이 반영된 지출세의 원래 면모를 보여주기도 하였다. 그래서 그 명칭도 충분히 배려된 현금흐름의 소비세인 것이다.

사실상 현금흐름의 소비세는 현금흐름의 소득세나 다름이 없다고 볼 수 있다. 왜냐하면 소비세는 소비한 주체가 내는 세금인데 지출세라고 하여 여기에서는 개인이 소비지출한 기업의 경우에는 투자를 위해 지출할 수도 있으며 비용지출을 할 수도 있다. 근로자에게 지급하는 급료, 월급, 특근수당 등을 위해 지출한다. 이러한 모든 개인의 지출에 과세해야 하며 개인의 현금지출은 일단은 실현된 가치로 볼 수 있으며 여기에 과세함은 당연한 것으로 볼 수 있다.

그러한 지출을 통해 개인은 자기가 추구하는 목적을 달성하여 지출효용에 만족할 것이다. 그 만족도에 대해 과세하자는 것이 곧 지출세인 것이다. 그런데 여기에서 지출의 개념은 피셔가 이미 말한 바대로 비용을 빼준 나머지를 곧 지출로 보았다. 총지출이 10인데 그 비용이 7이 소요되었다면 지출은 3이 될 것이다. 따라서 여기에서 순과표는 3인 것이다. 이 3은 사실상 사업에서 남는 장사를 하여 그만한 이윤으로 볼 수 있는 것이다. 즉, 사업소득의 개념과 같으며 이렇게 볼 때 하나의 소비는 계념상 소득과 일치함을 알 수 있다.

개인소비세는 개인소득세와 다를 것이 없다. 그래서 브래드포드는 부가세는 일종의 소득세와 같다고 하였다.[17] 이는 매출세액 공제법을 적용 순부가가치에 일정 세율로 과세하여 기업이 국세청에 납부하도록 되어 있다.

여기에서 부언해야 할 것은 소비세라고 하면 우리는 통상적으로 소비자가 부담하는 것을 의미한다. 우리의 부가세는 그 최종 부담자는 소비자이기 때문이다. 그래서 소비세를 각 단계에서 창출된 부가가치를 과세해 징수

---

17) David Bradford(2000), p. 95.

한다면 이는 소비자 대중 서민들의 세부담을 가중시켜 소비세는 역진적인 악세로서 평가하고 있는 것이다.

여기에서 강조되어야 할 것은 지출세는 두 가지 사실이 과세방식의 효과가 다르다는 것을 정확히 인식해야 할 것이다. 소비세라고 하면 흔히 소비자 부담으로만 인식한다. 지출세에 있어 소비세의 개념은 이와는 전혀 다르다. 즉, 그 부담자는 최종소비자가 아니라 중간소비자인 사업자 또는 기업인이 부담을 하고 있다. 그러니까 사업자가 이윤추구를 위한 사업을 위해 지출한 결과 수익과 지출의 격차에 대해, 즉 순이익에 대해 다시 말해 부가가치에 대해 과세되는 세금이 곧 현금흐름의 소비세인 것이다.

그래서 이러한 세금을 단일세(flat tax), 부가세(VAT), 또는 현금흐름의 소비세(cash-flow tax)라고 칭함으로써 칼도적인 단순한 지출세적인 차원을 초월해 VAT, 단일 평률세 등 현대 세제와 직결된 조세 개념으로 승화되고 있어 미국적인 독창성을 보여 주고 있는 것이다. 그러므로 여기에서의 소비세 부담자는 사업자이지 서민 근로자의 최종소비자가 아님을 인식해야 할 것이다.

둘째, 소비세 과표가 사실상 소비액이 아니라 개인의 현금흐름, 즉 얼마 만큼의 돈이 자기 계좌에 들어 왔는지를 파악・확인하면 그것으로 세무당국의 과세행정은 끝나지만, 순과표는 매출세액에서 전 단계 매입세액을 공제한 세액을 부담하는 것으로 사업세의 납부는 종료됨으로써 이는 VAT와 다를 것이 없다 하겠다.

셋째, 배려된 현금흐름의 소비세는 임금세와 사업세의 결합으로 이루어지고 있어 결국 단일세제와 다를 것이 없다. 특히, 임금세는 이를 보상세라고 하며 역시 사업자가 근로자에게 지급하는 보상은 사업세에서 공제되지 않는다. 그러나 근로자에게는 다양한 복지적인 경비를 공제해 주며 최저소득 미만에는 비과세하며 과표증가에 따라 누진율을 적용하여 과세공평성을 실현한다는 것이다.

끝으로 계획된 현금흐름 소비세제(the blueprints cash-flow tax)가 제시되고 있다. 이는 브래드포드가 1984년에 재무부에 건의한 세제개혁안이기도 하다.[18]

브래드포드는 장기간에 걸친 소비세제를 고안하고 있다. 그것은 전 생애에 걸친 소비세를 지향하고 있다. 소비세 과세는 개인이 연간 소비된 실적을 자진 신고하도록 한다. 개혁안은 임금세와 사업세로 구성되고 있다. 이러한 임금세를 그는 보상세라고 부르고 있다.

그리고 사업세는 기업의 연간 판매수입(기업 내부로의 현금흐름)에서 타인으로부터 사들인 경비지출액(기업 외부로의 현금흐름)을 제외한 잔여 금액(기업 순수입 또는 이윤의 현금흐름)이 과표가 설정된다.

그러므로 임금세는 생애소비에 대해 아직 소비하지도 않았는데 세금을 납부하는 것은 소비에 대한 사전적인 세금으로 선납한다는 것으로 prepayment of tax로 부르고 있다. 이는 어떤 의미에서 생애소비에 대한 선납세금이기도 한 것이다.

여기에 대해 사업세는 소비에 대해 후납하는 세금으로 postpayment of tax라고 부르고 있다. 그러므로 사업세의 경우 연말에 세금 신고를 한다면 소비의 완료시점에서, 즉 사후적으로 납부하는 세금이 될 것이다.

보상세는 월마다 원천징수되지만 연말에 정산처리된다고 보아야 한다. 사업세의 경우도 공제조치를 감안한 연말 정산을 해야 할 것이다. 물론 브래드포드의 개혁안도 일단 저축된 액수는 과표에서 공제되고 있다.

이 세제도 기부, 유산은 과세한다. 그리고 부가 증대한다는 것은 장래 소비도 증가할 수 있다는 잠재적 소비의 힘으로 간주하면서 이는 결국 소비세수를 증가시키는 원천으로 보고 이를 “세금의 기금”(tax fund)으로 간주하고 있음은 인상적이다.

끝으로 이러한 현금흐름의 과세는 피세나 탈세가 없는 정도세정으로

---

18) D. Bradford and US Treasury Tax Policy Staff(1984).

갈 수 있는 이점이 있어 양세라고 볼 수 있다. 그러나 문제는 세금을 안 내려면 지하경제를 형성해 탈세할 수도 있다. 따라서 돈을 은행에 맡기지 않고 지하로 거래한다면 탈세가 가능한 것이다. 이를 단속하자면 여전히 당국의 징수비용은 높아갈 것이다.

한편, 부가가치세가 전폐되고 대신 소득세와 부가세를 보상세로 대체한다면 세수확보를 전제로 한 세율은 상당수준으로 상승할 것이다. 한편, 월급쟁이가 아닌 부유층은 돈으로 금융자산 관리에 집중할 것이며 이러한 금융거래는 일체 현금흐름의 과세에서 제외된다면 이는 부익부 빈익빈의 불공평성을 가져올 것이다.

납세자는 기업인과 근로자 외에도 많다고 보아야 한다. 퇴직자도 있을 것이며 자유직업을 수행하는 전문직도 있으며 농부도 있을 것이며 직업 없이 잘 사는 부유층도 있을 것이다. 이들에게 소비세를 어떻게 과세할 것인가? 이러한 여타의 납세자에 대한 과세규칙이 결여되고 있어 납세의무의 보편성이 경시되고 있는 것은 아닌지?

사업세를 부가세나 단일세로 보고 있으나 그렇다면 부가세의 최종부담자는 소비자이다. 여기에서 말하는 사업세는 그 세부담이 사업자에게 있는 것으로 소개하고 있음은 앞뒤가 맞지 않는다. 모든 소비자가 소비세를 부담해야 한다면 단계별 부가세는 전 단계 납세공제를 통해 최종소비자 단계로 판매될 시 그 세부담은 소비자가 하는 것이어야 한다.

그런데 사업세로 본다면 최종단계가 아닌 중간단계에서의 부가세로 종결지어야 한다. 이럴 시 일반소비자의 소비세 부담은 누락될 수밖에 없는 것이다. 특히, 공제제도가 사업자에게는 적용되지만 최종소비자는 제외되고 있어 소비세의 부담은 일반소비자 가계인 것이다.

어떻든 소비지출세는 저축은 비과세하여 이중과세를 배제한, 즉 저축의지를 배려한 근검절약 정신의 미덕을 장려하는 도덕적인 세목임을 강조하고 싶다.

시대는 변하고 있다. 우리의 주변 환경도 좋든 나쁘든 변하고 있는 것이 사실이다. 우리의 생각과 행동이 변하고 있는데 그에 밀착되고 있는 법적 제도는 고정되어 변하지 않고 있다면 현실에는 많은 불편과 비합리성으로 인한, 특히 조세론에서의 초과부담은 커질 것이다.

예를 들어, 오늘날 세계화와 더불어 선진제국의 세제개혁의 동향을 보면 역시 크게 변화하고 있음을 알 수 있다. 그러한 세제개혁의 공통적인 특성을 보면 다음과 같다

첫째, 개별과세제도에서 통합과세하여 과세의 단순화를 지향하고 있다. 근로소득세와 자본소득과세로 단순화하는 이원적 세제를 지향하며 또는 두 세목을, 즉 임금세와 소비세를 통합과세하는 X세는 이에 해당된다.

둘째, 효율화를 위한 네덜란드의 벅스 Tax, 자본소득 저율과세, 임금세 누진과세 등을 적용하고 있는 스웨덴 등을 볼 수 있다.

셋째, 현금흐름에 따른 소비세는 세원의 투명한 과세가 가능하며 이는 미국을 비롯한 서구제국에서 공감을 얻고 있다. 특히, 직접적인 소비세제로 근로계층의 공제제도를 활용해 공평성을 기할 수 있다. 미국을 비롯한 북부 서구라파(스웨덴, 노르웨이, 핀란드) 및 네덜란드 등에서 소비세 중심의 세제개혁의 주장이 크게 전개되고 있는 이 시점에서 우리도 세계화의 흐름 속에서 보다 앞서 가는 세금제도로 한국경제의 번영을 촉진시켜야 할 것이다.

한편, 저축을 해도 이자율이 적어져 큰 이득을 볼 수 없을 것이다. 그러나 이자소득에 대한 세금이 없어 저축은 확대될 것이다. 돈이 필요한 영세 사업자는 은행의 대부자금에 의존할 수밖에 없을 것이며 이런 경우 지출세로 인한 금융활용도가 낮아지는 일은 없을 것으로 보는 것이다. 파생금융의 확대로 돈장사는 지속될 것으로 볼 수 있을 것이다.

【제7장】 세제의 이기론적 공락세 선호: 왜 지출세를 좋아하나?

1. 조세의 근거학설: 조세상생설
2. 지출세의 이성적 선호
3. 지출세의 감성적 선호
4. 공조적 소비풍조와 나눔의 세부담 정서
5. 공락세 또는 다복세의 출현
6. 공락세의 시대적 배경
7. 공락세 또는 다복세의 이기론적 의미

저자는 개인적으로 지출세를 좋아한다. 좋아함은 하나의 감동에서 나오는 감정이지 이성에서 오는 이지나 지적 합리성이 아니다. 그것은 하나의 느낌이지만 지혜가 담긴 지적 감동이라고도 할 수 있다. 그러한 감정은 어떤 도의적 지혜나 지적 판단에 의존할 수도 있기 때문이다. 그래서 저자는 이렇게 지출세를 좋아하는 이유를 우선 두 가지로 나누어 설명하고자 한다. 즉, 이성적 선호(理性的 選好, reasonable preference)와 감성적 선호(感性的 選好, affective or felt preference)로 나누어 보겠다.

선호란 개인의 행동선택의 기준을 뜻한다. 그것은 선택의 개인적인 의지의 지향성(a fixed direction of willingeness)이기도 하다. 감동적인 "좋아함"을 뜻한다.

1. 조세의 근거학설: 조세상생설

이러한 지출세 선호에 대한 논의에 앞서 선행되어야 할 중요한 논제가 있다. 그것은 세금의 기본문제인 조세철학적인 조세학설에 있다. 쉽게 얘기해서 왜 우리는 세금을 내야 하는지에 대한 근본을 알아보아야 할 것이다.

이는 『조세론』 첫 장의 논의대상인 조세학설에 해당한다. 여기에는 주지하는 바 의무설, 가격설, 공익설, 보험설 등 다양한 조세설이 제시되고 있지만, 저자는 세계화 시대에 처한 우리의 조세학설도 기본적으로 무엇인가 그에 적합한 학설이 제시되어야 한다고 생각한다.

지금 우리는 많이 변화된 시대에 살고 있다. 우리의 삶은 이 세상에 열려 있다. 이를 옛날에는 개방이라고 했지만 요즘은 세계화라고 한다. 나 혼자만의 시대인 자본주의적 개인주의에서 서로 돕고 함께 더불어 사는 공동체적 삶과 너도나도 함께 잘 사는 상생의 철학이 하나의 원리로 수용하는 상생시대, 공생시대(共生時代)에 살고 있음을 인식해야 할 것이다.

지난날의 조세론은 나라에 바치는 세금은 백성의 도리로 생각하여 조세의무설로 현대국가의 돈의 흐름을 지배해 버렸다. 마치 그것은 나라만을 절대시하는 편향된 획일적인 조세사상이 아닌가 생각된다.

이러한 획일화된 사상은 나라살림의 운용면에서 여러 가지 기현상을 나타내고 있어 문제가 되고 있다. 세금은 백성의 납세의무만을 강조하고 있는 조세법률주의의 지배로 납세자의 자유로운 조세정의 정신은 크게 왜곡되어 재정당국의 일방적인 징세력으로 재정탈취적 운용을 가져 오고 있다.

이러한 유기체적인 공생을 지향해야 할 나라살림은 근검절약의 알뜰살림 미덕은 버리고 정치적으로 이용되는 재정의 씀씀이는 확대되어 빚에 빚을 내서 국가부채액은 산적되고 있는 것이 우리나라뿐 아니라 세계 자본주의 국가들의 공통된 기현상을 보이고 있다.

자본주의 유수국들은 대국일수록 국가의 부채비율은 높다. 1900년대 초에 공산주의 체제는 자본주의 체제로 넘어 갔다. 그 후 자본주의 국가의 대부역할을 하는 미국에 의해 자유주의 기틀 아래 세계화가 선언되어 잔여국가들은 이에 적응하여 20년을 살아오고 있다. 그런데 그 후과는 이들 자본주의 국가들은 부채국가로 전락되고 있어 문제가 되고 있다.

그런데 어찌된 일인지 국가재정만이 적자가 아니라 개인의 살림인 가계도 빚을 지고 이에 더해 기업도 빚을 지고 있는 것이다. 이런 살림의 왜곡현상은 우리 삶의 틀이 무엇인가 잘못되었기에 나타난 것이다. 그래서 이를 자본주의 체제와 관련시켜 근접하지 않을 수 없다.

인간의 먹고사는 틀이 자연스러워야 한다면 경제생활의 자유를 허용해야 할 것이다. 그것이 지금 우리가 채택하고 있는 자본주의이다. 그러한 틀의 핵심은 인간의 욕구를 충족시키는 경제의 틀일 것이다. 예로서 이윤추구의 자유가 무한정으로 허용되는 틀이며 이는 자본이라는 돈의 역할이 사람이나 물건보다 크게 작용하는 우리의 욕구는 돈이라는 최대공배수의 수단으로 충족되는 자본과 밀착된 유기적인 틀이 우리 삶을 지배하고 있는 것이다. 마르크스(Karl Marx)는 이를 자본주의라 하였다.

흔히 우리는 자본주의 대신 시장이라는 개념으로 이를 대체하고 있다. 그러면 시장 속의 마음은 어떻게 나타나고 있는가? 그것은 무한한 욕구의 물질적 충족에 얽매여 끌려 다니는 약육강식의 함정에 허둥대며 그래도 그러한 살생적 틀 속에서의 선택의 삶, 아니 이를 좋은 말로는 경쟁적 삶을 엮어 나가고 있는 것이 자본주의의 유기적 게임을 중심으로 하는 삶의 모습이기도 하다(홉스는 이러한 경쟁을 만민의 살생적 질서라고 했다).

이러한 자본주의 틀의 욕구충족도가 무한정한 것이지만 우리 동양문화에서는 중용(中庸)의 도가 있어 이를 조화롭게 삶을 도모하고 있다. 모든 행동에는 중용의 도가 있어 부족하지 않으며 그러나 넘치지 않는 삶을 영위하는 것을 하나의 도리로 여겨 실천해야 된다는 것이다. 그러한 중용의 도는 모든 처사에 있어 합리성을 제시하고 있어 사회적 선택의 원리로서도 손색이 없는 것이다.

이는 극좌, 극우보다는 선거에서 중도우파가 승리할 수 있다는 현대적인 선택이론에서도 중용의 도는 인정되고 있다. 중용 가치에 입각한 선택은 자기 분수와 능력에 적합한 선택으로 지나침과 부족함이 없는 최적의 합리성을 지향하고 있다(중위투표이론(中位投票理論)은 다음을 참조하시라[1])).

삶의 질서인 자본주의도 이러한 중용의 도에 따른다면 그 탐욕을, 즉 이기심(self interest)을 덕이나 자기 분수를 제치고 중시한 고전적 탐욕중심의 시장이론(A. Smith)은 바로 탐욕의 본산이기도 하다. 끝없는 욕구를 지향하는 자본주의 탐욕이 결과하는 자기 파괴적인 역설적인 이 왜곡현상은 또한 오늘의 월(Wall)가의 시위를 가져오고 있는 것이다.[2]

2008년의 세계적인 금융위기는 3년 후 다시 재정위기를 가져와 세계

---

1) C. Blankart(1991), S. 96.

2) 그의 신중성은 현실적으로는 일종의 이기심 집중으로 전락하였다.

경제는 아니 자본주의 경제질서는 흔들리고 있다. 이를 위해서는 구라파와 미주 간의 국제적인 국가협조체제를 구축하여 문제해결에 협조적이고 규칙적인 자제를 보여주어야 할 것이다. 여기에서도 국제 간에 국가적 탐욕을 버리고 세계경제의 번영과 평화를 위한 범세계적인 홍익인간(弘益人間)의 정신을 보여주어야 할 것이다.

우선 정치가들은 재정력의 제약성을 고려해 수입 전제 하에 발전사업을 계획해야 하며, 수입을 초과하는 추가사업은 일체 수용하지 않고 낭비적 사업으로 퇴출시켜 건전재정을 지켜야 할 것이다. 정치가의 탐욕은 국가수입의 제약성에 의해 통제되어야 되며, 나라살림의 분수를 지키는 것이 건전재정의 철칙으로 바로 수입초과지출을 금기시 하는 태도가 있어야 할 것이다.

이러한 건전재정의 철칙도 중용의 도에 기초하고 있는 합리적인 재정운용의 기틀이 되고 있다. 사업가도 마찬가지다. 기업 마인드가 충천하여 자기 탐욕으로 많은 돈을 벌려고 하겠지만 그 방법이 자기 능력을 벗어난 분수에 맞지 않는 일을 전개하여 기업을 빚더미 위에 사상누각을 만들어 놓는다면, 그 피해는 온 국민에게 돌아오고 나아가 한국경제에 큰 병폐를 가져올 것이다.[3)]

그래서 자기 자본의 공급능력을 제한하는 BIS가 기업부채를 통제하도록 하고 있음에도 이를 무시한 사업가의 탐욕은 기업부채를 누적시켜 문제가 되고 있는 것이다. 사업의 기초 개념이 애초에 틀린 것이 제 돈 가지고 하는 사업가는 무능한 기업인으로 취급받아 경쟁력이 떨어지는 사업가로 하향 평가되고 있는 것이다(예로서 한국의 고 재벌총수는 TV연설에서 빚을 많이 쓴 기업일수록 경쟁력이 높은 기업이라고 했는데, 그 이유는 돈을 빌릴 수 있다는 것은 타인으로부터의 신용도가 그만큼 높기 때문이라 했다).

개인의 가계도 알뜰살림하는 부덕은 넘치는 소비시대에 걸맞지 않은 것 같다. 그래서 남들의 고소비 행태에 뒤따라 이른바 유행을 따르게 된다.

---

3) 이필우(2011. 9).

이제 베블렌(Veblen)이 말하였던 경쟁적 소비(conspicuose consumption)는 하나의 관례적인 소비심리로 받아들여야 하는 부러울 것이 없는 대량 고소비시대를 맞고 있는 것이다.

고소비행태가 지배되는 시장은 사치산업으로 집중 투자하는 기업이 늘어날 것이며, 점차 1차 산업은 줄어들 것이다. 특히, 농업의 감소는 먹을 것을 확보할 수 없어 문제이다. 게다가 자연파괴 현상은 온 지구의 생태계를 파괴하고 큰 문제가 되고 있다. 지구의 온난화, 지진, 화산폭발, 산불, 해일 등 자연재해가 자주 일어나고 있으며, 인재인 자살률 또한 늘고 있다. 지구파괴의 천재현상과 인류생명의 파괴시대는 가족의 해체 등으로 인류사회가 존재・지속해야 할 틀 자체가 무너져 내리는 것 같아 걱정이 아닐 수 없다.

가계의 부채증가는 주로 신용카드 결제로 인해 늘어났으며, 우리의 소비습성도 많이 변하였다. 즉, 현금이 없어도 신용카드로 얼마든지 결제를 할 수 있어 씀씀이가 예전보다 엄청 늘어 가고 있는 것이다. 예금이 없어도 결제의 제한을 받지 않고 있다. 얼마 정도의 부채액을 은행이 허용해 주고 있어 빚쟁이 행태를 정상화하고 있는 것이 요즘 금융세계이다. 은행의 기능은 예대금을 통한 신용의 창출에 있으니 가능하나 이러한 신용기능의 남용은 지불불능의 세계적인 금융위기를 초래하고 있는 것이다.

어쨌든 가계부채는 논리적으로 예산의 제약선을 초과하지 않는 가계관리를 해야 하는데, 근검절약의 알뜰살림 정신을 버리고 흥청망청 튀는 소비행태에 물들여지면 가계의 적자는 불가피한 것으로 나타나기 때문이다. 지족지분(知足知分)인 자기 분수에 맞는 소비가 무엇인지 어느 선에서 끝나는 것인지를 알 때, 자기의 예산 제약조건을 정확히 인식한 분수에 적합한 안정적인 소비행태로 자기를 표현하는 것이 진정한 사회적으로 튀는 소비행태가 아닐까 생각이 되는 것이다.

이 장에서의 본래의 목적은 사실상 나라살림의 원리를 논하자는 것이었다. 즉, 세금을 왜 백성이 나라에 받치는가 하는 재정학의 원론적 교의 고전을 한 번 논의해 보자는 것이다. 세상은 바뀌었는데 나라살림의 원리도 바뀌어야 한다고 생각한다. 만고의 진리인 절대성이 현존한다는 근대화에 집중하던 전 시대적인 산업화 사회는 아니기에 말이다.[4)]

세금은 국가에 대한 국민의 도리로 여겨 납부하는 것으로 생각하는 것이 보통이다. 이를 반대하자는 것은 아니다. 그 도리에 보충하여 얘기하자면 서로 돕고 어려움을 헤아려 더불어 사는 공동체 사회로 나아가자면 세금도 이러한 상생과 공생을 위해 내는 것이어야 할 것이다.

나라도 살고 국민도 잘 살 수 있도록 우리가 낸 세금이 상생을 위해 쓰여질 때 어렵게 마련한 귀한 세금의 보람이 나타날 것이다. 그러한 귀한 혈세가 서로의 삶을 위해 활기차게 힘을 보태 준다면 그 얼마나 삶의 아름다움이 보여질 것인가? 한 번쯤 생각해 보아야 할 것이다.

저자는 이런 연유로 조세상생설(租稅相生說, taxation for mutual survival)을 주장한다. 새 시대의 조세학설의 기본은 조세상생설이며 이는 시대조류에 화합하는 세금법칙이기도 하며 세금정책은 향후 이러한 서로를 돕는 상생의 기조 위에서 이루어지는 조세제도의 틀을 엮어 나가야 할 것이다.

그러므로 이 시대에 있어 조세원리는 조세의무설에 이어 조세상생설을 이어 받아 이를 조세정책에 잘 적용하여 번영과 화합을 도모하는 세금의 근본이 되었으면 한다. 예를 들어, 조세상생설을 지키자면 당장에 조세법률주의와 더불어 예산(지출)법률주의가 있어야 할 것이다.[5)]

---

4) Stuart Sim, ed.(1998), p. 23.

5) 권해호, "예산법률주의와 납세자 권리보호", 헌법개정과 예산법률주의에 관한 정책토론회, 한국납세자연합회, 국회도서관 소회의실, 2009년 12월 28일.

2. 지출세의 이성적 선호

주지하는바 인간의 모습은 감성과 이성의 융합에서 기초한 가치에 의존하는 것은 아닌지? 혹자는 이성으로만 또는 감성으로만 인간행동을 이해할 수도 있다고 한다. 그러나 인간행동은 감정이 먼저이고 이성은 그 뒤에 오는 것이라 생각한다.

그래서 우선 이성을 중시하고 감정은 이성 뒤에 오는 것으로 보았다. 동양의 성리학에서는 인간행동의 순환은 기(氣)와 이(理)가 지배하는데 이를 이기론(理氣論)이라고 하였다. 그러나 이성을 무시할 수 없다. 그래서 이퇴계는 이기호발설(理氣互發說)을 주장하였다. 이가 중시되어 기를 유발할 수도 있으며 아니면 기가 강하여 이가 유발되어 하나의 인간행동이 성립할 수 있다는 것이다.

그러나 그 후에 나타난 이율곡은 기발이승론(氣發理乘論)을 주장하면서 감성이 이에 앞서 일어나 인간행동이 가능하다는 것이다. 감성의 기가 앞서야 하나의 행동(action)으로 나타남을 주장하였다.[6] 퇴계에게는 이성이, 율곡에게는 기가 중시되었던 것이다. 여기에서는 우선 퇴계의 이성중시론에 기초해 지출세에는 제도적으로 어떤 장점과 유리한 측면이 있는가를 지출세의 이성적 선호로 이해해 보고자 한다.

첫째, 지출세는 현금을 소비지출하는 행동에 과세됨으로 누구에게나 과세될 수 있어 공평하다. 누구는 세금을 안 내고 누구는 덜 내고 더 내는 부담상의 불공평도 없는 것이 지출세이다. 왜냐하면 소비의 크기에 따라 정해진 세율에 따라 내는 지출세는 현금흐름을 기준으로 누구에게나 적용되기 때문에 공평할 수밖에 없다.

6) 이필우(2006a), P. 106.

둘째, 세금을 덜 내는 방법도 소득세제 하에서는 다양하게 발생하고 있다. 우선 공제제도가 여러 가지로 적용되고 있다. 기초공제, 의료비공제, 보험공제, 기타 공제 등 세금을 덜 낼 수 있는 길을 제도적으로 열어두고 있어 피세 내지 탈세행동으로 이용될 수 있어 현행 소득세제는 세원탈루로 불공평한 것이다. 이러한 공제제도는 법인세에도 적용되고 있어 탈세망으로 장식된 정도세정은 힘든 것이다.

셋째, 무엇보다도 지출세에는 이중과세가 없다는 것이다. 같은 소득이라는 세원에 원천징수 당하고 이를 아껴 은행에 저축하였더니 그 이자소득에 또 세금을 징수 당하는 이런 이중과세가 없는 것이 지출세이기 때문이다.

이러한 이중과세는 덜 쓰고 아껴 근검절약하는 마음을 짓밟는 무참한 행동이 아니고 무엇이겠는가? 그러나 지출세는 한 번 소비지출을 위한 현금흐름에 단 한 번 과세될 뿐 이중과세를 배제하는 도리에 맞는 바른 세금인 것이다.

넷째, 위의 이중과세를 안 하는 것은 결국 저축에 비과세한다는 것을 의미한다. 소득에서 저축을 하자면 덜 쓰고 아껴 쓰는 근검절약적인 생활관습에 매진함을 뜻한다. 뿐만 아니라 이러한 근검절약 정신은 남의 도움 없이도 자수성가(自手成家)하겠다는 경제 자립정신을 뜻한다.

서양에서는 "자본주의의 정신"을 정직과 성실 그리고 혁신을 강조하지만 우리 동양에서의 그러한 정신은 더 잘 살아보겠다는 자력적인 의지로 축적된 "자수성가"의 정신이 한국적인 자본주의의 근본이 되고 있는 것은 아닌지 묻고 싶다. "지성(至誠)이면 감천(感天)"이라고 우리도 성실을 중시하고 있지만, 다른 것은 삼강오륜(三綱五倫)이라는 윤리가치에 부모자손이 함께 걱정 없는 나날을 보내는 부끄러울 것이 없는 하나의 집이라는 가문을 이룰 때 우리는 도리에 선 인간으로 보일 수 있는 것이었다.

사람의 탈을 썼다고 인간이 되는 것은 아니며 역시 사람된 도리를 다 할 때 사람이 되고 인간으로 행세할 수 있는 것이었다. 저자는 지출세의 내용은 바로 이러한 자수성가의 자립적인 도의정신이 그 개념상의 밑받침이 되고 있다고 생각한다.

지출세는 이렇게 볼 때 동양적인 도의적 이성이 중시되고 있으며, 기는 그 이성을 따르는 이퇴계의 이기호발설에 기초한 세금으로 볼 때 이는 어느 특수층의 세제가 아니라 국민이 고루 수용하는 대중적인 세제로 받아들여져야 한다고 생각한다.

세금은 과표에 포함되면 과세된다. 과표에 포함되지 않으면 과세되지 않는다. 이를 지출세의 경우 어떻게 나타나고 있는지를 보자.[7)]

포함 대상		불포함 대상
회사수입 (현금흐름의 소득)	과표	저축
배당소득지급		투자지출액
회사차입액		사업비지출액
자본소득지급		회사차입금상환액
이자소득지급		투자를 위한 회사차입금
특허권사용료		금융자산소득(X조세 적용시)

다섯째, 무엇보다도 기업은 자본을 투자하여 이윤을 추구함으로써 사업가 개인도 부자가 될 수 있으며 그러한 기업의 경제활동으로 사회와 국가도 경제를 발전시킬 수 있는 것이다.

그런데 지출세는 바로 이러한 사업활동에 직접적인 이득이 되는 세법으로 기업의 경제활동을 강화하고 있다. 즉, 사업활동에 중요한 변수는 우선 자본으로 이득이 기대되는 투자를 하여 이윤을 실현해야 한다. 그런데 지출세는 바로 이러한 자본의 크기를 확대 증가해 주는 역할을 해 주고 있

7) 박종규, "세제개혁: 지출세(후손을 위한 사회로, 자원절약형 자본주의로)", 한국납세자연합회 납세자 포럼, 2009년 9월 23일, 국회도서관 회의실.

는 것이다.

즉, 저축을 비과세함으로써 자본을 축적해 투자에 유용하도록 할 수 있는 것이다. 소득세에서는 저축에 세금을 매겨 이중과세를 하는데 지출세는 저축을 비과세하여 이중과세가 없는 정의롭고 공평한 세금의 정도를 보이고 있어 좋아하지 않을 수 없는 것이다.

여섯째, 그뿐이랴? 사업가를 위한 지출세제도는 투자를 배려하고 있다. 세금을 내지 않은 저축된 자본을 투자에 사용하여 이윤을 창출할 것이다. 여기에 법인세라고 해서 법인격에 대한 과세는 회사 수익의 상당부분은 정부의 세수로 전환되고 있다. 그러나 법인기업이 총이윤을 독점할 수는 없다. 세금을 낸 후 그러한 이윤은 주식배당으로 지불되며 그것은 현금흐름의 지급으로 과세가 되는 것이다.

일곱째, 회사가 자본이 부족하여 이를 차입해 쓰는 경우 그 차입액은 과표에 포함되어 과세된다. 그러나 반대로 그 차입액의 원금과 이자를 상환하는 경우 이는 과표에 포함되지 않고 있어 비과세되고 있다. 남에게 빌리는 것은 악덕으로 보아 과세하며 빚을 갚는 행동은 미덕으로 보아 비과세한다는 도의적인 의미를 내포한 이상적인 세금정신이라고 볼 수 있다. 또한 투자를 위한 차입은 역시 비과세되고 있어 기업활동을 적극화하고 있어 성장 촉진적이다. 이렇게 볼 때 지출세는 효율적이며 공평성을 보이고 있다. 그뿐이랴?

마지막으로, 지출세의 간편성에 대해 이야기해 보자. 현금흐름의 크기를 측정하자면 그 현금이 은행창구를 통해 사용되어져야 한다. 집안 장롱에 사장시켜 사용하는 지하경제도 있을 수 있다. 그러나 거래상대방이 계좌거래를 하는 경우 적발되어 처벌받게 되므로 쉽지는 않을 것이다.

특히, 소득세의 감면세 조치가 단순화되어 있으나 소득세의 경우보다 훨씬 행정면에서 단순화되어 있다. 따라서 세액조정을 하여 신고하는 변호사, 세무사 봉사에 소요되는 납세순응비용도 감소되어 효율적이다.[8]

요즘 재정위기는 국가부채의 누적으로 기인되고 있는데 이의 해결책으로 흔히 세출의 삭감노력으로 가능할 것으로 제시되고 있다. 그러나 과세의 폭이 넓은 그리고 누구나 내야 할 소비세는 그 납세의 투명성과 소득과는 달리 거의 무제한한 과표의 거시적 범위는 GNP의 약 80%가 과표가 되고 있어 세수확보에 크게 기여할 수 있는 장점이 있다고 본다.

이런 관점에서 소비세야말로 그 증세를 통해 국가부채를 해소시킬 주요한 재정수단임을 인식해야 할 것이다. 그러므로 직접소비세제도는 공평성과 투명성을 실현할 수 있으며, 게다가 저축비과세로 효율성과 성장을 촉진시킬 수 있다. 나아가 국가부채에 시달리는 재정위기를 모면할 수 있는 이 시대의 재정운용의 난제 해결사의 역할을 할 수 있는 직접적인 지출세는 정말 우리 후세를 위한 제도로서 지출세, 즉 복합적인 조화세(調和稅) 도입을 건의하고자 한다.

조화세라 한 이유는 있는 자와 없는 자 사이에 과세공평으로 조화를 이루며 나아가 현금흐름의 투명한 과세로 정도세정으로 과세공평과 납세층의 조화로움을 도모할 수 있기 때문이다.

3. 지출세의 감성적 선호

사람은 감정적인 동물이라 하였다. 그래서 감정이 앞서지 이성이 앞서

8) 이와 관련해 부언하고자 함은 현행 세제를 소비지출세로 개정한다면 우선 납세의 조정역할을 하는 세법 전문가들, 즉 변호사, 세무사, 세무회계사, 국회의원 등이 불평하며 반대할 것이다. 왜냐하면 지출세 도입으로 단순성으로 인한 납세협의조정사업의 수요는 급감함으로써 이들의 소득원은 감소하기 때문이다. 이들의 밥줄이 줄어들기 때문이며 국회의원들 중 변호사가 많이 있는데 이들도 한결같이 세무담당 업무가 감소되는 신세도입은 원하지 않을 것이기 때문이다.

지 않는다. 세상의 모습 아니 사람의 모습은 역시 우리의 가슴에서 울어나온 느낌이지 어떤 인지적인 사리판단이 아닌, 즉 인지적 지식에 앞서는 전통과 도리에 기초한 민속적 정감(feeling based on folklor)에서 비롯된 마음의 축적으로 이루어지고 있는 것이다.

다음에서는 저자의 개인적인 지출세에 대한 민속적 정감, 다시 말하면 가슴 속으로 분출되는 감동적인 좋아함(선호)을 피력하고자 한다.

우리는 새 시대의 많은 변화를 포용하면서 세상을 살고 있다. 그 중 그러한 변화는 다음의 세 가지를 주시해야 할 것 같다. 즉, 넘치는 시대, 나눔의 시대, 공동소비의 시대, 우리의 시대, 그리고 공동의 희노애락 소비 시대를 체험하고 있는 것이다. 이러한 변화의 특성이 여기에서 논하고자 하는 지출세와 어떤 관련성이 있는지를 밝히는 것이 본 절의 목적이다.

1) 넘치는 시대

투자가 늘어야 재화상품이 증가해 잘 살게 될 것이다. 그런데 현실에 있어 투자되는 규모는 GDP의 10% 내지 20%가 될 것이며 번 돈에서 약 80% 내지 90%는 소비가 되고 있는 것이다. 요즘 세상은 옛날과는 달라서 빈부격차라고 하지만 먹지 못해 굶어 죽는 사람은 드물다. 오늘날에 빈부격차는 절대빈곤보다 상대적 빈곤이 문제이다.

사실상 오늘의 씀씀이 행태를 보면 전 인구의 약 30%는 2만 달러 이상의 소비를 하고 있다고 보아야 한다. 아니 약 10%는 3만 달러 내지 5만 달러를 소비하는 것으로 서구사회 고위층의 소비수준을 초과하고 있음을 지적하는 사람도 있다.

소비재 생산도 쌓이고 쌓여 대량소비시대가 되고 있으며 옷장을 보면 수십 벌 아니 수백 벌의 의류가 있어 폐기처분해야 할 옷이 누적되고 있는 것이다. 우리는 이를 빈민구제 또는 중고품상에 회전시켜 결국 넘치는 대량 소비시대에 좋게 표현하여 나눔의 시대가 전개된다고 평하고 있다.

우리의 경제는 이제 산출의 시대에서 소비의 시대로 접어들었다고 볼 수 있다. 그러나 소비의 긍정적 외부성도 있지만 부정적 외부성도 있다. 즉, 대량소비는 대량의 폐기물을 산출하여 쓰레기장의 설치문제, 하천의 오염, 공기오염도의 상승, 청각공해 등 이루 헤아릴 수 없는 소비의 부정적 외부성의 처리비용도 우리의 행복도를 저해하고 있다고 보아야 한다.

이제는 소득시대라기보다 대량소비시대이며 그러한 대량소비는 엄청난 비용을 사회적으로 요구하고 있다. 그 사회적 비용은 우리가 부담하는 세금으로부터 나가는 것이며 따라서 이런 상황에서 세금은 소비를 대상으로 징수되어야 할 것이다.

소득세가 아니라 세금을 추가적으로 유발시키는 소비를 대상으로 과세해야 할 것이다. 대량소비시대에 소비세가 세금의 주축이 되어 재정수입에 주역을 담당해야 할 것이다.

2) 나눔의 시대 - 순리적인 자발적 재분배의 미덕

씀씀이의 넘침은 우리의 마음을 넉넉히 해 주어 좋으며, 그것으로 끝나지 않고 타인을 배려한 사랑과 자비심은 이 시대가 추앙하는 미덕으로 여겨 그 결과 나보다 못한 사람을 돕고 또 공익을 위해 사회단체에 대한 기부문화가 촉진되고 있다.

정부가 누진세를 적용하여 세금을 거두어 빈자에게 재분배하는 것은 지난날의 강제적인 분배양식이며, 이제는 넘치는 시대에 있는 사람들이 자발적으로 기부를 통해 이러한 재분배시장에 나서고 있는 것이다. 예를 들어, 교회재정에 대해 사회단체들의 비난도 있으나 그 많은 헌금수입으로 세금 한 푼 안 내지만 그 헌금재원으로 사회에 봉사하는 일들이 많다는 것을 인식해야 할 것이다.

돈이나 권력을 많이 소유하면 위상이 높아져 타인들로부터 부러움과 추앙을 받겠지만, 그러한 높임의 잣대는 공중의 뜬 구름이며 언제 어떻게 그 가치가 추락될지는 모르는 것이다. "권력이나 재력이 3대를 못 넘긴다"는 속담이 있듯이, 언젠가 사라질 가치라면 있을 때 그 가치를 타인과 나누어 소비함이 합리적이고 융화와 조화를 도모한다는 협조적인 사회체제를 선호하게 되었다. 권력이 소외되지 않으려면 이러한 융합적인 사고는 필요불가결하며 타인의 편익도 도모해야 하는 배려의 시대가 온 것이다.[9)]

현대는 인터넷 활용으로 정보의 자유화 시대에 있으며 공동소비의 영역은 확대되고 있다. 전철, 버스, 도로, 공원, 지역별 노인복지 무료급식 등 우리의 소비양태는 여러 분야에서 공동으로 소비되고 있다. 겉으로는 좋게 보이지만 이러한 공동소비도 그 재원과 그 소비의 오염이 전무한 것이 아니기에 이에 소비세를 징수해야 된다고 사료되는 것이다. 나눔의 시대에 두 가지 소비세는, 첫째 나눔의 가치를 실천하는 재분배자에 대한 감세조치 내지 공제제도를 적용해야 할 것이고, 둘째 그러한 나눔의 소비에서의 폐기처분 비용 또는 공해비용은 사용자의 부담으로 처리해야 할 것이다.

4. 공조적 소비풍조와 나눔의 세부담 정서

이제 우리는 민간부문 내에서의 사적인 나눔의 틀에 묶여서는 안 될 것이다. 그러한 나눔은 사적인 차원을 넘어 공공적인 틀에 이르도록 해야 하며 그럴 때 우리는 공동체 사회를 이룰 수 있기 때문이다. 함께 쓰는 공공부문에서의 재원은 어차피 국민 납세자들의 세금부담으로 이어진다. 사적부문에서의 나눔의 소비정신은 나아가 공공부문의 재원조달에도 전파될 수

9) Rachel Botsman and Roo Rogers(2010), p. 68.

있다. 즉, 사적인 나눔의 정신은 공공재 공급에도 적용될 수 있다고 생각한다. 사적인 나눔의 틀은 이제 공공재 공급시장에도 투사되어 공적 분야의 복지와 후생을 높일 수 있을 것임을 확신한다. 결국 실질적으로 조세부담에 있어 서로 나누어 부담하자는 것이다. 부담상의 나눔은 소비의 나눔과 확실히 다를 것이다.

그것은 직접적인 사적 소비와는 다르며 공원이나 도로는 간접적인 그리고 공급시점도 먼 장래가 될 수 있어 비용과 편익의 차이는 엄청 다를 것이다. 하지만 넘치는 시대(the Age of Grand Swell)의 소비자는 공공재의 소비자로서 그러한 공사 간의 효용가치 평가의식이 상이하지 않을 것이며, 공공재 공급비용으로서의 세금부담에 선뜻 나설 것이며, 공공재를 분배 받으려는 마음보다 공공재 공급비용에 참여하려는 마음이 앞 설 것이므로, 조세의식도 부담의 의식에서 벗어나 이제는 함께 부담하되 나누어 공동부담의 조세의식으로 바뀌는 시대에 와 있음을 인식해야 할 것이다.

이처럼 납세자의 조세의식도 넘치는 시대에서는 나눔의 정신이 반사되어 부담상의 나눔의 정신이 표출될 수 있으며, 이는 종래의 의무설이나 교환설처럼 구속적이고 조건반사적인 의식을 떠나 자발적인 나눔의 평화와 조화의 마음이 기초가 되어 자발적인 세금부담을 자기 소득에 비례하여 정부에 증여하는 세금이 될 것이다.

자신의 소득이나 특히 소비규모에 비례적인 액수를 세금으로 정부에 자발적으로 증여하는 나눔의 세금시대를 열어 가야 할 것이다.

한편, 지출세는 소비행태에 대한 과세이다. 소비는 노폐물을 생산한다. 쓰레기, 폐차문제, 특히 제조업에서 발생하는 수질오염, 공기오염, 소음공해 등 그 부정적 외부성은 매우 크다.

이러한 공해발생을 하는 소비 또는 제조업 행동에 대해서는 특별소비세율로 중과세해서 이른바 탄소세를 대체해야 할 것이다. 최근에 이와 관련해 재정부장관이 과세는 burning의 공해발생 행태에 과세해야 함을 시사하고 있음은, 결국 과세의 소득지향성을 포기하고 소비지향성으로 전환함을 뜻하는 것이었다.

5. 공락세 또는 다복세의 출현

소비하지 않고 사는 사람은 없을 것이다. 사람뿐 아니라 동물이란 생체는 무엇인가 먹지 않고서는 살아갈 수 없다. 살기 위해 먹으며 집안에서 적합한 소비를 해야 우리는 평범한 생활을 할 수 있는 것이다.

어찌 보면 인간의 삶을 수단면에서 본다면 소비를 위해 일하며 돈을 벌고 일정한 소비를 통해 우리의 삶이 형성되고 있다. 거시적으로 얘기한다면 소비는 소득에서 저축을 뺀 부분이다. 즉, $C=Y-S$이다. 그러므로 소비의 크기는 애써 번 수입에서 살아가기 위해 써야 하는, 즉 자기 취향에 맞는 옷도 사 입고 교통비도 써야 하며 세끼 식사를 위해 쇼핑을 해야 하며 경조사비용도 지출해야 한다. 여기에 쓰고 남는 소득이 있으면 은행에 예금할 것이다.

요즘에는 저소득층이나 중·고위 소득층 모두 통장을 갖지 않은 사람은 거의 없다. 게다가 신용카드가 있어 은행계좌로 거래하고 있다. 이런 상황에서 대체로 중산층 소비의 크기는 얼마나 될까? 최근(2008) 자료에 따르면 저축률은 GDP의 약 2.8%를 보이고 있어 그에 따른 소비비중은 GDP의 70% 수준에 이르고 있다. 이는 가계의 교육비 지출의 증대, 해외여행비 등의 증가에 기인되는 것으로 보고 있다. 1980년대에는 한국의 저축률은 세계적으로 가장 높은 35%였으나 오늘의 저축률은 OECD 국가에서 최하위에 있음을 알아야 할 것이다. 따라서 이는 가계부채를 증가시켜 절름발이 걸음을 하고 있는 것이 한국경제의 위상이기도 하다.

애써 번 돈의 약 3분의 2는 다 써버리고 쥐꼬리만한 저축으로 투자재원으로 경제가 지탱하고 있으므로 외채를 끌어들이거나 국내차입으로 재원을 조달해 쓰고 있는 것이다. 모든 빚은 후대에 넘겨질 것이므로 넉넉한 부를 후손에게 넘겨 주지 못한다면 빚 없는 수지균형을 이룬 몫을 넘겨 주어야 할 것이다. 후손에게 빚을 넘겨 주는 선대는 역사에 악덕선대로 기록될 것임을 인식해야 할 것이다.

현시대는 이제 혼자만의 즐거움을 찾았던 이기심에 집중한 산업화 시대는 아니다. 세상은 물질로 넘쳐나고 일상생활은 풍요로움에 넘치고 있다. 고작 2만 달러 시대에 이런 풍요로움의 느낌은 잘 사는 선진국에서는 물론이고 비록 못 사는 빈곤국가에서도 사람과 물건의 오감이 자유로워져 못사는 국민들도 열심히 노력하면 잘 살 수 있다는 자긍심을 높여 줄 것이다.

이는 물질에 있어 함께 나누는 정신이 분출되는 공조공존의 사상이 흐르고 있음을 말해 주고 있는 것이다. 국내를 넘어 빈곤한 아프리카 사람들을 돕는, 예를 들어 남소말리아의 소외된 빈곤 토속인을 위해 희생한 이대석 신부의 모습은 나눔의 원조로서 추앙되어야 할 것이다.

잘 산다는 것이 튀는 소비로 타인에게 부러움을 주는 것이 아니라, 즉 남에게 부정적 외부성을 주어 배분의 사장적 손실(deadweight loss)을 가져오는 퇴폐적 소비로부터 이제는 자비와 사랑으로 함께 나누어 소비하는 더불어 사는 계층 간에 조화롭고 평화로운 경제세계를 창출해야 할 것이다.

함께 더불어 사는 나눔의 경제세계야말로 세계화가 추구해야 할 과제라고 생각하는 것이다. 그래서 소유의 본질을 자기만이 소비하는 고립화된 개념에서 이를 공동소유로 전환시켜 자기소유의 물건이지만 타인과 함께 쓰는 사례는 많다. 즉, 개인소비의 개념은 점차 없어져 가고 있으며 이제는 공동소비, 즉 함께 소비의 즐거움을 나누는 공동소비의 공락시대(共樂時代, an Age of Common Pleasure)를 맞이하고 있는 것이다.[10)]

10) R. Botsman and R. Rogers(2010), p. 153.

공락시대는 민간재로만 구성되어 왔던 민간시장이 이제 공공재시장으로 확산되고 있고, 시장의 사적 소유의 개념은 약화되면서 공공소비재로 전환되고 있음을 말해 준다. 이를 미국의 젊은 컨설턴트(consultant)인 보트스만(R. Botsman)은 "내 것이 이제는 네 것이나 마찬가지다"라는 소유 개념의 개인전유에서 집단공유의 개념으로 전환하고 있음은 하나의 혁명적인 패러다임의 이동이기도 하다.[11]

6. 공락세(共樂稅)의 시대적 배경

1) 나눔의 시대

현대는 이웃과 서로 돕고 나누며 사는 정신을 미덕으로 보고 있다. 이러한 나눔의 정신은 사실상 그냥 저절로 나온 것으로는 볼 수 없다. 나눔은 기부를 의미하며 경제학에서는 증여경제, 즉 grant economy로 부르고 있다. 그런데 사회를 주도하는 세력은 중산층이며 이들의 욕구충족은 그간의 경제발전으로 인해 대체로 만족되고 있다고 보며, 결국 내가 이룩한 것은 내 소유가 아니며 그것은(특정 기호) 나보다 못한 사람도 그렇게 행동함으로써 그것은(혁신적 사고) 타인의 아니 사회 전체의 소유물일 수도 있다.

말하자면, 이제 현실사회는 공유시대에 접어들었다고 할 수 있다. 이러한 공유는 마르크스(K. Marx)가 예언한 공산주의와도 그 생산에 있어 다르다. 즉, 공산(共産)은 함께 산출에 참여하지만 공유는 개인적으로 생산에 참

11) Rachel Botsman and Roo Rogers(2010). 어떤 의미에서 이러한 나눔의 정신은 자연적으로 시장에서 생성된 것이며 인위적으로 이를 강제화하고 있지는 않다. 따라서 자본주의는 자체적으로 상생하는 나눔의 질서로 이행하고 있다 할 수 있다. 이는 자연적인 자본주의의 진화과정으로 보아야 한다고 생각한다.

여하지 않을 수도 있는 것이다. 세상은 변하여 소유의 시대에서 나눔의 시대로 바뀌어 가고 있다. 소유보다 더 중요한 것이 인간의 삶이며 주어진 시공 속에서의 삶의 존재이기도 한 것이 인간의 모습인 것이다.

그러한 삶의 존재는 돈을 모아 큰 소득을 이루는 것보다 번 돈을 어떻게 쓰는가가 중요하듯이 마치 옛 속담에 "개 같이 벌어 정승같이 쓰며 살라"고 한 말처럼 그러한 삶의 참 모습은 씀씀이의 소비생활에 덕과 친화력이 있는 모습을 보여줄 때 이루어진다고 생각한다.

이제 더 가지려는 소유의 시대에서 이제는 덕을 세우는 씀씀이의 습성, 즉 친덕의 소비시대가 우리 앞에 놓여 있다고 생각하는 것이다. 탈 소유에서 친덕의 공동소비시대로 지향해야 할 것이다.

공유란 어떤 물건을 공짜로 소유한다기보다 그 소비를 함께 함으로써 소비의 소유를 의미한다고 볼 수 있다. 이를 공동소비라고 칭할 수 있다. 그래서 공유는 그 대상이 소비라는 욕구충족의 수단으로도 표현할 수 있다.

이러한 중산층의 욕구충족의 만족도는 넘치고 넘쳐 다른 사람과 함께 그 욕구를 충족하는 것이 오히려 사회적으로 합리적이고 우선 적선(積善)한다는 이타정신의 발현으로 볼 수 있는 것이다. 그래서 기부문화시대로 돌입하고 있음은 바로 이러한 나눔의 시대를 불러 오고 있는 것이다.

자본주의는 분배면에서 부익부 빈익빈이라는 양극화 사상으로 집중되는 불균등한 제도로 이해될 수 있다. 그래서 상품과 자본이 국제적으로 자유화되는 세계화 과정에서 이러한 양극화 현상은 더욱 벌어지고 있어 정부는 분배정책에 노력하고 있는 것이다.

욕구충족에 초과만족을 누리는 사람들은 물론 여타의 경제주체도 남을 배려하는 마음을 북돋아 이제는 내 잇속만 챙기는 마음을 좀 양보하여 남을 위해 도울 수 있는 방법이 곧 기부요 나눔임을 인식하는 시대에 돌입하고 있는 것이다.

나라도 마찬가지다. 못사는 아프리카 지역의 난민을 지원하고, 북한에 인도적인 지원을 아끼지 않는 것은, 역시 우리가 사는 세상이 이기심에만 집중한 수전노의 세상은 아니며 보다 남을 배려하는 이타적인 적선위주의 시대가 된 것은 아닌지? 어쨌든 자본주의의 치부를 나눔의 정신으로 보충하겠다는 것은 이 시대의 신사고방식으로 보아야 할 것이다. 후기산업화 철학의 원리로 수용해야 할 것이다.

뿐만 아니라 세계화 시대에 경제발전에 기여하자면 자기 성장과 발전이 선행되어야 하는데 여기에는 자본이나 기술이 많아서 성공하는 것이 아니고 보다 서로 협조하고 함께 살아가는 상생 협동의 정신이 요구되고 있는 것이다. 성공적인 세계화는 결국 이민족 간에 다문화 속에서 다른 사람들과의 서로 돕는 상생 협동정신이 있을 때 가능한 것은 아닌지?[12)]

이제는 경쟁이 아니고 너도 살고 나도 사는 상생정신이 경쟁정신에 앞서 가고 있는 시대에 살고 있다. 이러한 상생 또는 공생을 하자면 노하우를 서로 나누어 써야 하며 상호 협조체제 하에서 상생의 질서가 형성되어 더욱 잘 사는 시대를 열어 갈 것이다.

즐거움도 괴로움도 함께 나누는 정이 오갈 때 우리의 인생은 더욱 따뜻하고 빛날 것이기 때문이다. 세금 얘기에 이렇게 문화적인 정서에 치우친 얘기가 나와 초점에서 벗어났다고 생각하나 이러한 접근은 원래 사회과학적인 전체론적(holistic) 접근에 근거하고 있으며 민속적 정서의 윤곽 속에서 다루어져야 한다는 인간주의적 접근이기도 하다.

더불어 함께 하는 삶은 타인과의 공생공락을 의미한다. 공락(共樂)은 어떤 의미에서 공생이라는 함께 하는 삶의 내용일 수도 있다. 그것은 삶을 위한 씀씀이에서, 즉 소비에서 오는 즐거움과 기쁨을 뜻하기도 한다.

---

12) Pil-Woo Rhee(2004), p. 339; Don Tapscott and Anthony D. Williams(2006), p. 268.

2) 공동소비시대

경제학자는 세상에 나도는 물건을 사적재(私的財, private goods)와 공공재(公共財, public goods)로 분류하고 있다. 그래서 사적재는 시장에서 자유롭게 거래되는 개인소유이며 공공재는 공공부문에 정부가 공급하는 민간 집단이 소비하는 재이기도 하다. 전자는 개인적으로 생산되어 그 소유도 사적 소유가 된다. 그래서 사적재의 소비도 개인적으로 국한되고 있다. 그런데 공공재의 생산은 정부가 생산하나 그 소비는 납세자 민간인 전체가 소비함으로써 집합적 재화(collective goods)라고도 한다.

오늘날 이러한 공공재의 공급은 엄청 늘어나고 있으며 그 공급비용은 모두 민간인 납세자의 세금으로 부담되고 있는 것이다. 이러한 공공재가 공공적인 수요가 있어 집합적으로 국민 모두가 소비하는 것은 당연하다 하겠다. 잘 사는 선진국일수록 이러한 공공재의 공급규모는 매우 크다. 도로, 공원, 교통시설, 치안, 국방, 교육, 연구시설 등 그 분야도 다양하며 그것은 민간의 공공욕구가 그렇게 확대되고 있음을 말해 주고 있다.

사적재는 개인의 소유가 법적으로 보장되고 있으며 그래서 사적재는 개인적으로 소비되지 공동으로 함께 소비되는 공공재와는 다르다. 이른바 경제학에서 흔히 이를 배제의 원리(exclusion principle)라고 한다.[13] 사적재는 배제원리에 있으며 공공재는 원래 비배제되고 있으나 이제는 사적재도 상당수준에서 비배제되고 있어 소유위주의 자본주의 시대는 지나가고 있다고 보아야 한다.

그러나 탈산업화 시대인 21세기에 들어서자 이렇게 제외되는 배제성의 원리는 점차 약화되고 있으며, 대신 배제의 반대인 비배제, 즉 포함(inclusion)의 원리가 돋아나 움트고 있으며 그러한 포함의 규모는 점증하고 있는 경향에 사회구조는 전환되고 있는 것이다.

---

13) R. A. Musgrave(1959), p. 9.

3) 넘치는 시대—나눔의 시대(Age of Sharing)

오늘날 우리는 넘치는 소비시대에 살고 있다. 한국의 소득수준은 2만 달러 시대를 맞고 있지만, 특히 강남에 있는 백화점의 소비수준은 3만 달러 내지 5만 달러에 이르고 있다는 것이 보통 오가는 말이다.

장롱 속의 의류는 수십 벌 아니 수백 벌이 되어 이를 버리거나 형편이 어려운 사람들을 돕는다는 교회, 동사무소, 보건소 등의 기관에 맡기는 것이 보통이다. 가계가 빚이 있다면 헌옷을 기워 입는 등 못 살았던 시절을 생각하고 아껴 써야 옳을 텐데 소비자는 브랜드와 유행에 집착하여 소비하는 것이 요즘 세태이다.

한편, 교통수단은 소득수준의 상승과 더불어 대중교통에서 자가용승용차로 전환되었다. 현재 한국의 자동차수는 2,300만 대에 이르고 있어 2.7인에 한 대씩이라고 한다. 이에 따라 타인과 동승하는 일이 늘어나고 개인 소유의 차이지만 남과 함께 쓰는 경우가 많다.

그뿐이랴! 공동소비의 기회는 다양하다. 야구, 축구, 테니스 등 운동경기장의 관람자는 수만 명이 넘고 있어 가장 큰 공동소비의 장을 형성하고 있다. 영화관이나 오페라의 경연장, 미술관, 수영장, 헬스센터, 산행 등 실로 다양하게 전개되는 우리의 공동소비시대인 것이다.

이뿐이 아니고 요즘 시대의 특성은 정보화의 추진에 있다. 디지털시대는 손가락 하나면 휴대폰 하나로 모든 것이 해결된다. 편한 세상이다. 물건과 돈이 국경을 자유롭게 넘나들 뿐 아니라 우리의 생각이나 사상, 아이디어도 자유로이 국경을 넘나드는 세계화된 정보사회에 살고 있는 것이다. 특히, 스마트폰은 손가락 하나로 주식정보, 개인적인 재테크, 국제정세, 뉴스, 사전, 브리테니커의 정보, 성경 등 모든 정보를 얻을 수 있다. 없는 것이 없는 세상의 만물박사시대에 살고 있는 것이다. 이는 모두 공개되어 있는 정보로 유료비용이 요구되기도 한다.

이를 접촉의 시대라고도 한다. 디지털의 접촉은 Access시대라고 타자와의 접촉을 통해 자기 만족도를 상승시킬 수 있다는 것이다. 이러한 발상은 기술의 진보로 더 이상 인간은 노동에 시달릴 필요가 없으며, 넘치는 시대에 가만히 앉아 편하게 대량 소비하는 시대를 맞고 있다 하겠다.

그러나 접촉(access)의 비애는 기술진보로 인해 공장에서 노동자는 밀려나 실업자가 늘어나 있으며, 노동력의 소외는 자살자를 증가시키고 있다(2009년 미국에서 3만 명 자살). 그러나 디지털 접촉의 시대는 상호 협조적이고 타 기업과 융합적인 사회적 경영이 선호되며, 그에 따른 상호 봉사 내지 유통경제의 확대로 봉사적인 측면이 확대되어 자본주의 체제는 하나의 협조적인 체제로 공동화의 길로 진화하고 있는 것이다.

이를 콜라보(Collabo) 소비시대라고 한다. 콜라보 소비시대는 협조적이고 융합적인 경영스타일이 유통과정에 반영된 결과로 볼 수 있다. 이러한 협조적인 봉사와 콜라보 소비시대의 사회는 공동체적인 사회로 이동하고 있음을 말해 준다.

마지막으로 이러한 접촉의 시대는 자기 행동에 책임을 지는, 즉 자기 생산행동의 부정적 외부성에 대해 책임을 져야겠다는 양심적 선언이 나올 수 있는 것이다. 환경오염을 책임져야겠다는 양심적 책임감, 특히 농업의 발전문제, 환경을 보전하는 기술혁신의 데자인 등을 모색하고 있다.

이러한 혁신적인 데자인이 바로 공동소비, 특히 나눔의 소비과정에서 창출, 제시되고 있음에 중대한 의미가 있는 것으로 보아야 한다. 특히, 이러한 협조적인 소비는 그 어떤 요소투입의 효율성에 집중한 전문지식보다는 그에 앞서 필요한 것은 도의적이며 윤리적인 가치가 아닌가 생각하는 것이다.[14)]

---

14) 사회경제문제의 해결점은 어떤 합리성에 있다기보다 이는 하나의 정신적인 차원의 도의성을 강조하고 있는 연구를 소개한다. Richard Willkinson and Kate Picket(2009).

이러한 나눔의 경제에는 대체로 3가지 나눔의 유형이 있다. 하나는 생산물의 용역을 나누는 것으로 자가용 편승(car share or ride share), 자전차 편승, 태양광선 발전시설의 공용 등이 있다. 둘째로는 중고품시장의 재활용이다. 즉, 금전거래 없이 물물교환이 가능하며 또한 자기 선호에 맞는 브랜드 의상의 교환 등이 제시되고 있다. 끝으로 협조적인 생애소비의 가치를 높이는 공동소비 유형이다. 예로서 한국의 전통적인 계의 모임, 개인 간의 사회적 융자(social lending), 소집단의 여행, 농경지의 주말농장화, 지역 간 통화(social currency), 노인정, 보건소, 주차장 공용 등 협동적 용역은 때로는 그 비용을 요구할 수도 있다.

이 밖에도 저작권의 공동소유(creative commons licence)로 새로운 정보의 공동소비가 인터넷을 이용해 활용되고 있다. 한편, 약한 기업이나 사업자에게 자립을 위한 자금의 융자를 저리로 융자해 주는 협조적인 빈곤자 융자제도(crowding finance)를 시행하며 이러한 금융제도는 방글라데시, 세네갈 등에서 시행되고 있다. 요즘 디지털시대에 이러한 콜라보 금융제도는 다양하게 이루어지고 있어 콜라보시대, 즉 공존을 위한 상생의 세기가 펼쳐지고 있는 것이다.[15)]

7. 공락세 또는 다복세의 이기론적 의미

이러한 나눔의 경제체제는 개인에게 상당한 소비심리의 만족도를 높여주고 있으며, 사회는 공동체적 소비를 통해 더욱 부유와 번영을 가져 온다고 보아야 할 것이다. 나눔의 경제에서 오는 부가가치는 사회심리적 만족도로 측정해야 하며 접촉의 빈도가 많을수록 그 만족도는 클 것이다. 그러므

15) Rachel Botsman and Roo Rogers(2009), pp. 215~216.

로 나눔의 부가가치는 공동소비의 만족도와 함수관계에 있다고 볼 수 있다.

문제는 이러한 부가가치에 과세함이 마땅하다고 사료되어 여기에 새로운 과표를 지니는 소비지출세를 현금흐름으로 과세할 것을 제의하는 바이다. 그 이전에 강조되어야 할 것은 나눔의 소비에서 개인 누구나 그러한 공동소비로부터 자기 나름대로의 즐거움을 소비한다는 사실이다. 소비 그 자체는 개인의 소비욕구에 따라 돈을 써서 소비하는 것이며, 그러한 소비로부터 얻는 만족도는 하나의 심리적인 부가가치로 처리될 수도 있으며, 소비지출세는 바로 이러한 소비로부터의 즐거움의 부가가치는 과표대상이 되어야 한다는 것이다.

그래서 소비의 즐거움의 부가가치에 과세되는 세금의 명칭을 저자는 공락세(共樂稅, tax on common pleasure)라고 해 보았다. 이는 그 밖에 다복세(多福稅, tax on happiness)라고 할 수도 있다. 소비를 통해 배가 부르면 만복의 즐거움을 누릴 것이고 또 선호에 맞는 옷을 사 입으면 옷이 날개라고 만족도는 상승하여 즐거움을 누릴 것이다. 소비는 우리에게 즐거움을 가져다 준다.

그 소비가 개인적일 때보다 공동으로 함께 소비하는 경우, 즉 나눔의 소비를 한다면 더욱 즐겁고 공동체적인 감성으로 현대사회의 개인적 소외감은 감소되고 공동체적인 공감으로 확대되어 더욱 사회적 공동체적 친화력을 통해 조화와 행복감을 높여 줄 것이다.

그래서 저자가 주장하는 소비세는 우리 한국적인 정서문화에 맞는 세금명칭으로 공락세 또는 다복세를 제시하고자 한다. 맞으면 공감해 주시고 틀렸다면 고쳐 주시기를 바란다. 이러한 세금의 명칭에는 조세론의 현대적인 정통이론을 바탕으로 하지 않았음을 밝힌다.

소비세는 정말 부담을 주는 어휘이다. 씀씀이에 세금이 뒤따라 부담이 될 것이고 부가세처럼 세금이 오르면 물가를 상승시켜 서민생활에 압박을 가할 수 있다. 그러나 우리가 제시하는 세금은 간접적인 소비세가 아니라 신고를 통해 연 1회 납세하는 직접적인 소비세인 것이다.

그 이유는 한마디로 저자는 동양문화에 뿌리를 둔 한국 사람이기 때문이다. 한국인과 서양인과의 차이는 그 모양새가 다를 뿐이다. 모양새는 사상과 문화와 전통에 있어 다를 것이다. 객관적이고 보편타당한 경제학의 정통이론이 이런 모양새에 들어맞을 것이라고 기대할 수는 없을 것이다. 말하자면, 학문적 사대주의로부터 해방될 때 우리는 한국인으로서 한국적 정서문화의 숨을 자유롭게 쉴 수 있으며 또 그럴 때 비로소 한국 문화의 뿌리 위에서 세금을 생각할 수 있기 때문이다. 그러므로 지식의 보편성도 공간과 시간이 다른 서양과 동양은 달라야 한다고 생각하는 것이다(독일 철학자 하이데거(M. Heidegger)는 이와 관련 존재자(한국인)의 존재(세금)는 주어진 지역과 시간의 조건 위에서 결정됨을 강조하고 있다. 그러므로 보편성의 일반화에는 조건부적 한계가 있음을 교의하고 있다).

물론 그러한 정통경제원리가 다 잘못되었다고 할 수는 없으며 그 서구의 보편성 중에서 부분적으로 수용되는 원리도 있으나, 분석의 테두리를 고정시킨 단순한 논리는 반대하지 않을 수 없다.

한 나라의 사회과학의 원리는 그 나라에 지배하는 역사문화 의식과 민속적 정서에 기초를 두어야 함을 주장한다. 이러한 주장은 미국의 과학철학, 특히 사회과학 철학자들의 견해이기도 하다. 2010년에 서거한 세계적인 실용주의 철학자 로티(Richard Rorty)나 민속적 문화를 중시하는 철학자 로젠베르그(Alexander Rosenberg) 등이 이러한 토속적인 실용주의를 보이고 있기 때문이다. 이러한 견해는 저자의 독자적인 편견이 아님을 밝히는 바이다. 미국 철학자들로부터의 배움의 결과를 피력할 따름이다.[16]

저자는 이러한 견해를 한국적 실용주의에 기초한 방법론이라고 하는 것이다. 따라서 우리의 소비세는 공동으로 소비하는 즐거움에 대한 보상으

---

16) Richard Rorty(1979); Alaxander Rosenberg(1988), p. 29; 이필우(2009), PP. 372~379.

로 나라에 납부하자는 세금이 바로 공락세인 것이다. 공락세의 과세방법에 있어 그 특성을 정리해 보자.

첫째, 앞에서 이미 지적한 대로 공락소비세는 간접세가 아니라 직접세이다. 연 1회 납세하며 자진 신고를 하게 되어 있다.

둘째, 공락세의 과표는 소비에 있다. 소비에서 거시적으로 저축을 뺀 소득은 지금 당장 소비될 수도 있으며 나중에 소비될 수도 있다. 그래서 지금 취득한 급여소득은 장래의 소비력을 의미하며 이러한 소비로부터 그는 즐거움의 부가가치를 체험할 것이다. 바로 이러한 소비로부터의 즐거움에 대해 과세하자는 것이며 그 과표는 즐거움의 부가가치가 심리적이므로 (개인마다 다를 것임) 수취한 소득의 현금흐름을 그 과표로 한다.

셋째, 이러한 공락세는 사실상 소비행동에 앞서는 과세이다. 그래서 이는 선납조세(prepayment tax)이어야 한다. 이는 각종 공제제도를 적용 연말정산을 하게 되어 있다. 공락세는 이러한 공제제도로 인해 세부담상의 불공평성을 제거할 수 있다. 물론 매월 공락세는 원천징수된다. 그러나 연말 정산에 의해 조정이 가능하다.

넷째, 개인의 소득 중 저축되는 소득부분에는 비과세한다. 소득세에서의 소득에 대한 이중과세는 제거되고 있는 것이다. 우리는 거의 모두 은행계좌를 설치하고 있어 계좌에 예치된 돈은 저축일 수도 있다. 예치된 예금에 이자소득이 붙는데 재정당국은 새로운 소득이라고 하여 헤이그-사이몬스(Haig-Simons)의 발생원리에 의해 과세하고 있는 것이다. 그러나 우리가 제시하는 공락세는 이러한 이중과세를 제거하고 저축을 장려해 자본형성을 촉진하여 이의 투자행동이 활성화되어 경제를 번영으로 이끌 것이다. 이러한 저축의 장려는 오늘날 국가부채로 인한 재정위기도 해소될 수 있어 하나의 중대한 정책과제이기도 하다.

다섯째, 이 밖에 개인의 금융자산에 대해서는 예로서 주식의 양도차익, 배당소득, 자금의 이자소득, 사업수익, 이전수입, 기부수입, 유증자산 등에 대해 과세하도록 한다. 단 유산상속은 그 소비부분에만 과세하고 소비하지 않은 부분은 저축으로 인정하여 비과세한다. 그러나 한국의 금융자산거래는 초기단계에 있으므로 금융거래세만을 부과하고 있으나 최근의 금융거래자의 급증은 금융자산소득도 과세할 시기가 도래하였다고 본다. 그러나 5,000만원 미만의 금융소득자에 한해 금융자산 소득세는 면세하도록 한다.

여섯째, 사업자는 사업소득세를 공락세로 납부하는 것으로 끝난다. 기업인의 공락세는 그들이 총매출액에서 총비용을 뺀 나머지 수입이 곧 과표가 된다. 곧 순수입에 세율을 적용해 기업의 공락소비세가 납부되는 것이다. 미국의 X조세와 같다. 이는 마치 부가가치세의 전 단계 세액공제제도와도 같다. 하지만 이는 연 1회 납세로 역시 각종 공제조치를 감안한 연말정산을 통해 납세는 결정된다. 기업이 화폐흐름의 수익을 실현하며 이에 각종 사업경비(투자비용, 임금, 출장비, 특별수당)는 공제된다. 이때 과표는 임금을 공제한 순소득이며 이러한 사업세로 현행 법인세를 대체한다.

일곱째, 이러한 자산소득은 분리과세될 수 있다. 그러나 우리의 지출세에서는 이를 장래 소비로 대체해 미리 소비세를 내는 전납형 지출세로 과세해야 한다.

그러나 부채는 과세되며 대신 부채상환은 공제 과세한다. 모든 자본소득은 과세하도록 한다. 미국의 브래드포드는 X조세에서 임금, 수당 등을 기업이 근로자에 베푸는 경비를 보상(compensation)이라고 하면서 이러한 보상액은 과표에서 공제되지 않고 있어 과표의 확대를 시도하고 있으나 이는 상당한 사업자 부담을 가중시키고 있다.[17] 바로 이 부분이 홀(Hall)의

---

17) David F. Bradford(2000), p. 68. "…… no deduction at the business level for payments to employees." 어떤 면에서 이런 공제를 반대하는 것은 소비될 근로자 수입은 수령시 현금흐름의 세금으로 소비세를 납부해야 된다. 기업단계에서 공제를 배제한 X세는 소비세의 이중과세를 하고 있어 비합리적이다. 그래서 저자는 공락세제는 이러한 이중과세를 피하기 위해 보상비용을 공제할 것을 주장하는 바이다.

단일세와 다른 측면이다. 급여의 지급비용은 공제하도록 한다. 왜냐하면 근로자의 임금소득은 사업자 수익으로 소비세가 과세되며 이는 지급된 임금수입에서 공락소비세의 과세로 이중과세되고 있기 때문이다. 기업의 보상액 비공제는 기업의 세부담을 가중시킬 것이다.

이러한 사업자 공락세는 종래의 법인세를 대체한다. 사업자 공락세도 현금흐름의 결제된 시점에서의 거래액을 기준으로 하여 과표가 결정될 것이다. 여기에 매출누락이나 피세의 기회는 완전 봉쇄되고 있어 공락세는 조세정의의 가치를 지니고 있는 양세(良稅, good tax)로 볼 수 있다.

【제8장】

공락세의 유형화

1. 서구형 공락세
2. 한국형 공락세

개인소득세와 기업의 법인세를 대체하는 지출세(공락세)의 도입을 공석에서 발표하거나, 사석에서 친구들과의 담소적인 얘기로 일원론적인 소비세 얘기를 하면 모두 이구동성으로 반대의 소리만을 높게 외쳐댈 뿐이다.

왜 그럴까? 지금 내고 있는 세금에 이렇게 저렇게 적당한 액수를 부담하면 그것으로 만족하고 있는데 지금 갑자기 세금을 제도적으로 바꾼다면 그 번거로움을 어떻게 견디겠느냐 하는 세법 변동의 순응비용의 상승으로 반대할 것이다.

그래서 구세(舊稅)는 양세(良稅)이며 신세는 악세(惡稅)라고 한다. 오늘날 소비지출세인 공락세를 반대하는 이유를 한 번쯤 짚고 넘어가야 하겠기에 이에 그 이유를 더듬어 보고자 한다. 그런데 그런 반대의 이유를 보기 전에 얘기해야 할 것이 또 있다.

공락세의 개혁안은 저자의 짧은 삶의 소산이기도 하다. 그것이 결정되기 위해서는 우선 재정당국의 허용이 있어야 하며 더욱 중요한 것은 국민적인 민의의 찬성이 있어야 할 것이다. 그래서 법적으로 국회 재정분과위원회에서 심의, 결의되어야 할 그 결정을 위한 절차는 다양하고 복잡하다.

이러한 세제의 개혁이 하루아침에 갑자기 이루어질 수도 없으며 실천을 위한 장기적이고 실용적인 절차를 추진해 노력을 쌓아야 할 것이다. 이런 절차상의 현 단계는 공락세의 개혁안을 우선 가능한 대안을 여러 유형으로 나누어 제시하고, 그런 연후에 전문가 또는 일반 납세자들의 의견을 들어 보다 합리적인 실용성 있는 대안을 선택할 수 있지 않나 생각되어 다음에서 그 개혁안의 선택을 위한 여러 대안들을 제시하고자 한다.

1. 서구형 공락세

1) 칼도적 공락세

이는 칼도가 최초로 제시한 지출세로서 개인소득+자산소득(이자, 주식양도, 배당 등)+예금인출액+우연소득(기부, 유증상속) 등의 소득의 합계에서 비소비지출인 저축된 소득부분을 빼 준 나머지 소득의 크기를 공락세의 과표로 한다. 여기까지는 칼도의 지출세와 같다. 그러한 저축 소득부분은 자본재 또는 투자재 구입비용, 예금액, 신대부액, 채무상환액 등을 소득에서 제해 주어 남는 소득액이 지출세의 과표가 된다.

공락세의 적용대상은 연소득 수준 1억 원을 초과하는 중산층 이상의 계층에 적용한다. 그러나 그 적용대상은 1억 원 미만이라 하더라도 개인공락세의 과세는 적용되지 않지만 예금된 저축에는 비과세해 서민의 저축을 장려한다. 이것이 칼도의 지출세와 다른 점이다.

2) 앤드류 및 아론의 현금흐름의 공락세 안

앞에서 살펴본 바와 같이 하버드대학의 조세학자 앤드류와 아론은 지출세를 칼도적 소득분류를 하지 않고 개인의 현금흐름의 소득에 가세하자는 것이다. 이러한 안은 후에 칼도도 찬성한 바 있다.

이러한 현금흐름의 소득에 과세함은 그 투명성에 있어 으뜸이다. 즉, 탈세나 피세의 기회를 완전 배제한 고정하고 투명성 있는 과세방식이 될 것이다. 부가세가 이에 해당한다. 그런데 이러한 현금흐름의 조세는 수입적인 현금흐름과 소비지출적인 현금흐름이 있을 것이다. 이 두 가지 현금흐름을 모두 포함하고 있는 것이 이들의 개념인 것이다.

넓게 얘기한다면 현금흐름의 과표는 모든 현금수입에서 저축부분을 빼 준 소득부분을 과표로 하고 있다. 여기에서 현금수입이란 임금, 각종 급여, 임대소득, 이자소득, 이윤, 주식 배당소득, 이전소득(보험 및 연금), 기부 및 증여소득 등을 포함한다.

이러한 가득된 소득에서 역시 저축된 소득은 빼 주어 과표로 하고 있는 것이다. 저축이란 은행계좌, 기타 금융기관, 공신력 있는 공공기관에 예치된 저축액을 말한다. 이러한 과표에는 부채, 예금의 감축, 주식의 양도, 실물자산의 양도도 모두 과표에 포함되고 있다.

그런데 이러한 소득과표는 그들의 견해에 따르면 소득 그 자체가 아니라 장래의 소비로 간주해 엄격히 얘기한다면 장래의 소비로 쓰여질 잠재적 소비로 간주되고 있는 것이다. 그래서 브래드포드도 이를 소비행동에 대한 선납세(prepayment tax on consumption)로 표현하고 있는 것이다. 소비에 대해 미리 내는 세금이라는 것이다. 이는 모두 현금수입에 대해 원천과세되며 조세순응비나 징세비에 있어 효율적이고 공평한 그리고 간편한 세제임을 내세우고 있다. 단, 임대주택의 소득에 대해 비과세하고 있다.

여기에 부가되어야 할 것은 칼도의 고전적 지출세와 다른 것은 자가주택 건축 또는 주택구입에 대해 과세하자는 것이고, 부채상환에도 과세하자는 것이 다르다. 현금흐름에 대한 과세제도이기 때문이다. 고전적 지출세나 심지어 최근에 제시된 X조세에도 이른바 내구재 구입에는 비과세 처리하고 있으나 현금흐름의 지출세에서는 이런 비과세를 허용하지 않고 있는 것이 그 특성인 것이다. 이러한 개인의 현금흐름의 소비세는 연 5,000달러 소득 미만에는 과세하지 않으며 그 이상 소득에 누진율로 과세한다는 것이다.

현금흐름의 소비세는 또 하나의 과세대상이 있다. 즉, 사업자 또는 기업에 대한 과세방식이다. 우선 사업자는 연간 매출총액이 있을 것이다. 이를 총수입이라 하자. 이 총수입에서 기업이 타 기업으로부터 매입한 원자재, 중간재 및 자체 비용지출이 있을 것이다. 이러한 사업비용 지출액을 총 수입에서 제한 액수가 순수입이 될 것이며 이 수입이 사업자의 과표로 성립한다. 이러한 사업자 과표에 적용될 세율도 누진율을 적용한다.

공락소비세는 이러한 현금흐름이라는 투명성을 높이 평가한다. 그러나 우리는 이에 누진과세를 반대한다. 왜냐하면 누진과세로 인한 조세피난처(tax shelter)의 추구는 탈세풍토의 온상을 이룰 것이며 조세정의는 일탈될 가능성이 많기 때문이다.

그래서 이러한 누진과세를 배제한 보다 단순한, 아니 보다 효율적이기도 한 단일세로 평준화한 과세를 주장하는 것이다. 즉, 현금흐름의 개인과세도 10% 내지 15%의 평률세(flat tax)로 하고 사업자 과세도 20% 혹은 15%의 단일세율을 적용하는 것이 단순하고 효율적이라고 사료되는 것이다.[1] 이 경우 종래의 부가가치세는 개인적인 현금흐름 소비세로 대체될 것이며 또 기업의 현금흐름의 이윤세로 종래의 법인세는 대체되고 있다 하겠다.

3) 브래드포드의 X조세 공락세 안

소비세의 최첨단 개념인 브래드포드의 X조세는 현금흐름의 소득과세를 하고 있다. X조세는 임금세와 사업세로 구성되고 있으며 전자는 누진세로 후자는 단일세로 과세한다. X조세의 장점은 기업의 법인세가 없는 것이며 그리고 금융자산거래를 일체 관여하지 않고 있어 저과세되고 있다. 사업세는 단일세를 적용하고 있는 것이다. 가계의 금융자산소득은 일체 비과세하고 있다. 이는 홀의 단일과세와 같다.

한편, 특이한 것은 임금세의 과표나 사업세의 과표에 적용되는 수익률은 동등하다는 것을 주장한다. 그래서 소비에 선납되는 임금세나 후납되는

1) Robert E. Hall and Alvin Rabshka(1983).

소비세는 동등함을 주장한다(Equivalalance Theory). 이는 임금세의 과표는 소득에서 저축을 뺀 액수이며 연 소비세는 소비에 후납되는 세금으로 그 과표는 소비+저축으로 임금세 과표보다 클 것이다. 하지만 선납되는 임금세 과표는 장래 소비에 대한 과표는 저축의 장래 가치를 반영한다면 소비세의 과표와 같을 것이다.[2)]

우리의 공락세는 X조세의 골격은 그대로 수용하지만 금융자산거래에 대한 과세는 고소득층에 하며 빈익빈 부익부의 측면을 완화하기 위해 투기소득에 집중 과세해야 할 것이다. 물론 우리의 공락세는 법인세를 배제한다. 따라서 사업세의 세율은 단일세로 하되 10% 내지 15%를 적용하며 대기업에 대해서는 20%로 한다. 그리고 후납한 소비행동은 단일세로 과세하며 현행의 VAT를 적용하나 20%로 세율을 인상한다. 대신 소득세율의 인하로 대처해야 할 것이다.

2. 한국형 공락세

1) 상생적 공락세

우리는 오늘날 서로 돕고 함께 잘 사는 시대에 살고 있다. 나라살림도 예외가 될 수 없다. 그래서 국민은 나라살림을 위해 세금을 잘 내며 그러한 납세는 국민이 염원하는 민간의 풍요와 평안을 바라면서 내는 것이다.

이에 대해 정부는 그 귀한 세금을 아껴 쓰되 민간경제의 번영과 질서

2) David A. Weisbach(2008), p. 62. 임금세 과세시 회사세는 과세되지 않고 있다. 회사세는 임금지급 후 과세된다. 그러나 X조세는 이러한 지급비용을 공제하지 않고 과표를 확대하여 세수증대에 기여하고 있다. 이래야 저축의 수익률과 투자의 수익률이 같을 수 있기 때문이다.

를 위해 국민에 대한 의무를 다 해야 할 것이다. 정부는 나라살림의 씀씀이를 근검절약하여 균형재정을 통한 건전재정을 이룰 것을 약속하고 있지만, 실제로는 엄청난 국가부채를 발생시키고 있으며 최근에는 미국을 비롯한 선진국들에서 재정위기설이 나돌고 있어 문제가 아닐 수 없다.

GDP의 약 36%에 이르는 한국의 국가부채도 심상치 않다(2011년 1,400조 원). 이러한 나라 빚을 줄이는 방법은 나라살림의 씀씀이를 아껴 줄이는 수밖에 없다. 나라 빚이 늘어나는 것은 공채발행을 하여 갚지 않으면 이자에 이자가 붙어 부채는 더욱 늘어난다. 이를 그대로 놓아두면 국가부채의 증가로 재정위기를 맞아 나라가 재정적으로 부도가 나며 나라는 파산하게 마련이다(moratorium). 이는 후세에게 부담을 안겨 주어 선대의 악덕이 될 수 있음을 생각할 때 속히 건전재정의 길로 들어서야 할 것이다.

이러한 위기를 모면하자면 모든 수단을 다 동원해야 할 것이다. 그 중의 하나는 정부 내부의 자기희생적인 절약정신을 보여줄 때 보기에도 좋을 뿐 아니라 자조적 의지로 보여져 귀감이 될 수 있는 것이다. 그 내용은 다름 아닌 국가부채 감채기금제도를 설치하고 이에 기여하는 정부자체적인 재정지원을 요구하자는 것이다.

구체적으로는 정부 내에서 지급하는 출장비 내지 고위급 관료들이 쓰는 판공비 지급 등에 감채기금에 기여해야 함을 강제화할 것을 건의한다. 이는 조세는 아니지만 일종의 현금흐름의 정부 내에서의 공락비용(共樂費用)이라고 할 수도 있다.

이러한 조치는 민간의 징세고통에 대한 정부의 자체적인 고통을 감내함으로써 국민의 정부 신뢰도는 더욱 높아져 세상의 공평성은 더욱 투명해질 것이다. 우리의 옛 선현들의 극기복례(克己復禮)의 도의정신을 본받아야 한다고 생각한다.[3]

---

3) 이필우(2006a), p. 192. 극기복례는 자기 잘못에 부끄러워하는 수오지심(羞惡之心)에서 비롯되고 있음을 지칭하고 있다.

그것은 옛 선현들이 지적하였던 항산항심(恒産恒心)의 군주의 치민정신으로 볼 수 있다. 따라서 국가가 먼저 국민을 위해 아니 국가를 위해 희생적인 봉사를 먼저 한다면 국민은 그에 필사적인 순종으로 보국할 것이다. 이러한 극기복례적인 감채기금 기여를 정부 자체적인 희생정신으로 요즘 비난되고 있는 정부의 낭비적인 경비지출 문제도 잘 통제될 것이다.

정부 내의 극기적인 출장비 및 판공비 감채기금 급여책은 모든 여타의 공기업에도 적용할 것을 제의한다. 여기에 더해 현금흐름의 소비세인 공락세를 건의한다. 이는 금융자산거래를 과세하며 각종 임금세(wage tax)를 포함하고 있으며 또한 사업세(business tax)로 한 해의 영업이윤(기업의 총판매수입에서 타 기업으로부터의 생산수단 구입액을 제한 순수입)에 과세하자는 것이다.

여기에 법인세는 사업세로 대체한다. 또한 가계의 소득세는 임금세로 대체할 것이다. 한편, 부가가치세는 가계의 후납형 소비세로 보아야 할 것이다. 이러한 소비세는 모두 현금흐름의 수입액을 그 과표로 하고 있다. 여기에서 특이한 것은 은행계좌에 예치된 예금은 모두 저축으로 간주하여 과표에서 배제되어 비과세한다. 그래서 공락세는 소득세와는 달리 이중과세를 배제한다.

임금세는 현금흐름의 소비세이다. 이는 장래 소비되어질 소비능력으로 보는 것이며 이는 현재 현금흐름의 잠재적인 소비능력을 말해 주고 있다. 이러한 소비능력은 장래 소비에 대한 담세력인 것이다. 이는 현금흐름의 장래 소비에 대해 과세될 과표가 되는 것이다.

이러한 소비세는 장래 소비되어질 소비에 대해 미리 내는 선납소비세(prepaid consumption tax)인 것이다. 그렇게 징수된 소비세액은 장래의 이자로 자본화되어 그 현재가치는 작아지나 실제 세액의 평가는 높아질 수 있다.

우리의 공락세는 연소득 1억 이상의 중산층 이상에게 적용하도록 한다. 그러나 개인이 금융기관에 예치한 예금은 저축으로 간주하여 비과세하도록 한다. 또한 과세는 매월 원천징수하며 연말에 정산하도록 한다. 따라서 이중과세는 철폐되고 저축에 비과세해 저축심을 장려하여 자본형성을 촉진하며 한편 이로써 가계부채를 제거하는 데 도움이 될 것이다.

연말 정산시에는 기초공제, 가족공제, 보험공제, 기타 공제 등을 감안해 과세공평성을 기한다. 선납된 소비세액은 장래의 기대치보다 작으며 징세액의 이자가 장래 소비세액을 충당할 것이다. 소비세의 자본화된 현재가치는 작을 수밖에 없다.

세율적용은 누진율을 적용하되 20%, 30%, 50%를 적용하도록 한다. 대량 소비시대에 소비과표는 크며 세율도 소득세수와 부가세수를 합한 세수를 확보하자면 두 세율을 합한 것 이상으로 커야 할 것이다. 이는 구체적으로 세수당국이 세수규모에 적합한 세율을 전문적 모형을 통해 추정해야 할 것이다.

이에 더해 소비세제의 불공평성을 완화하기 위해 부유세, 즉 자산(금융+부동산)과다보유세를 과세해야 할 것이다. 이 밖에 사업자세를 과세해야 하는데 이는 연 1회 과세한다. 여기에 더해 한국적인 것은 빈부격차를 위해 부유세를 도입할 수 있으며 이 경우 부유세 도입결정은 국민투표에 의해 민주적인 다수결로 결정할 것을 주장한다.

그 세율은 10% 내지 20%로 한다. 대기업에 20%, 영세사업자에게는 10%의 세율을 적용한다. 한편, 전술한 바와 같이 금융자산소득에 대해 과세하도록 한다. 오늘날 금융시장의 과세는 전무한 편이며 금융거래세 하나로 유지되고 있다. 아직 금융시장의 발달을 위해 비과세한다는 것이다.

우리의 실용적인 공락세는 대체로 미국 현금흐름의 소비세 혹은 브래드포드 X조세의 틀을 채택하고 있다. 여기에 더해 금융자산소득과세를 포함하고 있으며 빈부격차 완화를 위한 부유세를 제시하였다.

이에 더해 특징적인 측면은 조세범주에서 벗어나고 있지만 다 같은 나라살림의 합리화라는 가치에 같은 입장에 있는 재정위기 대처안을 제시해 보았다. 즉, 정부의 극기심을 통한 출장비 및 판공비 지급시 약 10%에 해당하는 액수를 감채기금 기여금으로 헌납하는 대안을 제시한다.

한편, 세법을 현금흐름의 소득에는 기관이나 법적 조직의 차이와 관계없이 과세적용하되 예로서 기독교, 불교 등 종교단체의 헌금기금에 대한 소비세를 역시 현금흐름의 수입액에 대해 과세할 것을 건의한다. 이는 종교단체이므로 직접 소비에 참여하지 않지만 나눔의 소비가 많으며 사회복지적 소비에 대해 종교단체가 세금을 선납해 주는 것으로 보아 사회 및 국가에 봉사할 수 있는 것이다. 세율은 10%를 적용한다.

나라를 위하는 마음은 곧 하느님을 위한 믿음의 마음에서 나오며 하느님에게 돈을 맡김은 무위소재(無位所在)가 되어 현존한 돈을 유위소재한 온 국민의 큰 집인 나라에 헌금 일부를 맡기는 것은, 종교적 당위성에 합당하다고 사료되어 10%의 종교세를 창설할 것을 건의한다. 이러한 종교세는 하나의 기독교적 신앙심을 선양하며 나아가 기독교적 국가봉사의 귀감이 될 수 있음을 보여줄 수 있어, 그러한 정신은 기독교적 신앙의 전파를 더욱 고조시킬 것이다.

2) 실용적인 현금흐름의 공락소비세

여기에서 실용적이란 징세비의 절감, 납세자의 조세 순응비의 절약, 탈세풍토 제거, 빈부격차의 제거 등 한국적인 조세제도의 실용성을 기준으로 한국 문화정서에 적합한 의미를 함축하는 뜻으로 사용하고자 한다.

여기에서 과표라고 함은 소비라기보다 현금흐름을 대상으로 하고 있음을 밝힌다. 경제세계에 있어 인간의 욕구는 다양하다. 그 다양한 욕구충족의 필요수단은 돈이며 현금이다. 그렇다고 수표, 신용장, 채권증서 등은 여기에서 제외되지 않고 있으며 현금의 결재수단으로서의 의미를 지니는 것으로 보아야 할 것이다.

이러한 현금흐름은 두 가지가 있다. 즉, 하나의 흐름은 들어오는 수입의 흐름이 있는가 하면 나가는 지출의 흐름이 있는 것이다. 우리는 여기에서 이 두 흐름 모두를 과표로 채택하고 있다.

그러나 그러한 흐름의 일부는 정책기준에 따라 선별적으로 채택되고 있는 것이다. 우선 우리 실정에 가장 쉽고 편하게 도입, 적용할 수 있는 소비세를 생각해 보자. 그것은 현행소득세에서 사업소득세만 제외한 개인소득세를 그대로 적용 징세하도록 한다. 왜냐하면 사업자 소득은 후에 사업세에 포함될 것이기 때문이다.

그러므로 소득세 과표는 사업자소득을 제외한 소득이 될 것이다. 여기에 세율은 10%의 단일세를 적용한다. 이러한 10%의 정율 세율은 고려조, 이조시대에 수획물의 10%를 조(租)로 징수하도록 했으며 또 서구의 고대사회의 종교세도 10분의 1을 11조라 해서 징수하였던 것이다.

수천 년이 지난 오늘날에 미국의 신진 조세학자 홀과 같은 사람은 다시 이 고대사회의 조세철학으로 회귀해 단일세를 주장하고 있음은 주지의 사실이다. 우리는 소득세의 단일세율을, 즉 10%를 채택하며 이는 세제의 단순성으로 이해가 빠르며 징세비나 순응비도 쌀 것이다. 또한 강조할 것은 은행예금의 이자소득세는 비과세해 저축심을 장려하는 세제로 전환한다.

우리가 여기에서 주의할 것은 이러한 소득세를 선납한 장래 소비에 대한 소비세로 과세한다는 것이다. 이는 잠재적인 소비능력과 담세력에 과세되는 것이다.

이에 현금흐름에 대한 소비세를 현행의 부가세로 납부하며 다른 것은 부가세율을 높이는 것이다. 오늘날 대량 소비시대에 공사 간의 낭비적인 소비로 자원의 소모도를 높이며 공해도 많은데 이러한 소비의 부정적 외부성의 비용에 대비한 소비세율을 높여야 할 것이다.

현행 10% 부가세율로 부가세수는 총세수에서 약 30%를 점유하고 있는데 10%의 소득세 단일세로 소득세수는 감소할 것이고 이를 보전하는 수입은 역시 부가세 세율을 높여 종래의 세수확보를 해야 할 것이다. 그래서 우리는 부가세 세율을 20%로 인상할 것을 건의한다. 부가세율을 현행 세율의 배를 올린다는 것은 지나치다고 비난될 수도 있겠지만 아는 이는 소득세수의 확보와(15%) 여기에 대해 과소비 나름의 소비 등에 과세함은(5%) 당연한 것으로 평가되어 총 20%를 과세할 것을 제의하는 바이다. 그러나 이러한 조세납부는 연말에 정산을 통해 세부담상의 평등성을 보장한다. 즉, 각종 공제제도의 적용 등 서민부담을 조정해 주어야 할 것이다.

다음 사업자는 브래드포드의 사업세를 모방하되 다른 것은 금융 및 부동산의 자산소득에 분리과세한다는 것이다. 여기에 유연한 부유세를 과세해 공락소비세의 공평성을 추구하고자 한다. 또한 여기에 더할 것은 전술한 정부 내의 재정위기 감채기금기여제, 종교단체 헌금과세제 등을 추가로 적용되는 공락소비세제인 것이다.

이러한 실용적인 공락세 도입으로 저축증대와 근검절약의 소비습관의 확대와 자원절약으로 우리의 환경을 보호하고 금융 및 재정위기를 억제·방지할 수 있는 그리고 탈세풍토도 억제할 수 있는 건전재정의 열쇠가 되는 공락소비세를 받아들여야 할 것이다.

【제9장】

지출세를 반대하는 이유와 그 답변: 공공선택적 해명

1. 지출세의 반대 이유
2. 지출세제 반대 견해에 대한 답변

이러한 공락소비세의 도입에 대해 동료, 지인들과 담소하면 그 반응은 부정적이었다. 한편, 공식상에서의 박종규 회장의 한국납세자포럼 및 바른 경제동호회에서의 논의내용을 중심으로 그 반대하는 입장을 정리해 보고자 한다.

1. 지출세의 반대 이유

1) 지출세는 소비의 미덕을 저해한다

소비를 미덕으로 공언한 사람은 케인즈(John Maynard Keynes)였다. 주지하는 바와 같이 1930년대 공황의 원인은 수요가 부족해서 발생한 거시경제적 접근으로 해명하는 데서 비롯된 것으로 볼 수 있다. 그러니까 기업이 산출한 상품이 시장에서 잘 팔려야 장사가 잘 될 텐데 공급은 많은데 상품이 안 팔리면 밑지는 장사로 실패할 것이다.

즉, 상품공급에 대한 수요가 없으면 이로 인해 회사는 폐업을 맞을 것이며 경제는 전체적으로 불경기를 맞을 것이다. 그래서 소비는 거시적으로 공급에 대한 수요로서 미덕이 될 수 있다는 것이다.

우선 소비세를 매기면 물건값을 세금만큼 올려 받을 것이며 이는 물가상승으로 이어져 유통경제의 어려움을 초래할 것이다. 소비세는 상품수요에도 물가에도 부정적이므로 세금을 일부 소비세를 과세하는 것은 어쩔 수 없지만 이를 유통경제 전면을 소비세로 과세한다면 이로 인한 경제효과는 부정적일 수밖에 없다는 주장이다. 상식적인 경제학적 지식에 불과하다.

2) 구세는 양세이다

구세는 다 좋은 세금제도라고 생각하는 사람이 많다. 그것은 주로 변화를 싫어하는 그래서 현재 위치와 상황에서 안주하려는 것에서 그런 생각을 하고 있는 것으로 볼 수 있다.

신 세제로 세제개혁을 한다면 그에 따르는, 즉 세법상의 변화에 따르는 혁신적인 행동을 요구할 것이며 그러한 제도상의 적응변화와 함께 적응비용만을 요구하는 별 이득이 없는 것으로 판단해 새로운 세제개혁에 미온적이고 부정적이라고 보는 것이다.

그래서 많은 사람들은 현행 제도를 잘 이용해 효과적인 실천이 더 중요하지 세금제도를 바꾼다고 세부담이 감소되지도 않을 것이고, 세제의 단순화다, 공평성이다 또는 배분의 효율성 등은 세제개혁의 이론상 내세우는 염불로 들리는 것이 보통이며, 결과적으로 개혁을 목표로 하는 정책선택에 부정적이라고 생각하는 것이다.

오랜 동안 현행 세금제도에 잘 적응해 장사하면 잘 사는데 세법을 새롭게 바꾸면 어떤 큰 이득도 없을 터인데 새로운 세법에 적응비용만 더 커져 불편할 것이라고 생각하기 때문이다. 그래서 구세는 명세이며 신세는 악세가 될 수도 있는 것이다.

1970년대 중반기에 한국의 부가가치세가 도입될 당시 부산시장에서 상인들의 신 세제에 대한 반대는 서민 상인들의 부가세 부담은 상인들의 사업을 적자로 몰아붙이는 악세로 낙인해 거센 시위로 번졌다. 그 해 10월경의 청와대 살해이변은 이러한 시위에 정치적인 연계성이 있는 것으로 해명하는 일본 언론도 있었다.

결국 신 세제인 부가세는 어떤 의미에서 한국의 경우 큰 정치적 희생적인 비용을 부담하지 않으면 안 되었다고 볼 수도 있다. 어쨌든 신세는 악세라는 것이다. 한편, 이러한 변화를 싫어하는 구세제만을 선호하는 사상은 진보가 없고 혁신이 없는 구태의연한 현상유지주의자로 볼 수 있지 않나 생각되는 것이다.

3) 소비세는 역진적이다

대체로 소비세 하면 일시에 역진적인 세제임을 비난하기 일쑤이다. 세율도 단일세율 10%로 과세되는 한국의 부가세야말로 없는 가계가 있는 사람보다 더 많은 부담을 할 것이므로 부담상 역진적이라는 것이다.

한국의 부가세 부담은 서구에서도 같은 현상이지만 한국에서도 소비지출을 기준으로 한다면 그 부담은 비례적으로 나타나지만 소득수준을 기준으로 했을 경우 역진성을 보여 주고 있다. 이는 1980년대 자료이나 오늘날에도 거의 같은 추세에 있음을 고려해야 할 것이다.[1)]

미국에서는 지방세로서 판매세가 4% 정도의 소비세가 있을 뿐 부가세의 합리성을 인정하면서도 세계적인 글로벌한 부가세인 VAT를 아직도 받아들이지 않고 있다.[2)] 그 이유는 무엇보다도 정치적이다. 즉, 신 소비세 도입은 세부담을 증가시키며 나아가 역진성만을 조장시켜 정치에 부담만을 안겨 주기 때문에 반대하고 있는 것이다. 어쨌든 소비세 하면 우리는 서민부담만 늘리는 불공평한 세금으로 소비세를 보는 고정관념이 있는 한 신세로서의 소비세 도입은 거의 불가능한 것이다.

4) 선진강대국이 지출세를 도입하면 그 후에 도입준비를 할 것이다

지출세라는 신 세금제도를 경험해 본 적이 없는 한국의 조세제도에 도

1) 이필우(1991).
2) 미국의 소비세는 주정부 단위로 판매세(sales tax)로 독립적인 자치단체의 수입으로 운용되고 있다.

입한다는 것은 우선 말도 안 된다는 식의 분위기를 조성하고 있는 것이 우리의 실정이다. 심지어 조세전문가들도 이러한 지출세는 1957년에 인도와 스리랑카에서 도입했다 모두 실패한 사례가 있는데, 그 도입취지는 저축의 장려와 근검절약의 정신과 자원절약 등 장점이 있다 하더라도 당장 도입을 논의하자는 데는 찬성하지 않고 있는 것이다.

한국경제는 지금 당장에 필요한 것은 안정과 빈부격차, 일자리 마련으로 현시점에서의 정책 패러다임이라고 볼 수는 없다는 것으로 치부하고 마는 것이다. 그런 세제가 정말 다급하다면 우선 선진제국에서 논의, 제시되고 있을 텐데 여러 나라들이 그런 세제를 요구하는 것으로 나타난다면 그 때 가서 도입의 문제를 논의하는 것이 옳다는 것이다.

21세기는 세계화 시대이며 남이 한다고 흉내 내는 시대가 아니다. 무슨 일이든 간에 옳고 바른 것이라면 실천에 옮겨 도입하는 것이 옳다고 생각하는 것이다. 이 시대의 경쟁력은 정직과 나눔에 있으며 그것은 마음의 바름과 배려에 있음을 인식해야 할 것이다.

오늘날 세계 각국은 조세 경쟁시대에 처해 있으며 이러한 신 세제의 도입은 다른 나라에서의 경험을 충분히 알고 난 후에 도입하는 것이 안전대책이 될 수 있음을 모르는 것은 아니다. 제도개혁에는 그 나름대로의 신중성을 갖추어야 하기 때문인 것이다. 그릇된 제도의 혁신성을 보여주자.

2. 지출세제 반대 견해에 대한 답변

1) 소비세제의 미덕에 대한 정서문화적 이해

첫째, 소비세제 반대이유는 그 거시적 장점을 저해한다는 것이다. 즉,

이론적으로 보아 거시경제학의 수요창출의 힘을 감소시켜 케인즈(Keynes)적인 불황을 초래할 수도 있다는 것이다. 이러한 논쟁은 1970년대 초반기에 전개된 미국의 동(Harvard)서(Chicago) 학파 간에 가격중심의 시장이냐 수요 공급의 거시균형이냐에 대한 시비가 오갔으나, 결국에는 경기를 자극함에는 수요가 중시되어 케인즈학파의 승리로 귀착된 인상을 주었다. 그렇지만 그것은 주어진 여건에 따라 달리 적용될 수 있는 상대적인 의미를 지니는 것으로 평가되었다.

오늘날 경제학계는 모두 케인즈학파이면서 또 한편으로는 시카고학파이기도 하다.[3] 소비세의 과세로 인한 경기침체는 현실적으로 체험되지 않은 허상일 뿐 거시경제의 흐름에 영향을 미칠 만한 효과, 즉 정책적으로 수요를 감축한다고 구매행위가 줄 것으로 기대하기란 곤란하기 때문이다.

물론 1930년대 공황을 유효수요의 창출로 해결했는지 몰라도 오늘날 과세의 시장반응은 반드시 가격기구가 중심이 되지 않고 있는 부분이 있기 때문이다. 부분적으로 특히 사치품 브랜드 상표를 지닌 상품일수록 세금으로 값이 올라가면 더 사려는 구매심리가 비싸질수록 더 사려는 소비수요의 증대효과를 가져올 수 있기 때문이다.

오늘날과 같은 대량 소비시대에 소비세의 소비억제효과는 크게 기대할 수 없는 상황임을 인식해야 할 것이다. 일찍이 홉스는 소비를 억제하고 저축을 증대시키려는 근검절약의 철학으로 소득세 대신 소비세를 추천했지만, 한편 과표의 크기는 소득세보다 더 크며 그래서 많은 세금을 거두어 대왕제적, 즉 Leviathan적 왕국의 경비지출을 극대화하는 데 소비세를 잘 이용하려고 한 것은 아닌지 묻고 싶다.[4]

여기에서 거시적인 소비세의 미덕은 오늘날 더 이상 적용될 수 없는

---

3) Todd G. Buchholz(1990), p. 244.

4) 이러한 논의는 공공선택학파에서 주장되고 있는 견해이기도 하다. Geoffrey Brennan and James M. Buchanan(1980), p. 26f.

오히려 그 반대의 부정적인 의미와 효과가 있는 것은 아닌지? 쓰는 것을 위주로 한 소비위주의 경제질서는 쓰레기와 공해를 양산하며 공사 간의 씀씀이는 낭비적인 부분이 확대되어 오히려 가계수지를 악화시켜 부채만을 증가시키는데다가 정부의 국가부채도 문제되고 있다. 이 모두 소비의 낭비적인 소득의 제약성과 자기 분수를 지나친 행동으로 반도의적인 악덕으로 보는 것이 옳지 않은가 생각된다.

이러한 악덕을 속히 미덕으로 전환시키자면 이에 소비세, 특히 지출세를 도입해 자기 분수에 맞는 저축을 장려하여 건전재정과 정도세정을 추구해야 할 것이다.

오늘날 자본주의 경제질서는 분수에 맞는 자수성가의 길을 열어 주어야 하는데 광고의 홍수, 할부금융, 신용카드, 파생금융 상품의 확대 등으로 시장질서는 분수를 모르는 씀씀이와 돈놀이에 즉흥적인 춤바람으로 휩싸인 약육강식의 깽판돈장사에 집중된 카지노경제를 방불케 하고 있어 걱정이 아닐 수 없다.

특히, 요즘의 세계 자본주의 풍토는 월가를 비롯해 파리와 뉴욕 및 도쿄에서 자본주의 금융질서의 탐욕을 비난하면서 대규모 시위로 번지고 있음을 알아야 한다.[5] 주식소유자의 배당소득이나 그 양도차익은 근로소득에 몇 배나 많은 수입을 가져다 준다는 것이다. 이를 그들은 유산자층의 돈에 대한 지나친 탐욕이라고 비난하고 있다.

임금소득은 노동지출의 대가이며 이는 근로소득이다. 금융소득은 노동하지 않은 불로소득이다. 가만히 앉아 돈을 버는 불로소득은 얼마나 편하랴? 문제는 이로 인한 양극화 문제가 있으나 이에 대한 논의는 뒤로 미루고 지금 왜 지출세는 세계화를 위해서도 필요한 것인가를 생각해 보기로 하자.

세계경제는 지금 돈과 사람과 물건이 자유롭게 국경을 넘나들어 세계

---

5) 문화일보(2011. 10. 6).

는 하나의 틀(rule)을 요구하고 있다. 특히, 해외투자가 증가하며 이에 대한 법인세는 국가 간의 세제경쟁이 되고 있어 그 세율이 낮을수록 외국자본의 투자가 늘어날 것이다. 그래서 법인세율의 인하는 세계적인 경향으로 진행되고 있다.

그 결과 정부 재정면에서 세수차질의 문제가 일어날 것이며 이에 대처하기 위해서는 역시 소득세보다 소비세를 증가시키는 방식으로 나갈 수밖에 없는 것이다. 그 이유는 과표상의 기반이 넓고 납세자 전체가 소비로 인해 소비세 부담은 불가피한 것이다.

결국 세계경제의 글로벌화는 재정면에서 소비세가 주요 세목으로 선도되는 세제를 운용할 수밖에 없음을 알아야 한다. 그뿐이랴? 새 시대는 노령화 사회로 사회복지비는 증대되고 있는데 이의 재원조달면에서도 소비세는 노령인구의 납세를 요구하므로 이에 적합한 것이 곧 소비세인 것이다.

그 밖에도 금유위기, 재정위기 등 위기관리를 하자면 그 기틀은 나라살림의 건실함이 가장 중요하다. 왜냐하면 위기극복의 수단은 역시 돈이며 그 재원은 재정세입에서 지원될 수밖에 없는 것이기 때문이다. 이렇게 볼 때 소비세의 미덕은 크다는 사실을 이해해야 할 것이다.

2) "구세는 양세이다"에 대한 해답

"구관이 명관"이라는 속담이 있듯이 우리의 풍습이나 제도도 옛 것을 선호하는 문화가 지배하고 있다. 새로운 제도라고 해 보았자 옛 것만도 못한 것이 상례가 되고 있어 이런 구태의연함의 습성이 넓게 수용되고 용인되는 것은 아닌지?

사회심리학의 논지는 인간은 현재 상태에서 안정감을 느끼며, 즉 현상유지에 안정감을 견지하려는 태도를 보이고 있다 한다. 그래서 현재 상황에서 안주하려는 생활태도가 가장 강하게 나타난다는 것이다. 이러한 안주감은 혁신이나 변동을 혐오하며 발전적인 변화는 기대할 수 없다.

특히나 세금제도는 변하지 않는 것이 개인에게 가장 좋다고 생각하는 것이다. 지금까지 이런저런 세금을 덜 낼 수 있는 방법을 사용하여 왔으며, 그래서 자기에게는 현재 부담하는 세금액에 큰 불만이 없는 것으로 조정된 절세액을 납세한다고 생각하여, 현재의 세금제도에 잘 적응해 현행 세제에 만족감을 느끼고 있는 사람도 많을 것이기 때문이다.

그래서 구세는 양세로서 받아들여 세제의 변동을 여기에서는 소득세를 지출세로 바꾸자는 안에 크게 반대하고 있는 것이다.

그러나 세상은 새로운 시대로 접어들어 제도 자체도 그에 걸맞게 변해야 한다는 것을 생각하지 않을 수 없다. 경제도 그간 많이 성장하여 2만 달러(현재 2만 8,000달러) 시대로 진입해 선진국을 지향하고 있는 것이 현실이다. 그러나 그에 대해 씀씀이는 엄청 늘어나고 있다. 그러나 5만 달러에 육박하는 사치적인 풍조는 선진국 진입에 실패한 남미로 전환되어 하강추세가 될까 걱정이 아닐 수 없는 것이다.

하여튼 새 시대는 대량 과소비시대이다. 이런 상황에서 우리는 외환위기 및 재정위기의 전초전을 체험하는 그 시험장을 예습하는 과정에 처해 있다 하겠다. 이런 비상한 국제정세 하에서, 특히 세제의 틀을 보다 강하게 세계화 시대에 걸맞는 세제가 요구된다. 보다 외유내강을 갖춘 깊고 넓은 세제의 기반을 구축해야 할 것으로 생각한다.

이러한 상황에 걸맞는 세제로 우리는 지출세, 특히 "공락소비세"를 건의하고자 하는 것이다. 그래서 구세만 양세라고 옛 것에만 집착하지 말고 "신세야 말로 양세"임을 터득해 세제개혁에 찬성해 주시길 바란다.

3) 소비세의 역진성에 대한 해답

앞에서 본 바대로 소비세는 역진적이라고 한다. 그 계층별 부담의 분석은 일반적으로 소득을 기준으로 했을 시에는 낮은 계층이 상층 계층보다 더 부담하는 것으로 나타나 역진적이라고 말할 수 있다. 그러나 소비수준을 기준으로 했을 시에는 당연히 비례적인 부담을 하고 있다.

그러나 이러한 견해는 소비세의 부담을 단기적으로 국한시킨 제한된 견해임을 알아야 한다. 우리의 지출세는 장기적인 소비세제를 뜻한다. 그러니까 오늘의 소득은 저축했다 한 달 후 또는 내년의 자녀 학자금으로 쓸 것이며 당장 소득을 소비로 다 써버리지는 않는다.

그래서 소득에도 생애소득이 있는 바와 같이 소비에도 생애소비(cosumption for whole life)가 있는 것이다. 따라서 이러한 전 생애를 기준으로 했을 시에 소비세 부담은 역시 비례적으로 귀착될 것은 명백할 것이다.[6)]

지금 번 소득은 당장에 다 써 버리지는 않으며 그 일부는 필요시에 지불하기 위해 항시 저축으로 남겨 놓는 것이 일상적인 소비관습인 것이다. 케인즈(J. M. Keynes)는 이를 예비적 동기(precautionary motive)라는 유동성 선호로 보았던 것이다.

비록 단기적으로 소비세의 역진성이 비난된다면 이를 저소득층을 위한 보조금을 지급할 수도 있으며, 복수세율인 경우에 소득탄력성이 높은 상품에 고세율을 적용할 수도 있을 것이다. 특히, 지출세는 연 소비세의 개인신고에 따라 과세되며 이 경우 저소득층에 대한 저세율 적용의 강화 또는 누진율의 강화를 적용해 그 역진성을 피할 수 있을 것이다.

특히, 최근에는 부(負)의 소득세와 유사한 세금의 환급을 주장할 수도 있다. 이러한 조세환급은 기업이 부가세를 일정 기간 유보해 기업의 사업자

6) 이계식(1987), pp. 112~123.

금으로 활용될 수 있을 것이며, 따라서 기업이 향수하는 부가세의 익세(益稅, benefit tax)를 징수, 환원하여 저소득층에 주는 조세의 환급을 가능하게 할 것이다.

한국의 부가세 납부기간은 3개월에 한 번씩 연 4회에 걸쳐 징세되고 있다. 이 경우 사업자는 전 단계 세액공제를 한 순부가가치에 대한 납세를 하게 되어 있다. 그러므로 3개월간의 세액을 사업자금으로 유용할 수 있는 기회가 주어져 익세가 발생한다. 그러나 이들은 그러한 익세는 국세청에 부가세 납세비용으로 인정할 것을 강하게 주장할 것이다. 여기에 익세와 조세 환급은 충돌하고 있어 곤란할 것이다.

그 밖에 소비의 생애에 걸친 견해는 지출세에 있어 소득과 소비는 그 크기에 있어 이자소득만을 제외한다면 동등하다는 견해를 내세우고 있는 것이다. 이러한 견해는 브래드포드 및 그의 추종자 와렌이 소득세와 장래 소비세는 동등하다는 견해를 주장하고 있는 것이다.

4) 선진국 사례 참조에 대한 답변

우리는 지금 세계화 시대에 살고 있다. 선진국 사례는 정책적으로 참고하되 우선 자국의 여건에서 선별적인 채택이 있어야 할 것이다. 특히, 세제라는 하나의 제도를 선진국에서 적용하고 있는 세법을 무조건 우리보다 앞서 가는 세법으로 볼 수도 없기 때문이다.

하나의 세법은 그 나라의 역사와 그 나라 납세자들의 세심(稅心) 내지 조세의식에 적합한 일종의 특수한 조세문화와 조세풍토의 산물임을 알아야 할 것이기 때문이다. 남이 한다고 이를 따라한다는 것은 진실을 외면한 사이비 모방적인 전문가일 수밖에 없는 것이다.

사실상 우리가 근대화를 촉진한다고 외국에서의 제도를 과대평가해 급속한 도입을 재촉하여, 특히 문화면에서 전통적인 미풍을 버리고 자유라는 명분으로 서구적인 제도라면 다 효율적이고 공평하다고 생각하는 지식인들이 많고, 정부 관료도 이런 사고에 집념해 오늘의 우리 사회문화제도는 진정한 근대화[7] 아니 한국인이 잘 사는 방법에 있어 진실된 길을 왜곡해 다른 길을 가고 있는지 의심스럽다.

싸움에서 이기려면 상대방과 나 자신을 먼저 정확히 안다면 백전백승이라고 한 손자병법을 생각해 보자. 자신을 알기란 상대방을 아는 것보다 그래도 쉬울 것이다. 왜냐하면 자신의 장단점은 자기 자신이 잘 알고 있기 때문이다.

여기에서 운위하는 주제는 지출세라는 서구에서 제시된 조세이론이다. 그런 세목이 한국에 도입된다면 어떤 이점과 단점이 나타날 것인가를 의례적인 연구는 불사하더라도 그런 방식의 사고로 그 추정되는 가치가 무엇인지를 알아내야 할 것이다.

만일 그 추정 가치가 한국의 조세풍토에 정착되어 재정구조에 안정적인 기조를 제시할 수 있다면, 즉 건전한 재정의 기반을 구축해 세수의 충분한 확보를 가능하게 하며 납세계층 간에 공평성이 실현되고 배분의 효율성과 세의 간편성이 강화될 수 있다면, 건전재정의 기초를 쌓아올릴 수 있다고 믿어 의심치 않을 것이다.

그러면 지출세가 양세라고 판단하는 미국에서 왜 이 세목이 도입되지 못하고 있는 것인가? 워싱턴에는 한국개발연구원(KDI)과 같은 경제연구소

7) 근대화의 개념은 원래 서구역사에서 쓰여지고 있는 개념으로, 즉 르네상스 이후 폐쇄된 서구문화의 봉건적 틀을 벗어나 보다 개방된 진취적인 사고를 받아들여 사회진보적인 사상에 기초한 개념으로 서구문명의 필연적인 시대사상으로 볼 수 있다. 이러한 서구적인 근대화는 동양사회에서는 볼 수도 없고 아니 그런 사상은 역사상 출현하지 않았다. 이에 동양사회에서의 근대화 개념은 흔히 남용되고 있음을 알아야 한다. 동양사회는 비록 식민지 생활에 고통을 받아 왔으나 그 문화가치는 전통적인 도의가치에 기초하고 있는 동양적인 토속적이고 민속적인 공동체적 정서로 충만되어 오늘에 이르고 있다 하겠다. 서구적 근대화 사상은 없다고 해야 하겠지만 우리는 자생적으로 잘 살아보겠다는 자력적이고 자구노력적인 운동이 근대화를 대신한다고 볼 수 있다. 이필우(2007), p. 394.

로 The Brookings Institute가 있다. 이 연구소에서 1980년도에 미국 세제에 관한 큰 심포지엄이 피치만(J. A. Pechman) 주재 하에 개최된 바 있다. 이 회의에는 영국의 칼도도 참여하여 지출세의 사회경제적 이점이 지적되어 긍정적이었다. 저축증대, 소득세의 이중과세 폐지, 조세의 초과부담 제거, 과세중립성, 현금흐름의 과표로 조세가피행태 제거, 인플레이션 조정 불필요, 세율적용의 공평성, 자본·노동시장의 효율성 증진 등 지출세의 긍정성은 압도적인 것으로 평가되었다.

이러한 논의에 대한 기여자는 브래드포드와 앤드류 그리고 그라츠(Michael J. Graetz)였다. 이 논의는 그 후 미국 재무성이 주관한 하나의 세제개혁안을 작성한 바 있다. 이것이 곧 US Department of Treasury, 1977, Blueprints for Basic Tax Reform, Washington이었다.[8)]

이러한 재무성의 세제개혁안은 미하원에 상정되어 토론에 붙여진 바 있다. 그 반응은 부정적이었다. 왜 그랬을까? 특히, 칼도적인 고전적인 지출세와는 달리 현금흐름의 지출세는 부동자산 및 금융자산의 등록이 불분명한 불리한 점도 있으며 현금흐름의 지출세(cash flow expenditure tax)인데도 왜 부정적이었을까?

그것은 아마도 세제의 단순성으로 납세자의 절세법 지원자들인 세법전문가의 업무영역이 축소되어 밥벌이가 안 될 것이기에 변호사가 대다수인 의회 의원들은 반대했을 것으로 생각된다.

이는 미국의 사정일 것이고 그 다음 해에는 영국에서 미드(Meade)의 세제개혁안이 역시 의회에 제시 소개되었다.[9)]

독일이나 프랑스에서는 이러한 지출세에 대해 소비세로 지향하는 세제는 이미 충분히 시행하고 있다. 이는 부가세가 그것을 말해 주고 있다. 서구에서 시작된 VAT는 최고세율로 적용되고 있어 소비세 중심의 세제이므

---

8) J. A. Pechman(1980).
9) J. E. Meade(1978).

로 굳이 지출세 도입으로 개혁의 비용을 치루지 않겠다는 입장이다. 특히, 덴마크는 높은 세율적용으로 40%의 부가세율을 적용해 소비세 위주의 세제운용을 하고 있다.

부가세와 지출세는 그 과세방식에 있어 다르다. 부가세는 간접세이지만 지출세는 직접세인 것이다. 직접세인 지출세는 종합과세될 수 있으며 개인의 부담능력을 고려한 공평과세가 가능하다.

우리는 오랜 세월에 걸쳐 식민지 생활을 하여 선진국의 모든 것을 모범으로 격상시켜 선진국 문물의 사대주의 사상에 푹 잠겨 있는 인상을 주고 있다. 지출세라는 신 세제가 인도와 스리랑카에서 도입하여 실패했는데 이를 영국이 도입하여 성공시킬 수 있는 것일까?

영국에서는 두 번에 걸쳐 의회(1978)에서 호응을 받지 못했으며, 미국에서도 1977년에 하원에서 부결되었다. 이런 지출세를 한국에 도입한다는 것은 적합하지 않다는 것이다. 의회에서 부결된 이유는 그 나라의 의정상의 정치적 관련성을 이해해야 할 것이며 이에 대한 추론은 정치학자도 아닌 저자로서는 불가능한 일이기에 다만 그 경제학적인 이유에 집중해 보도록 한다. 우리는 세계화에 있어 발전적이고 혁신적인 세제도입을 하나의 목표로 할 수 있다. 이러한 세제개혁의 꿈은 국제 경쟁에서 선두주자로 인정될 것이며 이를 포기하란 말인가?

그 이유는 아마도 신세 도입의 행정적·사회적 비용이 아닌가 싶다. 신 세법이 요구하는 새로운 행태는 징세행정 및 납세행정에 상당한 나름대로의 비용을 요구할 것이다. 하지만 소득세제에 비해 지출세는 오히려 그 비용은 적게 소요될 것이다.

왜냐하면 과표측정이 소득세의 경우 복잡하지만 지출세는 현금흐름의 크기로 인위적인 가감이 불가능해 그 투명성은 소득세와 비교할 수 없기 때문이다. 한편, 소득세는 세무전문가를 고용하여 절세에 집중하지만 지출세의 경우에는 현금흐름의 과표이므로 이를 인위적으로 변화시킬 수 없기

때문이다.[10)]

결과적으로 지출세제는 그 납세순응비나 징세비도 덜 소요되는 절약적인 단순한 세제인 것이다. 아니면 구세는 양세라고 현재 누리고 있는 세법상의 이득과 편익을 포기하고 싶지 않은 사욕에 집착한 나머지 지출세 도입을 부인하는 것은 아닌지?

이런 양세를 선진국에서 부인되는 이유를 당연한 것으로 수용하는 한국의 지성인 내지 재정관료들의 사대주의적 경제사상은 이 나라의 발전적인 민주화에의 길을 왜곡하고 있어 답답한 마음이다.

과거 우리도 할 수 있다는 굳센 극기(克己)의 마음으로 한강의 기적이 1970년대에 이룩되었음을 생각할 때, 지출세를 도입하여 성공을 기대할 수도 있다고 생각한다. 이러한 개혁의지는 선진국의 사례를 상관할 일이 아님을 인식해야 할 것이다. 공명정대한 나라살림의 틀을 한국이 먼저 세계에 보여주어야 하며, 우리도 이를 이룩할 수 있음을 마음 속으로 다짐해야 할 것이다. “하면 된다”라는 할 수 있다는 의지의 마음을 가져보자.

신 세제가 한국의 세금풍토에 잘 순응할 수 있도록 우선 납세자층의 충분한 이해와 세정관료의 지출세 합리성을 확인한 후 이의 도입을 위한 선행요건이 무엇인가를 탐구해야 할 것이다.

우리의 조세문화 정서가 신 세제를 수용할 수 있다면, 도입준비를 하여 나라살림의 규모를 국민의 세부담상의 적절성을 감안하여 결정해야 할 것이며, 국민적 문화정서에 적합한 건전재정 질서를 창출함이 우리의 세제운용의 도리가 아닌가 생각된다.

10) David N. Hyman(2008), p. 631.

【제10장】

공락소비세 도입의 당위성

1. 시대론적 당위성
2. 조세론 및 경제론적 당위성
3. 한국인의 문화정서론적 당위성

한국의 세제는 지출세 도입으로 개혁해야 한다. 왜 지출세의 도입을 해야 되는가? 그 도입의 당위성은 다음의 세 가지로 나누인다. 첫째, 시대론적 당위성, 둘째 조세론적 당위성, 셋째 민족정서론적 당위성으로 나누어 논의하고자 한다.

1. 시대론적 당위성

시대는 변화하여 지금 우리는 세계가 하나인 글로벌 세대에 살고 있다. 이러한 글로벌 세계화는 우리의 모든 생활질서를 바꾸어 놓고 있다. 이는 우리의 문물 생활질서에 현저한 변화를 가져다 주고 있다. 식생활, 주거문화, 여가생활, 금융자산의 관리, 교육제도, 민주정치의 제도화, 정보의 전산화 등 무수히 많다.

여기에 더해 일상생활에 해를 주는 자연재해, 지진, 사막의 풍랑, 해일, 화산폭발, 대형 산불, 토네이도, 폭우의 장기화, 폭설의 대형화, 북극의 빙산 해빙으로 해상수위의 저하 등 지구는 그 생명을 다 하고 지구피괴로 쇠잔해지고 있음은 세계화 시대에 우리 인류는 또 하나의 고통을 겪어야만 하는 것이다.

사회경제적으로는 적게 낳고 오래 사는 고령화 사회가 다가와 문제를 야기시키고 있으며, 이에 고용기회는 축소되고 청장년의 실업자 수는 증대하고 있으며 빈부격차도 확대되고 있어 문제가 되고 있다.

이런 자연적이고 인위적인 변화에서 제외될 수 없는 분야는 역시 문명발전에 기여하는 기술변화에 있다. 의술의 발전, 이동기술의 개발(자동차, 전동차, 비행기 등), 우주과학의 발달, 전자산업의 발달, 유전자 줄기세포의 연구개발 등 인류의 문명은 더욱 가속화되어 이제는 손가락 하나의 움직임으로 세상을 가늠하고 이해할 수 있는 디지털시대가 온 것이다.

정보통신의 디지털화는 백과사전도 필요 없으며, 도서관도 필요 없으며, PC를 휴대하는 한 침대에서 거실에서 찻집에서 어디에서나 창의적인 작업을 할 수 있게 되었다. 이에 따라 우리의 정보 내지 재화상품의 이전 유통속도도 전자화되어 신속하고 빠르게 진전되고 있다.

이러한 글로벌한 세계경제 질서는 사실상 불안한 결과를 초래하고 있다. 이러한 세기적 새 시대의 변화는 우리의 문물제도를 엄청 다른 차원으로 변화시키고 있음을 이해해야 할 것이다. 주지하는 바와 같이 우리는 지난날 세계경제의 주축이라고 할 수 있는 미국경제의 부차적 주택융자의 부도(subprime mortgage debt)로 인한 금융위기로 인해 주변국에게 주는 부정적 외부성은 역시 금융의 위기상황에 시달렸다(한국의 2008년). 뿐만 아니라 그 이전인 1997년에는 한국의 외환위기로 역경을 치루기도 했으며 최근에는 금융위기를 넘어서 재정위기로 국가부채의 문제를 떠안게 되었다(2011년 북구 및 서유럽 제국의 재정위기의 주변국 전파효과는 심각하다).

세계화 경제질서는 아직 정착되지 않은 불안한 질서임에도 주변국으로서 잔존하는 한국경제는 과연 어디를 향해 나가는 것인지를 분명히 인식해야 할 것이다. 불안한 체제 속에서 우왕좌왕하는 한국경제가 잔존할 수 있는 유일한 길은, 그래도 근검절약 정신으로 정직하고 바른 마음으로 각자의 몫을 나름대로 본분을 지킨다면 그래도 연명할 수 있으며 소멸되지 않고 잔존해 발전을 위한 자기의 길을 헤쳐 나갈 수 있다고 사료되는 것이다.

아무튼 21세기라는 새 시대는 자연적 재난, 인위적 재난이 인류생활을 위협하고 있음은 사실이다. 그러나 한 가지 우리 삶의 편익을 증진시키고 있는 것은 전자디지털의 발달이다. 이로 인해 서로간의 주고받는 정보의 속도와 폭을 확대시켜 주어 우리의 삶을 효율화시키고 있다. 이는 우리의 삶의 접촉빈도(net work)를 높여 사람들 사이의 정보교환은 무한대로 확대되어 서로간의 연계고리를 증가시켜 서로 협조적이고 나누는 삶을 촉진시켜 하나가 되는 세상인 공동체 사회를 촉진시키고 있는 것은 아닌지?[1] 이런 재난과 문물의 발달은 우리 삶의 양식에 분명 큰 변화를 일으키고 있는 것이다. 결국 우리는 큰 변화의 시대를 열어 가고 있는 것이다. 그러한 변화의 시대의 특성은 어떻게 나타나고 있는 것인가?

디지털 중심의 기술개발은 생산면에서 노동집약형에서 기술집약형으로 바뀌어 실업자는 증가하고 교육비는 상승하였다. 삶의 양식이 변한 것이다. 젊은 층의 간편주의는 저출산과 독신생활을 즐기며, 의술의 발달로 생명은 연장되어 노령화 사회가 촉발되었다. 이와 관련한 정부대책은 각양각색이지만 결과는 정책수행을 위한 자금이 추가로 소요되는 재정적 과제로 이행되고 있는 것이다. 재정적 압박은 결국 국민의 호주머니를 털어서라도 세금은 더 거두어 우선 급한 일자리 창출에 복지정책에 소요되는 재원을 조달해야 되는 것이다.

이러한 변화의 시대는 우리의 세계관을 뒤집어 놓고 있다. 이제는 그 어떤 획일화된 진부한 절대성 원리는 부인되고 있다. 보다 다양하고 상대적인 아니 사회적으로 심미적인 가치를 추구함이 새 시대의 가치와 진리임을 보여 주고 있다. 특히, 경제생활에 있어 앞에서도 지적한 바와 같이 함께 나누는 삶을 규범화하고 있는 것이다. 기부하고 못사는 소외층에 소득이전을 통해 함께 나누며 사는 공동체 사회를 구현하는 상생정신이 개발되고 있는 것이다. 여기에서 주목할 것은 이제는 버는 소득도 중요하지만 번 돈을 어디에다 무엇을 위해 쓸 것인가를 중시하는 씀씀이의 시대가 다가온 것이다.

따라서 "버는 돈이 중요한 것이 아니고 번 돈을 어떻게 쓸 것인가"의 지출행태가 중시되는 세상이 온 것이 아닌가 생각된다. 그것은 소득의 시대가 아니라 소비의 시대를 말한다. 요즘 넘쳐 흐르는 소비의 크기는 우리의 소비욕구를 충족시켜 주고 있으며 이러한 소비욕구의 충족으로 만족하며

1) Jeremy Rifkin(2001), Rachel Bostman and Roo Rogers(2010).

낙을 누린다고도 볼 수 있다.

이제 이러한 즐거움의 낙은 혼자만이 누릴 것이 아니며 기왕이면 다른 사람들과 함께 나누어 그 즐거움을 함께 누리기를 바라고 있는 것이다. 즉, 공생을 통해 동고동락하는 함께하는 공동체 사회는 어떤 재난도 극복할 수 있는 힘이 될 것이기 때문이다. 우리는 함께 하는 힘을 모아 우리의 잔존가치는 물론 생존의 불멸과 삶의 끊임없는 지속성을 영구히 보장할 수 있다. 이것이 바로 함께 하는 공동체의 힘임을 명백히 인식해야 할 것이다.

우리는 지금 획일화된 절대성의 시대에 살고 있지 않으며 그보다는 창의력과 개혁이 돌출하는 다양화 시대에 살고 있어 항시 변화의 추세에 적합한 자기행태를 수정하면서 역동적으로 살고 있는 것이다.

이러한 변화하는 시대에 또 다양화한 시대에 있어 나라의 살림규모는 날로 증가하지 않을 수 없다. 이는 결과적으로 국민이 나라살림에 대한 조세부담을 더 많이 할 수밖에 없는 입장에 놓이게 된 것이다. 그러면 이렇게 늘어나는 재정수입을 어떻게 충당할 것인가? 쉽게 생각해서 그것은 소득세나 법인세를 더 거두면 될 것으로 걱정할 필요가 없는 것으로 생각할 수도 있다. 그러나 큰 정부에 대한 반대는 학계에서도 부정적이며 작은 재정규모로 알찬 지출정책으로 건전재정을 운위하는 견해가 지배되고 있다.

따라서 우리의 세제는 과거의 틀에서 이제는 빠져 나와 새로운 틀로 이행할 필요가 있는 것이다. 버는 소득이 과표의 중심이 될 수 없는 것이다. 소득보다 이 시대에 적합한 과표는 소득이 아니라 소비가 되어야 할 것이다. 변화하는 시대에 세금의 틀도 변화해야 할 것이다. 그것은 바로 과표의 전환에 있으며 소득으로부터 소비로 바꾸어야 함을 그 당위성으로 제시하는 것이다. 이제 이러한 당위성을 더 깊이 조세 쪽으로 다가가 논의해 보자.

2. 조세론 및 경제론적 당위성

이제 세금과 관련하여 왜 지출세를 도입해야 되는가를 얘기해 보자. 우선 무엇보다도 납세자 부담의 이점을 들어야 할 것이다. 앞서 언급한 바와 같이 지출세제는 과표를 소비 그것도 포괄적인 종합소비의 크기를 그 과표로 하고 있다. 쉽게 표현하여 종합소득세에 대해 종합소비세를 도입하자는 것이다.

왜냐하면 과표의 기준이 담세력(ability to pay tax)이다. 그것은 소득에 있으며 따라서 소득을 과표로 하여 과세하는 것이 공평하다는 것이다.[2] 그러나 이러한 견해는 단기적이며 장기적으로 볼 때 역시 소득보다는 소비할 수 있는 힘이 세금을 부담할 수 있는 저력으로 역할한다는 것을 주장한다.

소비는 개인의 영구소득 수준에 따라 그 크기가 결정된다. 즉, 지금 당장의 소득수준도 그 기준이 될 터이지만 그래도 현금 외에 부동산이나 금융자산을 넉넉하게 보유한 소비자는 장래 소득창출의 원천을 믿고 더 많은 소비를 할 수 있기 때문이다.

따라서 현재 소비성향이나 규모는 현재 소득이 그 기준이 되고 있지 않으며 오히려 장래의 영구소득 수준을 기준으로 하고 있다는 것이다. 이렇게 본다면 역시 소득보다는 현재의 소비규모를 직접 세금의 부과의 과표로 삼는 것이 정확하며 바르다고 해야 할 것이다. 왜냐하면 장래 영구소득을 기초로 한 현재 소비는 높기 때문이며 따라서 영구적인 담세력은 현재 소득이 아니라 현재 소비가 되어야 할 것이기 때문이다.[3]

그러므로 담세력의 기준은 소득이 아니라 소비가 되어야 한다는 것이

2) Richard Goode(1980), pp. 49~73.
3) David N. Hyman(2008), p. 624.

다. 그래서 소비의 크기를 과표로 해야 한다는 것이다.

그뿐이랴? 이보다 더욱 중요한 결정적인 지출세의 당위성은 저축을 비과세한다는 점이다. 즉, 알고 있듯이 현행 소득세는 이중과세를 강요하고 있다. 일반 서민들은 애써 번 소득을 아껴 쓰며 소비하지 않고 절약정신으로 은행에 예금하여 이자소득을 늘려 집장만이라도 하겠다는 의지로 살고 있다. 그런데 이러한 근검절약적인 서민의 미덕에 물을 끼얹어 근검절약 정신을 얕잡아 보는 정부의 채찍은 바로 이자소득세인 것이다.

이는 주지하는 바와 같이 근로소득세는 직장에서 원천과세되어 세금을 완납한다. 그런데 그 소득의 일부를 은행에 저축하자 이자소득이 나온다고 다시 세금을 매기고 있음은 이중과세가 아니고 무엇인가?

그래서 우리가 도입하고자 하는 지출세는 바로 이러한 부당한 이중과세를 철폐하자는 것이며 결국 저축예금에 대한 과세를 하지 않는 것이 지출세인 것이다. 먼저 우리는 왜 세금의 과표가 소득이 아니고 소비이어야 함은 그 시대적 의미도 있다. 앞에서 이미 지적한 바와 같이 우리는 지금 대량 소비시대에 살고 있다. 그러한 소비양태는 소득이라는 주어진 제약선을 초과해 소비를 즐기고 있는 것이다. 그래서 가계의 빚은 큰 문제이기도 하다. 이러한 현상은 미국에서도 마찬가지다. 벌어들이는 소득의 크기보다 쓰는 소비가 더 많아 결과적으로 가계부채를 늘리고 있는 것이 미국의 민간경제인 것이다.

이렇게 씀씀이가 너무 지나치게 늘고 있는 불균형 상태에서 근검절약의 정신을 되찾아 건전가계를 유도하기 위해서도 소득에서가 아니라 소비에서 그 해결책을 찾아야 할 것이며, 결국 세금은 소비를 그 과표로 삼아 과세하는 것이 바르다고 생각하는 것이다.

한편, 지출세를 역진적인 세금으로 비난하는데 사실 지출세는 부가세와 같은 간접세가 아니며 소득세와 같이 직접세인 것이다. 즉, 1년에 한 번씩 내는 세금을 연말 정산을 거쳐 납세함은 개인적인 사정을 충분히 고려하여 공제조치를 적용 후 납세하도록 되어 있는 것이다. 따라서 지출세의 역진성은 상당수준에서 조정되어 공평한 세제로 볼 수 있다.

전년에 있어 얼마만큼의 소비를 했는지 소득 신고 대신 소비 신고를 하게 되어 있어 공제조치를 통해 역진성을 모면할 수 있는 것이다. 결국 지출세는 누진과세될 수 있다.

특히나 과표산출의 문제가 지출세에서는 크게 줄어든다. 소득세의 경우 순자산증가의 측정의 어려움은 과표설정의 난제로 부각되고 있는데 지출세의 경우는 소비를 과표로 그대로 사용할 수 있어 우선 과표측정상의 불확실성이 없을 것이며 단순하고 투명하고 편한 세제로 인정되고 있다 하겠다.

대체로 1년에 걸친 가계지출의 변화는 거의 매년 같을 것이므로 사실상의 측정이 불필요하다고 볼 수 있다. 한편, 퇴직 후 연금을 위한 저축은 비과세하고 있으나 그 저축된 기금을 인출하면 그에 대해 과세하도록 하는 것이다.[4] 결국 퇴직연금을 위한 저축은 비과세되며 그 이자소득도 은행계좌에 예치된 이상 비과세될 것이다. 그러나 이러한 연금기금을 계좌에서 인출하면 그 다음은 이를 소비로 간취하여 과세를 하도록 되어 있다. 즉, 저축된 예금은 현금화되어 소비행동의 길을 유도하게 되며 이는 세금으로 과세가 당연하다는 것이다. 다음에서는 지출세의 공평성에 대한 보다 경제학적인 효율성 면에서 접근해 보자.[5]

우선 소득세는 일단 과표로 결정되면 납세자는 그 크기에 대해 불평하며 이의신청을 하여 과세액을 축소하려 할 것이다. 이러한 사례를 조정하기 위해 주변에 있는 세무사와 변호사의 전문적인 지략으로 자문을 받아야 하

---

4) 그 연금저축기금을 만일 60세 이전에 인출해 소비하는 경우 소비세는 물론 10%의 과태료를 납부하도록 하는 것이 미국의 세법이다. David N. Hyman(2008), p. 626.

5) 이런 연금기금은 정부가 지출증대에 사용하고 있어 복지제도의 어려움을 가져오고 있다. 그러나 혹자는 조세 외적 수입을 활용해 재정위기에 대비할 것을 건의한다. Gene Park(2011), p. 178f.

기 때문에 납세자의 납세순응비용은 늘어날 수밖에 없다. 한편, 세법에 대한 납세자의 국세청에 대한 수정요청은 항시 조세법률주의에 입각한 입헌국의 이념만을 고집하고 있어 더 세금을 많이 징세하려는 세수극대화의 세법으로 무장한 입헌주의적인 "제왕적 거대 징세국"(Leviathan)으로 행세할 뿐이다. 결과는 피나는 노력으로 납부하는 납세자의 세금이 국민의 복지를 위해 쓴다기보다 정부의 권리수호로 위장된 각종 기구의 유지관리 및 포퓰리즘적 지출, 수다한 낭비적인 지출 등에 여념이 없는 나라살림은 국가부채를 증가시켜 그 함정에서 헛물을 켜며 헤어나지 못하고 있는 것이다.[6] 헛물만 매기는 이 거대 징세왕국인 현대판 Leviathan은 먹어도 먹어도 그 욕구충족은 한계가 없어 문제가 되고 있는 것이다. 그래서 오늘날 공공선택학파는 현대국가의 Leviathan적 징세의 힘을 자제하고 세금의 징세력을 약화시킬 것을 주장하는 것이다.

어쨌든 지출세의 당위성을 조세론적 관점에서 얘기한다면 다음처럼 정리될 수 있다. 첫째, 소득세는 그 지불능력을 일정 시점에서 국한시켜 제한된 능력을 나타내어 불공평하다. 즉, 지불능력을 장래의 영구소득으로 확장시켜 진정한 지불능력을 기준으로 하여 과세할 때 바른 조세부담을 가져올 것이다. 재산이 많은 사람은 소득이 줄더라도 그 소비는 줄지 않을 것이다. 그래서 생애소득은 생애소비에서 본 소비세가 과세될 때 진정한 지불능력이 과세에 적용될 수 있는 것이다.

둘째, 소득세는 우리의 소득을 이중과세하고 있다. 근소세를 낸 후 근검절약하여 저축을 하면 여기에 다시 이자소득세를 또 과세하고 있기 때문이다.

---

6) Geoffrey Brennan and James M. Buchanan(1980), pp. 13~19. 한국의 경우 국세심판원과 같은 기구는 전문성을 갖춘 기구로 내세우는데 세금이 잘못되었으면 그런 시정은 감사원에서도 할 수 있다고 생각한다. 이러한 기구는 조세법률주의를 수호하기 위한 독단적인 기구이며 납세자의 세금부담만 중과시키는 결과를 가져오고 있어 결과적으로 징세비용의 증가만을 가져 오고 있는 것이다.

셋째, 아직 실현되지도 않은 자본소득에 과세하고 있어 부담이 되고 있다. 즉, 발생소득(accrued income)에, 즉 땅값이 올랐다고 소득이 새로이 발생하였다고 보는 것이다. 아직은 팔아야 실현되는 소득(realized income)에 대해 과세하지 않고 있다. 소득이 실현되어야 세금을 낼 수 있는 담세력이 발생할 것이다. 동시에 자기 수고로 성취한 귀속소득(imputed income)은 실현된 소득임에도 불구하고 이는 과표에 포함시키지 않고 있어 문제가 되고 있다.

넷째, 소득세제 하에서는 인플레이션으로 인한 가치조정을 필요로 하나 소비세 하에서는 그럴 필요가 없다.

다섯째, 세금이 과세되어야 할 과세표준은 소득이 아니라 소비가 되어야 할 것이다. 왜냐하면 진정한 담세력은 소득에 있지 않고 소비에 있기 때문이다. 지금 당장 소득은 10이지만 소비는 15를 하고 있음은 장래에 15의 소득수준을 기대할 수 있기 때문이며 기대된 소득은 곧 소비로 대체된 담세력이기 때문이다.

한편, 장기적인 담세력은 역시 소비에 있지 소득에 있다고 볼 수 없는 것이다. 즉, 1년이라는 단기간의 담세력과 예를 들어 10년이라는 장래 기대된 소득수준에 기초한 소비는 실질적인 담세력으로 보아야 할 것이기 때문이다.

이러한 견해는 지출세의 조세론적 이념이 되고 있으며 이러한 견해의 내용은 칼도의 *An Expenditure Tax*에서 보는 바와 같이 처음에서 끝까지 흐르고 있는 공평과세의 조세사상 흐름을 볼 수 있는 것이다.

1) 현금흐름의 조세는 보편적인 포괄적 소비세이다

이런 상황에서 소비에 종합과세하는 것은 저축만 다를 뿐 소득의 종합과세와는 하등 다를 것이 없는 것이다. 저축행동은 쓰고 싶은 욕구를 억제하여 소비하지 않고 장래의 소비를 위해 현재의 욕구를 희생시켜 이룩되는 것이다. 이렇게 해서 결국 투자의 밑천이 되는 자본을 축척하는 것이다. 세상에 공짜가 어디 있는가? 현재 소비욕구를 포기하고 장래의 욕구를 충족시키기 위한 것이며 이렇게 해서 자본을 형성해 부를 증가시킬 수 있는 것이다.

이러한 축적으로 장래 소비를 늘려 번영을 가져올 것이며 또 남을 위해 함께 나눌 수 있는 분배의 힘을 축적으로부터 얻을 수 있는 것이다. 그래서 자본의 축적은 후에 이룩되는 소득을 나누어 주는 분배의 밑거름으로 하나의 사회정의로 보아야 마땅함을 하버드의 산델(Sandel)은 주장하는 것이다. 저축과 자본형성은 하나의 사회재(common good)이며 기초재(infra goods)이기도 하다. 이러한 분배의 밑거름이 되며 소비욕구의 충족수단이 되며 장래 경제적 번영을 가져오는 소득보다 여유로움을 추구하는 마음에 대해 과세하지는 않고 있는 것은, 그런 저축행동은 심미적으로 미적 감각을 주는 아름다움이 있기에 이에 대한 과세는 하지 않고 있다. 그것은 매우 도의적이고 윤리적인 차원의 국가정책임을 찬양하지 않을 수 없는 것이다.[7)]

칼도에 따르면 지불능력은 현재의 소득의 크기보다는 장래 소비를 창출할 수 있는 소득인 저축의 크기이어야 함을 주장한다.[8)] 저축은 장래 소비의 크기를 증가시켜 번영을 약속하며 현재의 지불능력이라기보다 평생의 지불능력을 발휘하는 것이 저축을 포함하는 장래에 기대되는 평생의 생애 자본소득을 그 지불능력으로 보아야 할 것이다. 그러므로 지불능력이란 장

---

7) Michael J. Sandel(2009), pp. 263~268.

8) 칼도에 따르면 소득과 소비의 담세력은 잠겨 있는 돈뭉치(stock)와 돈흐름(flow)의 차이라고 하면서 전자는 그 크기가 고정적이지만 후자는 배당소득, 기부, 자산소득 등 가외로 얻는 소득이 있으므로 개인마다 다르며, 따라서 고정적인 소득보다 유동적인 지출의 흐름이 담세력에 있어 더 크다는 것을 논증하고 있다. N. Kaldor, (1955), p. 30f.

래 평생을 거쳐 자원 생산성의 크기에 의해 결정되는 것이 올바르다는 것이다.

2) 저축의 비과세는 미래로 연체된 세금임: 소비시 과세됨

이러한 저축에 대한 비과세는 사실상 지연된 과세라고 한다(defferd tax, deffering tax burdens). 즉, 언제고 이런 저축액은 후에 소비를 위해 빼서 쓸 것이며 계좌에서 인출되는 정기예금은 즉시 과세되는 것이다. 그러므로 저축에 대한 비과세는 그 세금도 저축해 미래의 정부수입을 보장하고 있다고 볼 수 있다.

이러한 세금징수의 유예는 다음 세금징수기까지 세액의 이자비용을 납세자가 누리게 되어 국민편익을 주고 있다고 볼 수 있다. 대신 개인은 과표로 공제되는 저축비용의 감소로 근검절약 정신이 생겨 장래의 자본축적을 증가시켜 번영의 기초를 확충시킬 수 있는 것이다.

3) 예금인출시 즉시 소비세 과세

어쨌든 이러한 정기예금이 만일 해지된다면, 즉 예금을 빼 다른 목적을 위해 지출한다면 이는 소비로 보아 지출세를 과세하도록 되어 있다. 그러나 이때 그 지출의 목적이 연금이나 퇴직금의 기여금 납부의 경우에는 이를 역시 비과세하여 노후보장을 위한 인간자본을 보호하도록 하고 있는 것이다.

한편, 정기예금의 불시인출 등 비정규적인 인출시에는 그에 해당한 벌칙적인 불리한 조치(penalties for early withdrawal)가 취해지고 있다. 그러나 이러한 불리한 조치는 현행 소득세제 하에서 시행되고 있을 뿐 여기에 지출세의 경우에서는 이러한 불리한 벌칙적인 조치는 적용되지 않고 있는 것이다. 그 대신 지출세에서는 인출한 저축에 대해서는 지출세를 과세할 뿐이다. 그러니까 비정규적인 예금인출시 이자율의 감소를 적용하나 지출세의 경우 이자율은 정상으로 유지하되 인출된 액수에 대한 과세만이 있을 뿐이다.

당좌예금(checking account)으로 예치된 예금은 일종의 요구불예금으로 볼 수 있으며 이러한 예금은 저축으로 간주할 수 없다. 여기에서 저축으로 간주되는 예금은 정기예금을 말한다. 그러나 이자소득에 대해 지출세는 과세되지 않으며 또 하나의 지연된 조세의 혜택을 받는 것이다. 특히, 당좌예금의 이자소득은 역시 과세되지 않고 있다.

4) 부채는 과세: 부채상환에는 비과세

부채는 현금소득의 추가로 볼 수 있으며 따라서 현금흐름의 증가인 소득으로 보아, 즉 현금흐름으로 보아 과세를 한다. 그러나 반대로 부채를 상환하는 경우 이는 소비로 빠져 나가는 흐름의 감소는 아니며 이는 자기 구매력을 감소시키면서 한편 자기 구매력의 독립성을 확보하는 행동이므로 이를 과표에서 공제하는 것이다.

5) 내구재 구입은 과세함: 저축이 아님

가계의 내구재(냉장고, 세탁기, PC, 자동차, 청소기, 에어컨 등) 구입에는 과세하도록 한다. 이는 고전적인 칼도적 지출세에서는 비과세되는 것으로 결정하였다. 이런 점이 미국의 현금흐름 지출세가 지니는 특성이기도 하다. 이유는 내구재 구입이 저축이 될 수는 없다는 것이다.

저축은 어떤 의미에서 소비재의 사전적 원천으로 볼 수 있으나 내구재 자체는 저축의 사후적 결정체로 볼 수 있다. 즉, 내구재는 사후적으로 이전된 소비재인 것이다. 따라서 소비세인 지출세가 부과되어야 한다.

고전적 지출세에서 내구재 자체는 저축의 연장선적 개념으로 보고 이를 비과세 처리하였던 것이다. 한편, 현금흐름의 지출세는 인간자본을 위한 투자에도 세제배려를 아끼지 않고 있다. 물리적 자본의 투자는 감가상각의 우대조치와 함께 세제면에서 저축행동과 함께 잘 배려되고 있다. 그러나 인간자본에 대한 세제배려가 결여되고 있다.

따라서 현금흐름의 지출세는 이를 충분히 배려하는 조치를 취하고 있다. 고령자 근로자를 예로 들어 보자. 이들은 1기에 물리적 자본의 보호를 위해 많은 세금을 납부했는데 늙어서는 2기에 소비의 크기는 더 늘어날 것이다. 증가소비에 대해 또 많은 세금을 부담해야 한다.

노령인구도 하나의 인간자본으로 볼 때 이의 보호·유지는 사회적으로 유익함을 인식해야 한다. 따라서 이러한 노령인구에 대한 지출세의 배려가 필요하다. 그 대안의 하나로 이들에 대한 과표공제로 세부담을 경감시켜 주어야 할 것이다.[9]

6) 소득세와 지출세의 부담상의 차이: 지출세의 공평성

지금 A와 B라는 젊은 근로자가 있다고 가정하자. 이 두 사람은 월급도 같고 아무 자본도 없는 근로소득만을 유일한 소득원으로 살고 있다. 이들이 내는 세금은 수평적 공평에 따른 과세로 둘이 똑같은 조세부담을 하고 있다. 소득원은 오직 근로소득밖에 없다. 이런 상황에서 그가 앞으로 더 소비할 수 있는 유일한 방법은 저축밖에 없다. 물론 더 많이 소비하여 더 부자가 되어야 하는데 큰 유산도 없고 남으로부터의 지원이나 기부도 없다고 하자. 이런 경우 그가 장래 소비수준을 상승시켜 생활수준을 높이자면 오직 현재 씀씀이를 줄여 저축을 하는 도리밖에 없을 것이다.

9) David N. Hyman(2008), p. 632.

자본이란 결국 현재 소비를 줄이고 덜 쓰는 데서 오는 불편함을 참고 견뎌 내는 인내심의 결정체로 볼 수 있는 것이다. 지출세는 저축자에 대한 차별적인 부담을 제거해 주어 오히려 자본축적의 길을 열어 주어 근검절약자를 우대해 주는 도의적 정당성을 보여주고 있는 것이다. 그런데 소득세하에서는 저축소득에 과세할 뿐 아니라 그 이자소득에 과세를 하여 이중으로 세금을 징수하며 서민의 절약정신을 마비시키는 불륜적인 처사로 볼 수 밖에 없는 것이다. 이러한 이자소득세는 물가상승으로 그 실질가치는 상대적으로 떨어지고 있는데 인플레이션의 조정 없이 과세되어 물가상승분을 그대로 세부담하여 손실을 가져오고 있는 것이다. 이제 이러한 사례를 다음에서 숫자를 통해 보다 구체적으로 이해해 보자.

장래 소비를 증가시키기 위해서는 저축밖에 없다. 소비증가의 결정적 수단은 저축밖에 없는 것이다. 저축이란 지금 당장의 씀씀이를 줄인다는 것을 뜻한다. 즉, 현재 소비욕구를 희생하고 장래의 번영을 촉진하기 위해 저축행동이 나오는 것이다. 이는 소비욕구의 지연을 말하며 저축 또는 자본이란 미래지향적 개념으로 보아야 하며 지금 현재의 몫보다는 장래의 더 큰 몫을 위해 저축하는 지연된 욕구의 산물로 볼 수 있는 것이다.

그래서 이러한 저축의 크기가 지니는 현재가치, 즉 장래에 실현될 소득의 증가분을 현재에 이자가 붙는 상태에서 보면 그 금액은 장래보다 적을 것이다. 그러니까 자본의 현재가치는 이자율을 할인해야 하며 그래서 밑천은 10이지만 이가 남아 장래에 13이 될 수도 있다. 우리는 여기에서 저축의 현재가치를 이자율이 10%인 경우에 얼마가 소득세가 되는가를 계산해 보고자 한다. 다음은 저축하지 않는 개인 A의 소득세의 현재가치를 나타내고 있다.

$$Ta=6{,}000\text{달러}+6{,}000\text{달러}/(1+0.1)$$
$$=6{,}000\text{달러}+5{,}455\text{달러}=11{,}455\text{달러}$$

그리하여 소득세는 담세력을 개인의 기술능력과 자본소유 등을 그 기준으로 삼아 결정하여 저축을 한 개인에게도 저축분이 포함되어 과세가 되는 것이다. 이는 차라리 저축하지 않고 써버리면 과표에 포함되지 않아 세금을 덜 내는 결과를 초래한다. 다시 말해, 소비하고 낭비하는 소비자가 세금을 덜 내며 그렇지 않고 근검절약 정신으로 저축한 사람이 세금을 더 내고 있는 도의적 상식선에서 부당한 과세방식이 아닐 수 없는 것이다. 그러므로 생애자본소득은 사람에 따라 다 다를 것이기에 그것은 다양하다는 것이다.[10)]

이 개인은 전 생애를 2기로 나누고 있다. 즉, 젊어서 일하여 벌고 퇴직 후 늙어서는 연금으로 생활한다 하자. 그래서 전 생애는 1기분과 2기분으로 나뉜다. 1기에서의 세금은 6,000달러의 소득세액이 되고 있다. 소득이 30,000달러인데 세율이 20%이니까 6,000달러의 소득세액이 된다. 이는 생애 1기분 소득세에 해당한다. 그런데 2기에서의 소득도 30,000달러가 되고 있으며 그에 대한 소득세도 6,000달러가 될 것이지만, 이자소득 500달러가 추가되어 그에 대한 세율 20%를 적용 2기에 세액은 6,100달러가 될 것이다. 그 현재가치는 A보다 많은 5,455달러가 되고 있다.

2기에 내는 소득세액을 이자율로 할인한 값으로 1기 세액의 현재가치보다 클 것이다. 그러므로 저축자 Bt가 비저축자 At보다 그 현재가치에 있어 90달러가 더 많은 것이다. 일반적으로 저축을 하는 사람이 소득세 하에서 이자소득세로 인해 그 세부담은 비저축자보다 많은 것은 당연하다. 그러나 세법을 지출세로 바꾼다면 저축자나 비저축자의 세금부담은 공평성을 나타내고 있다.

만일 Bt가 저축을 하지 않는다면 소비세 부담은 A, B가 같을 것이다. 그러나 Bt가 저축을 한다면, 비례세로 과세한다면 그 부담상의 공평성은 보장될 것이다. 물론 두 사람의 세액은 다를 것이다. 저축을 하는 Bt가 2

10) David N. Hyman(2008), p. 626.

기에는 At보다 더 많은 세금을 낼 것이다. 특히, B는 이자소득으로 인해 구매력이 늘어 이를 계좌에서 인출하면 소비세는 늘 것이다. B의 이러한 지출세의 증가는 저축의 연체된 세금으로 볼 수 있다.

그런데 저축을 한 B의 경우를 보자. 만일 B가 소득 30,000달러이어서 5,000달러를 저축한다면 35,000달러를 소비할 수 있으며, 여기에 10%의 이자소득을 포함하면, 즉 500달러가 더해져 총 35,500달러를 소비할 수 있다. 2기의 추가소득, 즉 저축분 500달러로 인해 1기에는 6,000달러의 세금을 내지만 2기에는 500달러의 이자소득에 20%의 세율적용으로 100달러가 추가로 늘어 세금액은 6,100달러로 늘어날 것이다.

2기에 증가한 소득세액의 현재가치는 저축을 하지 않은 A(At)의 그것에 비해 더 큰 것으로 나타나고 있다.

Tb=6,000달러+6,100달러/(1+0.1)
=6,000달러+5,545달러=11,545달러

결국 저축자가, 즉 B가 내는 세금이 A보다 90달러를 더 많이 내며 세액의 현재가치도 더 큰 것으로 나타나고 있는 것이다. 이렇게 되면 저축한 개인은 소득에 따른 세액이 추가되어 불공평하다고 할 수 있다. 물론 이자소득을 제외한다면 그런 불공평성은 제거될 것이다.

하지만 이런 경우에 과표를 소득으로 하지 않고 소비로 바꾼다면 어떻게 될 것인지? 그렇게 되면 주지하다시피 과표는 적어질 것이다. 즉, 소비란 소득에서 저축이 빠지므로 저축액만큼 과표는 적어질 것이며 결과적으로 세액은 감소할 것이다. 저축액은 물론 과표에서 공제되는데 여기에는 조건이 있다.

공제되는 저축이란 은행에 예금되어 있어야 하며 그것도 단순한 요구불예금인 넣었다 빼었다 하는 예금은 저축으로 인정되지 않고 있는 것이다.

여기에서의 저축이란 공적으로 인정된 금융기관에 예치된 일정 기간의 정기예금이어야 한다. 이를 자격 있는 적법한 계좌(qualified asccounts)라고 칭하고 있다. 자격 있는 계좌의 예금은 매년 정기이자소득이 나오며 현금흐름의 지출세는 저축원금을 포함한 이자소득에도 비과세하는 것이다.[11)]

지출세수는 소득세수보다 작을 것이다. 왜냐하면 지출세는 저축된 소득부분은 비과세하므로 저축시에는 소득세수보다 작을 것이다. 어쨌든 지금 지출세가 과세된다면 소득은 소비와 소비에 대한 조세를 더한 크기가 될 것이다.

소득=소비+소비세액

그런데 그의 소득은 30,000달러이며 이에 대한 지출세율은 20%라 하자. 그러면 30,000달러=C+0.2C가 될 것이며 소비는 25,000달러이며 지출세는 5,000달러가 될 것이다. 이는 두 기간에 1기와 2기의 조세액은 동등한 것이다. 그리하여 두 기간에 조세의 현재가치는 다음과 같을 것이다.

At=5,000달러+5,000달러/1.1=5,954,545

이제 저축을 하는 B의 경우를 보자. 1기의 소비는 C1이며 2기의 소비는 C2이다. 그러나 C1의 소비는 C2의 소비보다 작을 것이다. 왜냐하면 C2의 소비는 이자소득이 추가로 늘어나 이의 인출은 소비를 증가시킬 것이다. 이 이자소득은 1기에 저축의 결과 생긴 것이다.

1기의 저축은 5,000달러라고 하자. 그의 소득의 크기는 1기에 소비와 소비세 및 저축을 합한 금액으로 성립할 것이다. 즉,

---

11) 이에 관한 상세한 조치는 다음을 참조할 것. U. S. Treasury(1977), pp. 114~143.

소득=소비+소비세+저축

그리하여 이는

30,000달러=C1+0.2C1+5,000달러

그래서 1기에 소비액은 2,083,333달러이다. 이 소비에 대한 세금은 416,666달러이다.

이제 2기에 그는 저축분 전부를 이자소득을 포함해 모두 계좌에서 인출한다. 이자율은 10%이다. 결과적으로 그의 소득은 저축분만큼 적어질 것이다. 이를 부(負)의 저축이라고 할 수 있다. 부의 저축액은 정확히 5,500달러가 되고 있다. 우리는 여기에서 2기의 소비를 알 수 있으며 동시에 2기에 소비세를 알아낼 수 있다.

30,000달러=C2+0.2C2−5,500달러

가 될 것이다. 그래서 2기 소비의 크기는 2,958,333달러이며 2기 지출세는 591,667달러가 되고 있다. 이제 저축자의 세금액의 현재가치는 다음 식에서 얻을 수 있다.

416,666달러+591,667달러/1.1=954,545달러

이러한 저축자의 조세의 현재가치는 비저축자의 현재가치와 하등 다르지 않고 있다. 즉, 비저축자 A의 조세의 현재가치는 954,545달러이었으며 저축자 B의 조세의 현재가치도 954,545달러로 나타나 있는 것이다. 결국 이는 소비세가 시장가치의 객관성을 지키고 있는 효율적이고 배분의 왜곡

성을 주지 않는 중립적인 조세임을 입증하고 있는 것이다.

그런데 세수확보에 있어 지출세의 경우 소득세수를 하회하고 있어 문제가 되는 것이다. 왜냐하면 지출세는 저축분에 대한 비과세 조치로 세수가 감소되고 있기 때문이다. 그러나 2기에 소비로 저축액이 전환되면 그러한 세수차질을 만회할 수 있다. 그러나 1기에 세수차질은 불가피하다.

1기에 세수차질을 막기 위해 필요한 것은 결국 세율을 인상하는 것이다. 세수차질의 정도에 따르는 세율을 인상해야 할 것이다. 사실상 1기에 개인은 저축분에 대한 세금은 내지 않는다. 그러나 2기에 가서 이자소득세를 내야 하며 이자소득은 이자소득세만큼 줄어든다.

저축자가 받을 수 있는 과세 후 이자소득은 $rN=(1-t)rG$이다. rG는 총이자소득이며 t는 이자소득세율을 말한다. 결국 지출세는 소득의 크기에 따라 과세하되 그 과표는 근로소득의 크기에 따라, 즉 지불능력에 따라 저축자건 비저축자이건 간에 그 과세방식은 같은 것이다. 이렇게 볼 때 포괄적 소비세는 근로소득에 대한 과세로 볼 수 있으며 그 세율은 단일세율(flat tax rate)이 적용되는 것이 특징이라고 볼 수 있다. 포괄적 소비세 하에서 저축자는 이자소득세를 내지 않는다. 그러나 저축자가 그 이자소득을 계좌에서 인출하여 소비로 사용하면 이는 곧 과세가 되는 것이다. 이때의 이자소득세는 바로 1기에서 이자소득세를 납부하지 않고 그 세금이 2기로 지연된 것으로 볼 수 있으며 2기의 소비세는 저축으로 발생된 이자소득에 대한 세금을 늦게나마 대신 납부한다는 의미를 지니고 있는 것이다.

이자소득이 가득되었을 시 이에 대해 과세할 수는 없다. 소비가 아니고 소득이 발생한 사실에 대해 과세할 수는 없는 것이다. 또한 이런 세율은 단일세로 과세하되 시장에서 이자소득에 대해 왜곡배분 되지는 않고 있다고 볼 수 있다.

지출세 하에서 저축을 하면 1기에 면세되나 2기에 소비자금으로 전환되면 직시 과세된다. 이는 1기에 내야 할 세금이 2기로 지연되어 후에 내는, 즉 후납하는 것으로 볼 수 있다. 그래서 브래드포드는 1기에 내는 소비세는 선납소비세(pre-paid consumption tax)-조세선납(tax prepayment)이라 했으며, 2기에 내는 세금을 후납소비세(post-paid consumption tax)라고 칭하고 있다.[12)]

결국 저축은 1기에 그에 대한 세금을 미래로 지연시켜 낼 뿐이며 이러한 세금후납은 소비세법 하에서만 가능한 것임을 알아야 할 것이다. 즉, 소비세제는 현재의 납세의무를 후기로 연장할 수 있는 힘을 지니고 있다.

7) 포괄적 소득 vs 포괄적 소비

포괄적으로 과세함은 대상의 일부만을 다루지 않고 전부를 빠짐없이 특정 대상을 다룬다는 의미를 지닐 것이다. 그러니까 특정 범주 내에 포함된 대상은 모두 다 취급한다는 포괄적인 의미를 담고 있다 하겠다.

포괄적 소득(comprehensive income)이란 앞에서도 누차 살펴본 바와 같이 소비액과 순자산가치의 증가(저축)의 누계를 뜻한다. 이에 대해 포괄적 소비(comprehensive consumption)란 소비액에서 순자산의 누증인 저축분을 뺀 크기를 말한다. 즉, 이는 두 조세의 과세표준인 과표(tax base)가 되는 것이다.

여기에서 소득세와 소비세의 차이점은 바로 세무행정상의 간편성에 있다 할 것이다. 즉, 소비세가 소득세보다 훨씬 간편하고 단순한 세제인 것이다. 즉, 과표의 크기를 결정하는 기준이 소득세에는 여러 가지 다양하며 복잡하고 인위적이다. 가령 소득세의 경우 자산의 양도가치를 발생소득으로 할 것인지 실현된 가치로 할 것인지 논란이 제기되며 "다운계약서"로 위장하여 피세하려 할 것이고 양도차익의 정확한 신고는 징세비를 상승시켜 문제가 되고 있다.

그러나 소비세의 경우 양도차익에 대한 과세는 없으며 소비 자체에 과

12) David F. Bradford(2000), p. 70.

세하는 세금이므로 과세시점은 자산의 판매로 인해 돈이 판매자에게 현금으로 입금되는 시점에 과세가 되는 것이다. 따라서 현금흐름에 과세되므로 자본이득의 측정은 당초에 없어서 행정면에서 우선 간편하고 단순한 세제인 것이다.

한편, 소득세제 하에서는 양도차익의 측정에 있어 물가상승률을 감안한 실질가격을 적용해야 하므로 납세자와의 동의가 쉽지 않아 행정상의 난점을 제기하고 있다 하겠다. 어쨌든 미국에는 물가조정 감세방법(인덱세이션)이 있어 불공평성이 없다 하지만 그 행정비용은 높다 하겠다.[13)]

그러나 소비세의 경우 자산의 양도가치에 대해 과세하지는 않으며 그 차익이 현금으로 전환되는 시점에서 소비세가 출동해 과세하게 되며 이때 그 과표는 현금화된 전액이 되며 이는 소비로서의 과표로 보는 것이다. 여기에서 양도차익은 소비세에서 관여할 일이 아니며 그 차익의 흐름이 소비로 현금화되었을 때 이에 과세하는 것이다. 결국 그 흐름의 크기는 시장에서의 가격흐름의 크기에 의해 세금이 결정된다. 이러한 결정에 물가변동은 하등의 역할을 배제하고 있어 시장의 시가 그 자체는 이미 물가변동의 여파를 다 담고 있어 공평한 크기라는 사실이다.[14)]

소비세에서 이점은 순자산 증가인 모든 금융자산의 증가에 대해 과표에서 공제를 받게 되어 있다. 주식, 배당소득, 이자소득 등은 모두 공제 혜택을 받아 역진성의 비난을 받을 것이다. 이 밖에도 물리적 자본인 부동산 가치 증대에도 예로서 토지 건물, 재고의 증가 및 증권, 주식배당, 이자 등은 과표에서 공제된다.[15)]

---

13) M. Friedman(1974).

14) David N. Hyman(2008), p. 630.

15) 그러나 이러한 금융자산에 대한 비과세 조치는 재무성안(1977)에 기초한 것으로 후에 제시된 1987년의 앤드류나 아론 등의 안은 이와는 반대로 모든 금융자산의 소득은 현금흐름의 조세로 과세하고 있다. 후장에서 논의될 것임. Henry Aaron and Harvey Galper(1987), p. 113.

한편, 소비자의 주택구입, 자동차 등 내구재에 대해서는 앞서 지적한 바와 같이 과세하도록 한다. 이러한 내구재는 그 생명이 오래 지속되며 일시의 소비로 소멸되지 않는 특성을 지니고 있다. 그래서 이러한 소비생명의 장기화는 일종의 자산형성으로 자산가치의 증가로 볼 수도 있어 칼도의 고전적인 지출세에서는 저축으로 간주 비과세하도록 하고 있는 것이다.

그러나 현금흐름의 소비세에서는 이러한 내구재에 대해 소비세로 과세하고 있다. 가령 지금 집 한 채를 지었거나 구매했다고 하자. 주택의 소비생명은 장기간으로 자산가치의 증대로 볼 수 있지만 주택의 소유는 결국 그 주택 안에서 주거생활을 하고 있어 이는 소비행태에 지나지 않아 소비세를 납부하도록 하고 있는 것이다.

한편, 주택소유자가 세를 놓을 수 있다. 그렇다 하더라도 이는 소비행동으로 보아 주택소유자에게 과세해야 한다는 것이다. 여기에서 주의할 것은 아무리 현금흐름의 내구소비재라 하더라도 거기에는 생활필수품인 청소기, 냉장고, 세탁기와 같은 생필품에는 비과세해야 할 것이다.

그러나 담보대출하여 구입한 주택소비세는 세금을 일시에 징수하지 않고 불황시 상환연체에 따라 납세의 분할을 허용하고 있다. 고가의 내구재에 대한 과세는 그 구입가에 대한 일정 비율로 과세하도록 한다.

특히, 퇴직연금의 기금 적립은 역시 저축으로 간주하여 비과세하도록 한다. 그러나 사망시 유산상속은 죽음의 최종소비로 간주하여 역시 소비세로 과세한다. 부채는 과세하며 부채상환은 과세하지 않는다.

8) 동등세수 확보를 위한 소비세율의 단일화

소득세와 소비세가 동등한 평률세율을 적용한다고 가정하자. 그런데 만일 저축을 한다면 소비세의 과표는 작아져 소득세보다 그 세수규모는 감소할 것이다. 그래서 같은 세수를 확보하기 위해서는 우선 소비세율을 인상해야 할 것이다.

만일 저축이 소득의 20%를 증가했다면 소비세 도입 후 소득은 증가하지 않고 저축액만큼 작아질 것이다. 따라서 줄어든 소득에 대한 세금수입은 감소할 것이다. 이것이 소비세제의 난점이다. 저축을 비과세하기 때문이다. 이를 만회하자면 평률적인 소비세율(a flat rate consumption tax)을 25% 인상 적용해야 할 것이다. 그래야 소비세수는 소득세 적용시 징세한 규모의 세수를 확보할 수 있는 것이다. 즉, 소득의 20%를 저축으로 돌리면 소득의 크기는 80으로 감소할 것이며 그 크기는 소비의 125%가 될 것이다.

$$\text{조세수입} = tiI = tc(0.8)I$$

$$1.25ti = tc$$

여기에서 ti는 소득세율이며 tc는 소비세율이며 I는 소득이다. 이렇게 소비세율이 인상되었을 때 세수는 종전과 같이 확보되어 정부로서는 만족할 것이지만 이로 인한 민간시장의 배분 왜곡을 가져올 수도 있는 것이다. 다음에서 이에 대한 설명을 해 보자.

9) 시장에서의 지출세의 저축 초과부담 효과

동등세수를 확보하기 위해 소비세율을 인상 과세해도 이것이 자본시장에 하등의 저해효과를 주지 않고 있다. 왜냐하면 소비세제 하에서 이자소득에 대한 과세는 배제하고 있기 때문이다. 그러나 그 이자소득이 유동화(liquidate)되어, 즉 소비로 인해 현금화된다면 이는 그간의 저축으로(이자소득) 유보 지연된 세금을 정부에 후납하는 의미를 지니고 있는 것이다. 소비세는 이 경우 비과세된 소득세를 대체하고 있다는 사실이다.

그리하여 소비세의 세율인상으로 인한 그 어떤 시장거래상의 초과부담

그림 10-1	소비세의 투자효과

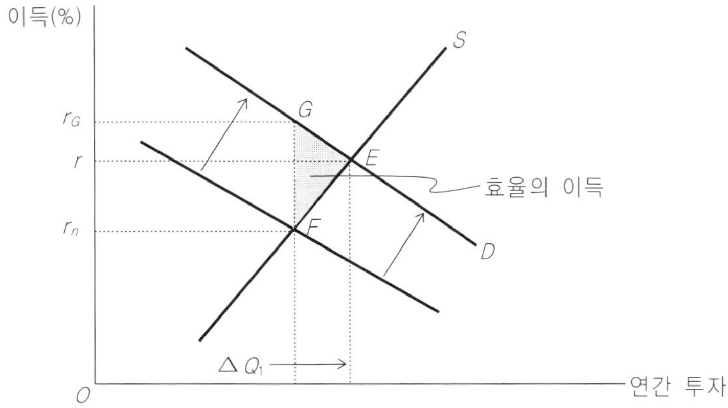

이나 왜곡효과는 없다. 즉, 현재 소비와 장래 소비의 선택적인 왜곡효과는 전무하다. 이를 논증해 보자.

모자라는 세수를 만회하기 위해 소비세율을 인상한 결과 기업의 수익률은 그만큼 떨어질 것이고 이는 이자율의 하락으로 반영될 것이다. 그러나 그러한 하락은 투자함수의 금융효과가 발생할 것이다. 즉, 금리가 싸지면 돈값이 떨어져 투자는 오히려 확대된다는 것이다. 이를 도표로 표현하면 〈그림 10-1〉과 같다.

10) 소비세의 노동시장에 대한 효과

세수차질을 만회하기 위해 소비세율을 인상하면 이는 기업으로서는 임금을 하락시킬 것이고 또한 시장에서의 생필품 가격도 오를 것이므로 노동자에게는 이런저런 피해가 예상된다. 결국 정부의 이득은 민간의 후생상실을 감수해야 가능한 것이다.

이런 상황에서 노동시장에서는 더 열심히 일하려는 노동의지가 약화될 것이다. 즉, 근로자의 노동/여가 선택은 일을 하지 않고 여가를 선호하는 배분의 왜곡현상을 결과할 것이다. 노동시장의 이와 같은 왜곡현상은 배분의 비효율성을 가져올 것이다.

소비세율을 125% 정도 인상해야만 소득세제 하에서 실현될 수 있는 세수를 확보한다는 것이다. 이런 경우 근로자는 그의 임금세액을 25% 더 증가시킨 세부담을 하게 되어 있기 때문이다. 즉, 이를 〈그림 10-2〉에서 보기로 한다.

〈그림 10-2〉에서 보는 바와 같이 세율변동 이전의 노동시장의 균형은 B점에서 유지되고 있다. 이 균형점에서 임금수준은 W_O에서 결정되고 있다. 노동공급은 OL_1이 공급되고 있다. 소득세제 하에서 과세 후 임금소득은 W_O에서 W_{n1}으로 떨어지고 있다. 이때 조임금수입은 $WG(1-t_1)$으로 감소하고 있음을 알 수 있다. 그래서 균형점은 B에서 C로 이동하고 있다.

여기에서 과세 후 순임금소득은 OWN_1가 되고 있다. 노동공급은 L_1에서 L_2로 감소되고 있다. 노동시장에서의 효율성 상실의 크기는 ABC가

그림 10-2 소비세의 노동효과

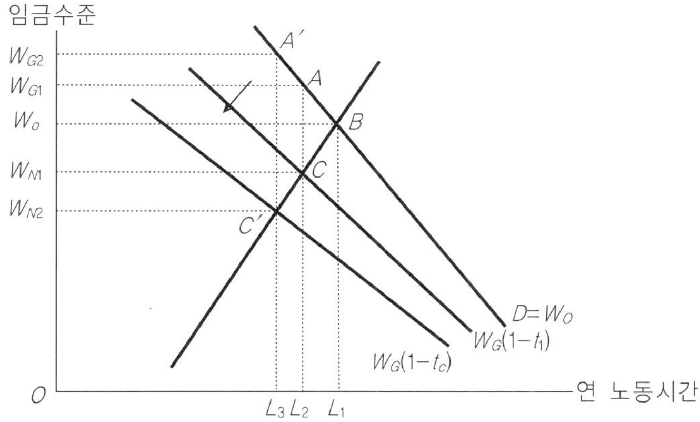

되고 있다. 이러한 노동공급의 감소는 임금세율의 인상으로 인한 반응으로 볼 수 있다.

만일 소비세율을 더 인상한다면, 즉 t_c로 올린다면 순임금률은 Wn_2가 되며 조임금률은 $WG(1-t_c)$가 되고 있다. 그리하여 노동공급은 L_2에서 L_3으로 감소하고 있으며 시장의 균형은 C''에서 결정되고 있다. 효율성 감소의 크기는 $A'BC'$이다.

그러나 이러한 노동시장의 초과부담은 세금부담의 증가에 기인한 것이지만 장기적으로는 거시적인 경제효율성이 있다는 것이다. 왜냐하면 세율인상 대신 저축이 증가해 투자의 증대로 이어져 오히려 노동의 자본장비율은 더 증대할 것이며, 즉 자본장비율이 높은 노동은 그 생산성을 고도화하여 경제의 고도성장에 기여할 것이라는 점이다.

소득세율이 인상되면 노동공급은 감소된다. 그러나 지출세가 도입되면 비과세되었던 저축이 투자로 이어져 생산을 증가시키며, 한편 노동장비율도 고도화되어 생산성을 증가시킬 것이다. 한편, 빈부격차의 해소는 지출세율의 고저로 조정해 재분배수단으로도 이용될 수 있어 좋은 것이다.

3. 한국인의 문화정서론적 당위성

다음에서는 지출세 도입의 당위성을 한국인의 정서 측면에서 접근하여 지출세라는 세금의 도입이 당연하다는 사실을 논증해 보기로 하겠다. 지금까지 우리가 고찰한 내용은 주로 시대적인 배경 및 조세론적·경제론적 측면에서 지출세 도입의 당위성에 대해 얘기해 보았다. 이러한 논의는 비교적 사회과학적 논리에 기초한 합리적인 내용으로 집약되고 있어 이해의 어려움이 별로 없었다고 본다. 그러나 마지막으로 다루려고 하는 측면은 그런 논리적 합리성과는 거리가 있는 한국인 국민의 마음에 들어와야 그 어떤 제도개혁도 성공할 수 있는 것으로 보아, 여기에서는 납세자인 국민, 아니 납세자 이 나라 국민의 마음에 새로운 세금제도가 들어와 수긍하고 받아들여질 수 있어야 그 도입이 가능하다고 생각된다.

그런 국민의 마음을 헤아리기 위해 우선 국민이 늘 옳다고 생각하는 마음이라고 할 수 있는 문화적 정서에 대해 얘기하고자 하는 것이다. 우선 정서란 무엇을 말하는가? 그것은 저자의 소견으로는 어떤 일 또는 사건에 대한 사람의 감정, 즉 느낌이며 그러한 정서는 혼자만의 느낌이 아니고 누구나 같은 느낌인 공감으로 나타나는 것이 정서의 특징이기도 하다.

그래서 정서의 개념은 하나의 집단적인 개념이며 이는 하나의 공감이며 그 사회문화를 배경으로 한 상식적인 느낌을 말한다고 볼 수 있다. 이러한 상식적인 느낌은 그 사회의 역사와 전통문화 가치를 근거로 하고 있어 누구나 수긍할 수 있는 상식적인 공감이어야 함을 강조하고자 한다.

우선 한국인의 정서는 대체 어떠한 것들이 있으며 그 중에서도 여기에서 논의하는 지출세 도입과 관련한 긍정적인 느낌은 어떤 정서와 연결되고 있는지를 생각해 보고자 한다.

1) 한국인의 정서 울타리

우선 정서란 문화적이고 역사성과 전통문화의 습성에서 생겨난 국민의 공통적인 국민적 감정이라고 할 수 있다. 하지만 이를 이기론(理氣論)으로 풀어 보자면 역시 4단7정(四端七情)이라는 옛 얘기를 무시할 수 없지 않나 생각한다.

고려조 말에 도입된 성리학은 이조에 와서는 4단7정(四端七情)이라는 논쟁으로 탁상공론을 거듭하다 이이 율곡시대에 와서야 기발이승론(氣發二乘論)의 일원주의(一元主義)적인 느낌 위주의 행동철학은 바로 우리의 정서접근에 큰 도움이 되지 않나 생각되는 것이다. 이러한 감정 위주의 경제행동 원리는 요즈음 서구에서도 한참 유행되고 있음을 볼 때 우리 한민족의 지혜는 서구의 지혜에 앞서 있음을 증명하고 있는 것이다.[16)]

이러한 한국인의 상식적인 국민적 정서는 무엇일까? 이러한 정서는 비록 느낌이긴 하지만 그 느낌이 바르다는 이(理, reason)에 근거하고 있어 결국 율곡의 기발이승론을 다시 한 번 뒷받침하고 있음을 깨닫게 된다. 즉, 느낌은 기(氣)에서 나오는 감정이지만 이러한 느낌은 역시 옳고 바르다는 이(理)라는 문화가치가 뒷받침하여 느낌은 더욱 안정화될 수 있으며, 그래서 기라는 느낌으로 출발했지만 그 출발은 이라는 전통적인 가치와 철학이 함께 하여 밀어 주고 있어(氣發二乘) 어떤 하나의 느낌을 마음 속에 굳게 담고 있는 것이다. 정서의 형성과정을 이기(理氣)철학으로 접근해 보았다.

이런 심리적 과정을 현대 심리론에서는 인지접근(認知接近, recognition approach)이라고 해서 주어진 마음을 논리적으로 설명하기도 한다. 그러면 과연 한국 사람들의 정서는 구체적으로 어떤 것으로 구성되고 있을까?

저자는 이에 대해 전통적이고 보편적인 우리의 문화가치를 찾아보면서 거기에서 상식화된 우리의 사회문화적이고 상식적인 느낌이 무엇인가를 찾아보았다. 4단칠정(四端七情)에서 느낌은 분명 7정(七情)에 속한다. 즉, 희로애락사공욕(喜怒哀樂思恐慾) 등 일곱 가지 느낌을 말하지만 이러한 느낌은 항시 그것이 국민적 정서의 차원이 되려면 역시 바르다는 이가 뒷받침되어 있어야 그 기, 즉 느낌은 사회적으로 공감을 가져올 것이다.

1919년 유관순이라는 어린 여학생이 일제탄압으로 독립만세운동 중에 희생되었는데 오늘날 국민적 영웅으로 추대하는 정서는 국민적이고 상식적인 우리의 역사가치라고 볼 수 있는 것이다. 이렇게 상식적인 정서는 율곡의 기발이승론(氣發理乘論)을 그대로 따르고 있음을 인정해야 할 것이다. 이

---

16) Uwe Jean Heuser(2008); Economia Emotiva(2006); Michael Shermer(2008); 이필우(2006a), p. 106.

와 함께 하는 바른 느낌의 정서는 공감을 가져와 우리 사회를 하나의 아늑한 울타리로 감싸 주어 문화적인 공동체를 만들어 주고 있는 것이다.

그래서 우리의 정부정책도 이런 국민적 공감인 정서의 마음에 잘 어울리는 제도를 입법화할 때 그것은 잘 적응되어 공정한 룰로서의 제도화로 진화·발전할 수 있을 것이다.

도둑질을 하고 약탈적인 자에 대해서는 마땅히 체포하여 법에 따른 처벌을 해야 국민은 안심을 할 것이다. 이것은 사회악에 대한 우리의 상식적인 정서이며 만일 이런 악에 대한 처리가 잘 안 되고 있다면 우리의 정서는 크게 상처를 받으면서 나라에 불평할 것이다.

한국인의 전통적 정서는 아마도 유교가치에 기반을 두면서 오늘날에는 여기에 서구문물의 도입으로 아류적인 정서도 있지만, 그래도 정통가치를 외면하는 정서는 사회적 호응을 못 받게 될 것이다. 예로서 제례는 한국의 전통적인 관습인데 요즈음에는 젊은 사람들이 참여하지 않는 경우도 있고, 기독교문화가 제례문화를 거부하며 대신 추도식으로 대체되기도 한다.

그래도 한민족의 상식적인 정서의 근거는 인의예지(仁義禮智)라는 4단(四端)에 있지 않나 생각된다. 우리의 사회구조는 이러한 전통적 덕목가치로 외연적인 무장이 있다면 결국 옛날부터 전해 오는 덕목을 부인할 수 없으며, 아무리 서구에서 유학을 하고 자본주의 경제의 시장적 개미일지라도 경쟁적인 이기적 행태에 빠지면서도 전통가치인 4단(四端)의 덕목가치는 이악스런 이기심을 억제하도록 하는 채찍질에, 마음은 자꾸 상식적인 정서로 회귀하려고 하는 느낌을 받을 수도 있는 것이다. 이러한 상식적인 느낌의 정서는 4단(四端)을 통해 보다 건실한 시장질서의 진화를 위해 기여할 것이다.

적어도 한국인의 선악가치의 판단기준은 인의예지신(仁義禮智信)이라는 전통적인 동양문화의 사회적 덕목이며 이러한 가치의 테두리 안에서 우리의 느낌의 마음은 자유롭게 순환하며 운동하고 있다고 생각한다.

그런데 그러한 느낌의 마음은 어디까지나 정감(情感)을 지닌 따듯한 마음이며 그래서 정서(情緖)라고 한다. 정은 따듯한 마음이며 이는 차고 냉철한 논리를 지니고 있다. 정서란 희로애락이라는 기의 느낌의 실마리가 되는 정의 뿌리를 말해주고 있다. 그 뿌리는 결국 이로서 4단(四端)을 지칭하며 이 4단(四端)이 7정(七情)이라는 기를 이 4단(四端)이 울타리가 되어 밖으로 나가 유목민이 되지 않도록 막아 주고 보호해 주고 있는 것이다.

우리 정서의 보호자 그것은 다름 아닌 유교적 덕목이라고 볼 수 있는 인의예지신이라고 보아도 틀림이 없을 것이다.

자본주의의 참 모습은 200여 년 후에 어떻게 비치고 있을 것인가? 세계경제는 그간 많이 발전했으나, 2000년대로 들어와 금융위기, 재정위기 등 민간시장의 주축을 이루는 금융시장이 무너지고, 거기에 나라살림에 이르기까지 바닥나 바야흐로 자본주의는 그 종말의 길을 걷지 않나 하는 위기를 감지하지 않을 수 없다. 여기에 이제는 자본주의에 대한 불평을 월가, 워싱턴, 런던, 파리 등 대량의 시위대는 폭증하고 있어 불안하기 그지 없다.

200여 년 전 자본주의 경제학의 대부인 애덤 스미스(Adam Smith)는 시장에서의 경쟁, 돈 버는 사업의 확장, 이기심 추구 등을 찬양했으며 이런 행동은 그의 정서에 긍정적인 문화가치로 받아들였다. 그런데 200년 후의 그 결과는 "월가를 점령하자"는 세계적인 시위이다. 그가 이를 보았다면 어떻게 반응했을까?

그러나 약 2000년 전에 동양의 철인 맹자는 인간이 불행해지는 일 중에는 돈만 버는 직업이라고 했으며 축재를 무한정으로 추구하는 사람이라고 하였다. 이에 대해 우리는 축재를 해야 개인적으로 사회적으로 좋을 것이지만 경쟁 룰을 어기면서까지 지나친 축재를 한다면 이는 독점으로 약육강식의 결과를 가져와 자본주의 질서는 비난을 받게 되는 것은 아닌지?

이 두 학자 간의 의견 중 어느 편에 우리의 상식적인 정서가 갈 것인지 한 번쯤 생각해 보는 것도 좋을 것이다. 한편, 우리는 동양적인 정서 중에서 잊지 말아야 할 부분은 역시 유교에서 강조되어 온 중용의 마음이다.

특히, 서양의 철학자들이 이구동성으로 찬양하는 덕목은 바로 이 중용에 있다.[17)]

조화사상으로서의 중용은 한국인 정서의 울타리에는 확고히 정착해 있으면서도 국회의 난장판 편가름은 무엇인가. 우리의 정서는 아직도 사회정의에 대한 자기희생이 무엇인지 깨닫지 못하고 있는 것 같다. 어쨌든 극과 극을 피하고 모두가 만족할 수 있는 중용사상은 우리 문화 속에 깊숙이 내려앉은 정서의 윤리적 사상이라고 볼 수 있다.

2) 납세계층별 조세정서의 유형화

여기에서는 세금과 관련된 정서를 다루고자 한다. 그런데 세금을 내는 납세자 중에도 납세에 관심이 있는 사람들은 역시 사업을 한다든지 재산을 많이 소유하고 있다든지 부나 재물을 많이 소유한 가진 자들이라고 해야 할 것이다.

그래서 우리는 이런 가진 자들의 납세층을 다시 유형화해 사업자층, 지식층, 남녀별, 청년층, 장년층 등 여러 가지로 나누어 볼 수 있다. 일본에서의 10, 5, 3(도, 고, 상)이란 유행어는 바로 조세부담의 계층별 불공평을 말해 주고 있다. 즉, 근로자 서민은 세금을 100% 바르게 내는 데 이에 반해 농민은 농사수입에 대한 조세액의 약 반 정도를 부담한다는 것이다. 이에 대해 사업자의 조세부담은 세액의 30% 정도를 부담하고 있다는 사실이다. 돈을 많이 버는 사업자가 세금부담은 제일 적어 조세정의에 어긋나는 조세제도의 부당성은 일본에서는 10, 5, 3으로 대변되고 있는 것이다. 10, 5, 3의 정치경제학적인 의미는 큰 것으로 그 조세와 관련한 국민정서는 이

17) Alexander Simpkins and Annellen Simpkins(2000), pp. 67~72; 차상원(1986), pp. 145~151. 서양 사상에도 고대 희랍 철학에서 중용의 조화 사상을 강조하고 있으나 그의 정서적인 의미는 동양이 더 크지 않나 생각하는 것이다.

에 대해 어떻게 반응하고 있으며 재정당국의 전략은 무엇이지에 대해 궁금하지 않을 수 없다.

이와 관련하여 우리의 실정은 어떠한가? 정확한 숫자는 말하기 힘들지만 우리의 세부담도 일본의 세태와 유사성을 띠는 것은 아닌지? 그러한 조세의 세태문화는 한국에서도 유사한 것으로 나타나고 있음은 언론에도 보도되고 있는 것이다.

부유세(buffett tax rule) 또는 탐욕스런 고소득자에 대한 세금공격을 통해 사회적으로 추락시키는 조세전략이 필요하다는 한나라당 의원의 발언도 있었다(중앙일보, 2011.11.8). 이로 미루어보아 우리의 조세정서도 갈 데까지 다 가지 않았나 하는 극한상황이 아닌가 하는 의심이 든다.

우선 한국의 납세자층을 직업별·학력별·연령별·지역별에 이르기까지 그 유형을 가려낼 수 있다. 우선 이런 유형을 추론적인 관점에서 전망(perspective)한 시각으로 접근해 볼 것이다.

이런 유형을 떠나 한국 전체적인 납세자군의 정서에 대해 얘기해 보자. 이는 역사문화적인 체험을 통해 재정당국에 대한 국민의 태도는 세금학정(虐政)으로 인해 부정적이라고 해야 할 것이다. 조선조 말까지 아전을 통한 세정은 지방의 한계적인 농민에게 공물방납(貢物防納), 가승미(加升米) 등으로 인한 가렴주구적(苛斂誅求的)인 세정으로 관청은 부정시되었다.

그래서 한국인의 전통적 심성은 요즘에 이르기까지 반관료적이라며 반관성향(反官性向)이 강하다는 것이 전문가의 평이다.[18] 호구조사시 신분상승으로 기재되어 몸돈[身錢]을 요구하였으며 탈세나 탈역(脫役)을 핑계 삼아 수뢰를 요구하였으며, 부가미(浮價米), 타석미(打石米), 화전세(火田稅), 노비세(奴婢稅), 무당세 등의 세정은 백성을 죽이는 가렴주구적 악정에 시달려야 하였다. 여기에서 백성의 반관료적 조세의식이 발생하는 것은 당연하고 필연적이었다.

---

18) 이규태(1999), p. 158.

정부에 대해 보통 서민들이 느끼는 정은 서민에게 세금 매겨 돈을 거두어 들이는 비정한 곳으로 생각한다. 물론 그것이 공적으로 필요해서 징세한다는 사실을 수긍하면서도 세법을 심하게 적용하여 도를 넘어 불만스럽고 근친한 정은 없다고 해야 할 것이다. 오히려 근친이라기보다 혹시 잘못을 고발당하지 않나 경계하는 입장이 앞서는 것을 어쩔 것인지?

그러나 21세기 현세대로 내려오면 우리 민족의 대정부에 대한 의식은 신명론적(神命論的)인 국가위주의 사상이 1997년 외환위기시에 나타난 것을 볼 수 있다. 금을 가지고 나온 사람들의 마음은 오직 국운을 지켜 나라가 있어야 내가 있다는 국가지상론적인 사상이라기보다는 문화요 마음의 정서를 보여주었음은, 나라를 위하는 마음은 역시 도가적인 문화에 연유되고 있는 것은 아닌지 묻고 싶다.

외환위기시에 사람들의 금보따리의 헌납은 국가지상주의로 나라를 위해서는 나의 희생은 영광으로 받아드리겠다는 애국심이요 공을 위한 자기희생정신이기도 하다. 이러한 자기 희생정신이 세금을 내는 경우에도 발휘될 수 있다면 얼마나 좋을까?

세심이나 공심은 다 같은 범주에 속하는 개념으로 볼 수 있지만 공심은 절대성을 지니며 세심은 납세자와 재정당국 간에 하나의 교환관계를 지니는 마음일 것이다. 여기에 납세자 전체의 세금정서는 계층에 따라 유형에 따라, 즉 연령에 따라 직업에 따라 지역에 따라 교육수준에 따라 다 다를 것이라고 확신하는 것이다.

그렇더라도 한국인의 세심은 어디 있는지 한 번쯤 생각해 볼 일이다. 그래서 저자는 한국납세자연합회(사)를 1999년에 창립하고 납세자들의 세금과 관련한 태도를 조사한 바 있다. 여기에서 밝혀진 것은 납세에 있어 세무공무원의 권위적인 태도에 협조에 앞서 이탈감을 느껴 반정부적인 느낌을 받지 않을 수 없다는 것이다.[19)]

---

19) 한국납세자연합회(사)(2002), p. 10; 이필우(2006b), p. 28; G. Schmölders(1970).

전체적인 납세자의 정서는 그래도 그 가렴주구적인 이조말기의 수탈적인 세정을 겪으면서도 조선족의 세심은 나라에 순종하는 충성심에 따라 내라면 내는 무저항적 세심을 보여주었으며, 일본 제국주의 하에서의 식민지적 학정에도 순종적인 세심으로 이어져 오늘에 이르고 있다.

그러나 군사독재시대를 거쳐 1990년대 민주화 과정을 체험한 한국인의 세심의 주요 변화는 세금의 대가로서 공공재 편익을 의식하기 시작했으며, 이는 재정당국의 권위적인 행정에서 보다 납세자를 위한 민주적인 재정운용의 분위기를 촉진시키고 있는 것이다.[20]

다음에서는 납세자층의 유형별 조세정서를 살펴보기로 하자.

3) 납세자층의 유형별 조세정서

이러한 세금과 관련된 마음을 헤아림에 있어 역점을 둘 것은 무엇보다도 종합소비세라는 직접소비세를 도입함에 있어 어떤 생각을 하고 있는지를 살펴볼 것이다. 이에 있어 저자는 어떤 형식의 설문조사를 완전 배제하였으며 대신 본인의 이에 관한 상식적이고 때로는 전문적인 개념체계를 통해, 특히 직관과 추리적인 탐구로 납세자들의 다양한 마음을 헤아려 보고자 한다.

(1) 안주유형의 조세정서

"구세(舊稅)가 명세(名稅)다"라고 주장하는 사람들은 주로 재정당국의 관료로 볼 수 있다. 재정관료들은 어쨌든 현행의 세제를 유지하면서 세수확보에 효율화를 추구할 것이다. 이 유형에 속하는 납세자들은 대기업을 위시해서 상업운영에 큰 차질 없이 성공한 사업가일 것이다. 이 유형에 속하는

---

20) 이필우(2006b), p. 26.

납세자들의 공통점은 현재수준에 만족하며 현행 세법에 큰 불만 없이 마진(margin) 결정에 적절한 세부담을 하고 있다. 이러한 안주유형의 세금정서는 현행 세금질서에 잘 적응해 사업상 마진폭을 침해하지 않는 적정 세부담을 하고 있어 거의 만족한 조세환경에 처해 있다고 본다.

그런데 유감스런 얘기이지만 안주유형의 또 하나의 특성은 세무공무원과 기업과의 관계에서 로비자금의 수수로 그러한 세부담의 적정수준이 결정될 수 있다는 사실이다. 이는 세무업계에 오가는 상식적인 비화로 통하는 조세풍월 아니 세태적인 세심(稅心)의 조망(眺望, prospect for tax mentality)으로 볼 수 있다.21)

따라서 현행 조세풍토에 만족하는 안주유형은 세무당국과의 로비자금을 기반으로 적정 세부담을 하고 있다고도 볼 수 있다. 이러한 견해는 재정당국의 권위를 백안시하는 반정부적 세력으로 치부되어 처벌대상으로 취급당할까 겁도 나는 것이다. 이러한 부적절한 자금관계는 많은 기업인의 일부 아니면 극소수의 납세자의 탈세행태로 볼 수 있으며 그 전부를 매도해서는 안 될 것이다.

또한 안주유형의 특성은 사업자 대부분은 세무전문가들의 법인체에 가입하여 부가세, 법인세 등 조세 의무사항은 자동적으로 세무전문법인에 의해 처리되어 별 신경 쓰지 않고 안일한 상황에서 넘어갈 수 있다. 이는 사업의 필요경비의 합리적 처리로 안전할 수밖에 없다. 기업의 수만큼 세무전문집단이 많다는 것을 인정해야 할 것이다. 이는 크게 보아 납세자들의 조세순응비가 증가하고 있음을 말해 주고 있다 하겠다. 한편, 이는 안주유형

21) 떠도는 조세풍월을 귀담아 보면 이렇다. 가령 모 기업이 산출의 크기가 10인데 이를 6으로 신고한다 하자. 4만큼 탈세를 하여 독과점이윤을 실현할 수 있다. 이를 간취한 조세정의파인 청년이 이를 단속해 달라는 신고를 했다. 그 결과는 하등의 이상이 없다는 당국의 조사결과가 나왔다 하자. 이런 경우 이는 기업과 재정당국 사이에 로비자금이 오고감을 입증하는 하나의 사례로 보아야 하지 않을까? 하나의 추리적 조세풍월로 들어주길 바란다.

의 세금정서의 필요조건이기도 하다.

다른 한편으로는 안주적인 조세정서는 결국 변화에 대해 부정적이라고 볼 수 있다. 특히, 세법의 변화는 자기 세부담이 늘어날까 걱정이 앞서기 때문이다. 그러므로 위험회피적인(risk-averse) 대부분의 사업가들은 세제개혁을 싫어한다고 보아야 할 것이다.

그러나 우리는 변화 없이 잘 살기를 바랄 수 없으며 성공적인 세계화도 혁신이라는 변화를 해야 하는데, 변화를 부정한다는 것은 진보와 발전을 거부하는 것이라고 보아야 할 것이다. 변화 그것은 발전의 전제요 필요조건이기도 하다. 그런데 안주유형의 세금정서는 결국 변화에 소극적이며 발전에 아무 도움이 안 되고 있음을 알아야 한다.

안주유형이 많을수록 우리 사회는 한자리에 그대로 머물러 정체된 퇴보만을 지향할까 걱정이 되는 것이다. 발전하기를 원한다면 우리는 그 위험을 무릅쓰고서라도 미래지향적인 미지의 길을 향해 미래의 꿈을 향해 나가야 하며, 그러자면 이러한 안주의 울타리를 박차고 바깥 세상으로 뛰어 나와야 하지 않을까 생각하는 것이다. 울타리 속에 갇혀 있는 안주의 마음을 꿈을 향한 새로운 길로 해방시켜 나와 다른 것들과 만나는 새로운 삶을 엮어 나가자.

(2) 변화유형의 세금정서

변화를 추구하는 사람들은 현재보다 내일의 진보와 발전을 꿈꾸는 생각에 잠겨 있는 동태적이고 혁신적인 건설적 정서의 소유자들이다. 이들을 변화유형이라고 하지만 세상은 날로 변화하고 있는 것이 현실이며, 특히 세계화로 인해 변화의 양태는 다양하며 그에 따른 제도의 변화도 요구되고 적응비용도 적지 않은 것이다.

이러한 변화유형의 납세자집단은 지식인층, 20~30대 청년층으로 이에 속하는 청장년 사업자들이라고 할 수 있다. 여기에는 일부 납세전문가들(교수, 세무사, 변호사 등)도 있을 것이며, 특히 사업자들은 세부담을 줄여 주는 세법으로의 개정을 원할 것이다. 즉, 특별한 투자행동에 공제조치, 납세유예기간의 연장, 부가되는 추가세의 감소, 세율의 인하, 준조세의 감소 등일 것이다.

이들 집단이 개혁적인 변화를 좋아한다지만, 예로서 현행 소득세 대신 지출세로 개혁한다면 이에 어떤 반응을 할 것인지? 알 수는 없지만 아마도 대부분 의외의 세제변화는 원치 않을 것으로 생각한다. 이렇게 볼 때 지출세 도입은 변화유형의 세금정서에도 잘 수용되지 않는 사회적으로 소외된 세법으로 볼 수 있다. 따라서 아무리 조세이론적으로 우수한 세목이더라도 납세자들로부터 호응을 받지 못한다면 허사가 될 것임을 주의해야 할 것이다.

이러한 난점이 있다면 결국 그 도입가능한 세제는 현행의 세법을 기반으로 하되 개혁적인 조치를 작은 범위 내에서 추진해야 납득할 수 있어 호응을 얻을 수 있을 것이다. 예를 들어, 앤드류의 소득세를 보완하는 보충적인 지출세(supplementary tax)를 모색하는 것도 합리적일 것이다.

그러나 이들 변화형의 납세집단에게 도입하려는 신세목의 장점을 쉽게 이해하도록 하여 납득시킨다면 역시 그 호응도는 올라갈 것이다. 이런 지출세의 장점을 세제・세정관료들에게도 주지시킬 것이며, 특히 국회 세제개혁 관련 전문위원들에게도 주지시켜 개혁의지를 유도해 추진하도록 해야 할 것이다.

사실상 개혁의 기수는 민의를 대표하는 국회가 될 것이므로 국회의원의 개혁의지에 기대해야 할 것이다. 또한 공청회에서의 시민 납세단체들의 견해도 중시되어야 할 것이다. 이와 관련해 조세이론의 전문기구인 조세연구원이 있다. 이는 정부산하 단체로 정부의 세제개혁의 안을 검토・제시하는 자문역할을 하는 단체로 알려져 있으나, 실제로는 정부산하 세제당국의 일련의 조세정책 합리화에 도움을 주는 기관으로 강한 인상을 주고 있음은 자타가 공인하는 바이다.

한편, 세제개혁의 책임을 지는 재정당국의 세제실은 개혁의지가 비교적 강하다고 볼 수 있다. 즉, 실질적으로 납세자에게 국민경제적·재정적으로 장점이 있다면 이를 거부하는 입장은 아니라고 생각한다. 따라서 시민납세자단체로서 세제개혁안을 재정당국에 제출하여 이를 정부가 수용한다면 지출세의 길은 열릴 것이다.

변화유형의 조세정서는 납세자층에 의한 의지는 부수적이라고 볼 수 있다. 오히려 신세법 도입의 강자는 정부 세제실 및 국회 재정위원회에 있음을 알아야 할 것이다. 결국 변화유형의 강자는 정부와 국회라고 해야 할 것이다. 그러나 이들의 개혁 정서는 지극히 약하다고 볼 수 있다. 특히, 지출세에 대한 객관적인 인식 내지 그 경제적 당위성이나 그 논리적 근거에 대해 이들은 거의 무관심하며 이를 주장하는 것을 일종의 이익집단의 단견으로 보고 있는 것이다.

따라서 개혁의 실질적 강자가 지출세의 정서를 긍정적인 마음으로 처리하려는 태도를 보이도록 설득하고 그에 대한 이해와 개혁의 의미를 터득시키는 데 노력을 최대화시켜야 할 것이다.

(3) 개혁강자의 조세정서

세제개혁의 강자는 최종적으로 민의를 대표하는, 즉 입법기관인 국회 재정위원회에 있다고 볼 수 있다. 그런데 국회에서 개혁을 하기 전에 정부로부터의 개혁안이 제시되어야 한다. 따라서 개혁강자의 하나는 역시 재정부의 세제실이라고 해야 한다.

먼저 제2의 강자인 세제실의 세금정서는 어떠한가? 세제에 관한 관심은 세제실장이 제일 크고 많은 일을 한다고 보아야 한다. 특히, 세법의 개정은 반듯이 세제당국의 세법개정안이 재정부 세제실의 국회 제시에 의해 이루어지고 있기 때문이다.

그래서 여당은 세제실의 세법입안 등 여러 면에서 상부상조하는 한집안 같은 내적 결속으로 이루어지고 있다. 국회 내 각 분과위원회에는 정부의 전문관료가 파견되어 국회와 입법 작업에 협조하는 것이다.

우선 세제실의 관료들은 세법 전반에 대해 관심을 갖지만 이보다, 즉 전체론적인 시각보다 개별 세목에 주로 관심을 집약시켜 세제운용에 임하고 있다 할 수 있다. 세제실 내에는 소득세과, 소비세과, 법인세과, 관세과 그리고 조세정책과가 있으며 전체적인 세제관리를 하고 있다. 이들은 주어진 세법의 원활한 집행의 필요충분조건에 관심을 집중시키고 있겠지만 공적인 업무조건을 떠나 그들의 내적인 정서는 이와는 좀 다르지 않을까?

관료들의 대부분은 Niskanen적인 승진, 보상의 증가, 현재 위치의 안전적 영구화, 안주선호 등 개인적인 관료적 이기심에 충만되어 있다고 볼 수 있다. 이들의 개혁의지는 민감하다 할 수 있다. 가령 외부 시민단체의 건의가 입수되면 이를 신중히 다루고 있다. 특히, 이익집단(사업자단체, 전경련, 상공회의소, KOEX, 수출진흥협회 등)으로부터의 건의안에 신중한 내부적인 검토가 뒤따른다고 보아야 할 것이다.

문제는 각 시민 조세전문단체로부터의 세제개혁안이 제시된 일이 한 번도 없었기에 이에 시민단체의 반성이 있어야 하지 않을까? 시민단체의 건의가 전혀 없었던 것은 아니다. 있었다면 그것은 시행령에 있었지 세법자체에는 없었다고 보아야 한다. 사실상 재정부의 권한은 세법자체에는 없으며 세제의 시행령에 있다.

즉, 세율은 세법으로 국회 입법권한이지만 과표의 결정권 또는 공제조치 등은 시행령으로 재정부 소관이다. 이렇게 볼 때 재정부 세제실은 주로 이익집단으로부터의 강한 세제배려 요구를 시행령으로 조치하는 것이다. 이러한 세제실의 주요 과제는 궁극적으로 세수확보 목표에 현행 세제가 적합한가이며, 한편 현행 세제가 정부가 지향하는 성장과 분배정책목표에 적합한가를 늘 생각하지 않을 수 없다.

학계와 시민단체의 세제개편 건의가 있더라도 이는 세제실 내에서 어디까지나 정부정책의 기준이 중시되어 평가된다. 한편, 재정부 세제실 내에는 세제발전심의위원회가 있으며 여기에 세제전문가들(교수, 변호사, 세무사, 세법학자, 시민단체회원 등)의 집단으로 구성되고 있으며 대체로 연 2회 정부의 세제개편시 그 개편안에 동의하는 형식기구이기도 하다. 세발심의기구는 의결할 결정권이 없으며 다만 정부안에 동의하는 민간전문가들로부터의 정부정책협조기구로 볼 수 있다.[22]

그러나 일본이나 독일의 경우에는 이러한 기구가 있으며 그 구성원은 모두 교수로 구성되어 있고, 중요한 것은 이는 정부개편안의 의결권을 지니고 있는 막강한 위치에 있는 것이다. 이에 비하면 한국은 정부안에 찬성해 달라는 의결권이 없는 무력한 상황에서 박수로 동의만을 요구하는 하나의 피동적인 정부정책추진 협동기구와 유사하다고 볼 수 있다. 따라서 정부의 세제개편안은 정부만의 일방적인 견해의 추진으로 볼 수 있다. 어떤 개혁적인 세제개편을 위해서는, 이익집단의 적극적인 호응 아래 납세자 전문시민단체로 하여금 또는 이익집단과 함께 공동으로 세제실에 건설적인 신세법인 지출세를 그것도 우리 실정에 맞는 한국적인 지출세를 건의하는 것이 개혁의 촉발점이 될 것이다.

개혁의 불을 붙여, 즉 개혁이라는 꿈이 발화되어 개혁자에게 전달되어 수용될 때 개혁안의 검토가 있을 것이기 때문이며 이러한 발화점은 국회에서도 일어나 지출세의 개념이 전파되어 세제혁명을 일으켜야 된다고 생각하는 것이다. 그러면 국회의 사정은 어떠한가 보기로 하자.

주지하다시피 이들 정치가들은 어떻게 하면 예산을 늘려 자기 지역구에 지출을 늘려 편익을 증대시켜 차기선거에 재선될 것인가에 몰두하고 있

22) 이필우(2010), p. 113.

다. 그래서 지출은 낭비되고 그 결과 큰 정부의 발생은 불가피하며 이는 국가부채의 원인이 될 수도 있는 것이다. 이들 정치가들의 주요 관심은 배분의 효율성이나 성장발전 전략에 있는 것이 아니라 어떻게 하면 권력을 재창출할 것인가에 있는 것이다. 이런 비민주적이며 개인주의적인 정치풍토 속에서 개혁적인 세제의 창출을 기대하기는 힘들 것이다.[23] 따라서 여당, 야당 관계없이 개혁에 관심이 있고 이를 효과적으로 추진할 수 있는 능력 있는 혁신적인 국회의원을 발견하고 그러한 정치인을 설득하여 추진해야 된다고 생각한다.

한편, 중산층 유산자 및 지성인들의 현행 세제에 노무현정부의 부유세를 도입하였던 2000년대 초에 이를 저항하였던 분당지구에서의 납세자 시위가 있었다. 이는 자연발생적인 납세자 최초의 조세저항운동이었다는 점에서 그 의미가 큰 것이다. 이들 시위군중은 자발적으로 저항했으며 그 어떤 사회조직도 없는 순수한 중산층 유산자적 납세자들의 저항이었으며, 이들의 대부분은 고등교육을 받은 지성인들로 구성된 납세자들이라고 생각하는 것이다.

그들은 일차적인 조세저항으로 시위를 해산하였으며 그들은 부유세 도입에 대해 반대하는 의견을 정부당국에 전달했을 뿐이다. 그러나 재정당국의 이에 대한 반응은 전무한 것이었으며 이에 대한 납세자단체의 반응도 없었다.

(4) 근로자 서민의 무관심적 조세정서

끝으로 근로자 서민의 조세정서에 관해 얘기해 보자. 중산층까지는 유산자라 하겠지만 이들은 자산을 소유하지 않은 무산자라 할 것이다. 중산층을 제외한 근로자 및 농민을 포함한 서민층은 전 인구의 3분의 1이 넘을

23) 이필우(1996), p. 155. 정치가는 득표최대화를 위한 예산규모를 최적화하고 있다.

것이다. 이들 중 20, 30대 젊은 근로자층은 현행 세제의 불합리성이 서민을 울리고 있다면 즉시 항의하며 시위를 할 것이라고 확신한다.

세금을 내지 않는 비납세층이라도 이들 젊은 사람들은 난무하는 전자정보에 휩싸여 생각하는 연결망(network)의 떠도는 구름의 흐름처럼 가변적이지만, 커피잔 속에서 오가는 서민의 억울한 세부담의 풍월담이나 사회정의라면 의분심으로 어디고 뛰어가 대정부 투쟁에 임할 것이라 생각한다. 따라서 우리는 지출세의 개혁세력은 바로 이 청년들의 의분심을 일깨워 이 나라 세금질서의 진보적 개혁을 이룰 수 있는 것은 아닌지 묻고 싶다.

이러한 사회정의에 대한 의분심은 비록 무산자로 종합소득세를 내지 않더라도 또는 월급이 연 500만 원 미만이면 세금 한 푼 안 내는 무세국민이지만, 이런 경우 올바름에 대한 정의감은 높게 현시될 것이다. 엄격히 얘기하자면, 이들을 무세국민이라 할 수는 없다. 물건을 살 때 부가세를 내기 때문에 세금을 간접적으로 낸다고 할 수 있다.

이러한 근로자 서민들의 조세정서는 대체로 개혁긍정성을 지니고 있으며, 특히 20, 30대 젊은이들의 정의감에 충만한 디지털 세대들도 역시 지출세라는 정책적 당위성, 특히 그 효율성의 논리를 주지시켜 강한 개혁세력으로 볼 수도 있는 것이다.

[제11장]

지출세의 대안들: 재론

1. 칼도적 고전적 지출세

2. 전납형 지출세

3. 현금흐름의 지출세

4. 단일세형 현금흐름의 지출세: "두 수레의 현금흐름 세금"

5. 포괄적 지출세

6. 공공선택적 지출세

7. 지출세 도입의 전체론적 충분조건

앞에서 지출세를 한국 사회에 도입 필요성을 인정했을 경우 그 도입가능성은 우선 온 국민의 동의가 있어야 한다고 했다. 그래서 그런 세금이 왜 필요한 것인지에 대해, 즉 그 당위성에 대해 논의해 보았다.

그러한 논의는 주지하는 바와 같이, 첫째 시대적 당위성, 둘째 조세 및 경제적 당위성, 셋째 한국인의 정서론적 당위성 등 세 가지 측면에서 논의한 바 있다. 그러한 논의 중에서 우선 납세자, 특히 재정관료 및 정치가들의 설득은 결정적이라고 사료된다. 따라서 이들에게 지출세의 당위성을 재인식하고 도입의 점화를 찾자면 어떤 지출세이고 그 유형에 대해 알려주어야 할 것이다.

지출세의 당위성이나 그 유형에 대해서는 앞서 여러 번에 걸쳐 얘기했으나 보다 체계적으로 이해하기 쉽고 투명한 수준에서 그 유형화가 쉽지 않았다고 보아야 한다. 그래서 이 책의 마지막 장으로 다시 한 번 지출세의 유형화를 체계적이고 투명성 관점에서 한국적 상황에 적합한 지출세, 즉 "공락세"(pleasure tax in common) 등을 생각하면서 소개해 보겠다.

그리하여 다음에서는 지출세의 유형을 1) 칼도적 고전적 지출세, 2) 현금흐름의 지출세(Andrews and Aaron), 3) 단일세적 지출세(Hall and Rubushka), 4) X식의 지출세(Bradford), 보충적 지출세(Supplementary Expenditure Tax, Andrews), 5) 공공선택적 지출세(Buchanan), 6) "자수성가형 공락세"(한국납세자연합회) 등을 제시하면서 이 중 어떤 유형을 선호할 것인지? 사람에 따라 집단에 따라 다를 것이지만 그 선호의 표명은 있어야 할 것이다.

1. 칼도적 고전적 지출세

고전적 지출세는 그 과표를 일단은 현금흐름으로 산출한다. 이는 피셔가 제시한 가장 투명하고 공정한 과표로 공평과세의 필요조건이기도 하다. 그래서 현금흐름(cash-flow)의 지출세는 그 후 앤드류, 아론, 아우어박(Auerbach) 등이 이 과표를 추종하고 있다.

즉, 고전적 지출세의 과표는 소득에서 비소비적 지출, 즉 저축분을 공제한 나머지 소득을 과표로 삼는다. 다시 말해, 자금유입액의 총액에서 비소비적 지출인 비용을 뺀 나머지 순수입액이 곧 과표가 되는 것이다.

이러한 과표의 개념은 1977년에 의회에 제시된 미 연방 재무성의 지출세안 및 1978년에 영국 의회에 미드(Meade)위원회가 제시한 내용과 같다. 여기에 부채는 자금유입으로 보며 부채상환 및 이자지급은 모두 자금유출로 보아 비과세 대상이 된다.

그런데 이러한 고전적 지출세의 장점은 결국 자본소득을 비과세한다. 일단 소득이 과표가 될 수 없다. 그러나 자본소득은 경비지출된 비용을 제한 후 차익을 현금흐름의 수입으로 받을 것이며, 지출세는 바로 이 현금흐름 자체를 과표로 삼아 과세해야 할 것이다. 인플레이션에 따른 가치변화도 조정이 불필요하다는 것이다. 왜냐하면 현금흐름은 물가수준을 그대로 반영하고 있기 때문이다. 물론 예외적으로 최저 소득수준의 결정을 제외하고서는 이로 인해 신경을 쓸 필요가 없는 것이다.

그러나 이러한 고전적 지출세는 단점 또한 문제가 되고 있는 것이다. 그러한 단점은 주지하는 바와 같이 자산의 유입 또는 유출을 정확히 알 수 없는 것이었다. 고정자산의 유입·유출시 당연히 법적 등기를 필요로 하나 이의 현실은 부정확해 투명한 등기가 안 되고 있어 이는 과세상의 행정문제로 등장하고 있는 것이다.

사실상 인도와 스리랑카에서 1962년에 도입했으나 모두 실패했으며 그 이유는 이러한 자산등록의 불투명성으로 인해 정확한 과표를 확인할 수 없었기 때문이었다.

2. 전납형 지출세

앤드류와 아우어박의 전납형 지출세(prepaid expenditure tax)도 일단은 현금흐름을 그 과표의 대상으로 하고 있다. 그런데 그 특성은 아주 특이하다. 즉, 모든 자산은 그 소유형태가 등기부에 등록되어 있어야 하며 그 등기내용도 사실과 정확해야 한다. 그러나 실제로는 이와는 반대로 허위조작된 가치기재, 비등록, 등기회피 등 불투명성은 큰 문제가 아닐 수 없다.

이러한 난점을 극복하기 위한 하나의 방법으로 앤드류는 전납형 지출세라는 기발한 아이디어를 제시하고 있다. 여기에서 전납이란 이미 세금은 이전에 다 납부했다는 의미로 현재 내야 할 세금을 미리 이전에 납부한 것으로 간주한다는 것이다. 그래서 자산, 부채에 대해서는 과표에서 배제되는 자산비과세를 하고 있다.

자산의 양도차익에 대해서는 현금흐름으로 결제되므로 이는 과표에 포함되며, 다만 이미 등기부에 등록된 자산에 대해 비과세하며 그러한 적립된 자산은 언젠가 생애소비의 형태로 지출시점에서 과세되어 이들 자산은 후기의 소비시점에서 납세를 한 것으로, 즉 미리 앞서 선납했다고 보는 것이다. 그러므로 자산소유세는 없는 것이다(한국에는 지방세로서 재산과세가 있다).

한편, 이러한 전납지출세의 개념적 함의는 저축관련성의 사회적 의미도 내포하고 있다. 즉, 자산은 저축으로 시작되는데 그러한 저축은 지금 쓰고 싶은 욕망을 자제하고 근검절약 정신으로 현재 소비를 희생하면서 이루어진다고 볼 수 있다. 이러한 희생은 개인적이라기보다 그 결과에서 보면 사회국가적인 성장과 번영을 약속하고 있으며 저축은 미래 소비를 증가시켜 정부는 세금을 더 징수할 수 있는 이점이 있다.

그만한 자산이 있으면 후에 가서 소비할 수 있는 힘은 더 커지며 큰 만큼 세금은 더 거둘 수 있어 정부로서는 환영할 일이기도 하다. 그래서 오늘의 자산소유는 장래 소비를 증가시켜 세금을 더 거둘 수 있는 세수확보의 원천으로도 볼 수 있는 것이다.[1)]

이러한 맥락에서 깊이 쌓여 있는 자산에 대해 장래의 번영을 약속하고 있다고 보며 그 번영의 비용은 근검절약의 희생정신인데, 바로 이에 대해 자산 자체가 부담하고 있는 것으로 인식하면서 이미 세금을 납부한 것으로 인정하고 있음은 하나의 가상적인 논리체계라 아니할 수 없다. 이것이 전납지출세의 윤리적인 근거요 전제라고 보는 것이다.

만일 유산이나 기부와 같은 이전소득이나 자본소득(capital gains)이 없다면 비례지출세는 마치 비례근로소득세와 같을 것이다. 즉, 지출세의 과표는 노동소득의 과표와 같을 것이다.

이런 경우 굳이 현금흐름의 화폐소득을 추적할 필요는 없으며 근로소득 과표에 누진율을 적용하면 누진지출세로 분배의 불공평성도 없을 것이다. 그러나 지출세는 자본소득이 실현되었을 때 그 인출시 과세해야 하며 이렇게 되면 지출세와 근소세의 차이는 불기피한 것임을 알아야 한다.

그래서 세금의 과표는 당연히 소득이라는 지불능력에 있는 것이 아니고 소비할 수 있는 힘이 세금을 부담할 수 있는 힘으로 보는 것이 마땅하다는 것이며, 이러한 논리를 기초로 해 현금흐름이라는 보다 실질적인 투명한 형태로 소비행동을 확인하여 과세하도록 하고 있는 것이다. 또한 현금흐름을 과세의 기준으로 하기 때문에 화폐의 실질가치와 관련된 인플레이션

1) Edward J. McCaffery(1992), vol. 70, 1145, p. 1162f.

문제를 다룰 필요가 없어 편한 것이다.

3. 현금흐름의 지출세

아론과 개플러(Aaron and Gapler)의 현금흐름 지출세안은 1984년에 제시되었다. 이는 거의 완벽한 수준의 현금흐름 지출세의 범주에 속한다. 과세는 두 부류로 나뉜다. 하나는 개인적인 가계를 중심으로 하고 있으며 다른 하나는 사업자 기업의 과세를 다루고 있다.

첫째, 개인에 대한 과표의 대상은 현금수입에서 저축을 뺀 나머지 현금수입이다. 여기에서 현금수입이란 근로자가 받는 모든 임금급여, 월급, 부수입, 이자소득, 이윤소득, 주식 배당소득, 이전소득(연금), 기부, 유산 등을 말한다. 저축은 금융기관의 정기예금을 뜻한다. 여기에서 기부, 유산은 받는 사람도 세금을 내며 주는 사람은 이를 소비로 간주하여 역시 세부담을 하고 있다.

둘째, 주택 구입시 또는 세를 놓을 때를 제외하고 주택소유주는 당연히 과세된다.

셋째, 저소득층에 대한 면세규정이 있으며 소득계층에 따라 맞벌이 가계와 주부노동을 감안한 공제제도를 적용하고 있다.

넷째, 기업과세는 종래의 사업자들의 탈세 내지 피세 행태(개인용 경비지출의 확대)를 억제한다. 과표는 회사의 모든 현금수입에서 일체의 필요한 경비를 제한 나머지 수입으로 한다. 공제되는 비용에는 주식판매대금, 부채상환을 위한 자금지출, 투자자금 등이다. 여기에 부채를 지는 경우 자금의 유입으로 이는 과세대상인 것이다.

다섯째, 일체의 금융자산의 이득은 개인주식소유자에게 비과세되어 지급되지 않고 과세하도록 한다. 그러나 부채자금으로 투자를 시행했다면 이는 공제될 수 있다.

마지막으로, 언급할 것은 외국의 다국적기업에 대한 과세는 금융자산소득을 비롯한 모든 현금수입은 즉시 원천과세하도록 하고 있다.

4. 단일세형 현금흐름의 지출세: “두 수레의 현금흐름 세금”

이 유형의 지출세는 두 부분을 포용한다. 하나는 근로자에 대한 세금이고 다른 하나는 사업자 기업에 대한 세금제도를 포함하고 있다. 즉, 하나는 개인적 보상세(individual compensation tax)를 다루고 있으며 다른 하나는 사업자 기업 과세(business tax)를 다루고 있다. 그래서 개인과 사업자라는 두 수레가 하나의 같은 단일세로 잘 굴러가는 세제를 그린 것으로 볼 수 있다.

우선 사업자 기업은 회사의 근로자에게 월급 또는 임금을 지급해야 한다. 이를 근로자의 노동에 대한 보수 또는 보상(compensation)이라고 칭하고 있다. 이러한 보상은 결국 임금, 특별수당, 휴가비, 출장비, 상여금 등을 포함한다. 이러한 보상은 단일세로 과세된다.

그런데 기부나 유증, 상속은 현금수입으로 보지 않으며 비과세하고 있다. 그러나 개인이나 기업이 주택 또는 건물을 구입했다면 이는 과세되고 있다. 금융자산소득도 과세되고 있다. 단 일정 저소득층에게는 비과세하고 그 이상은 19%라는 단일세로 과세하는 것이다.

이러한 단일세의 과세는 불공평하다는 비난을 받고 있으며 단일세의 약점이기도 하다. 연금, 퇴직금, 의료비 등은 일정한 비율의 공제혜택을 주고 있다. 특히, 기업은 근로자에게 보상하는 보상액만큼 과표공제를 받고 있다. 여기에 적용되는 세율도 19%이다.

근로자가 부담하는 임금세는 그 과표단계에서 누진율을 적용하여 공평성을 추구하고 고소득수준에서 19% 세율이 적용되고 있는 것이다. 이러한 단일세 지출세는 그 후 브래드포드가 X형 지출세라고 하여 발표하고 있다. 이는 홀-라부슈카(Hall-Rubushka)의 두 수레 현금흐름의 지출세의 내용과 너무나 흡사하다.

특히, 이러한 현금흐름의 사업세는 그 과표가 부가가치와 아주 흡사한 것이다. 그러나 다른 점은 기업의 과세공제가 있다는 것이다. 즉, 기업은 근로자에게 지급하는 보상액을 전액 과표공제를 받고 있어 이 점이 부가세와 다르다는 것이다.

아무튼 기업은 다른 사람과의 거래에 있어 전 단계 세액공제를 받을 수 있으며 이는 부가세의 납세절차를 그대로 하고 있어 일종의 부가세가 지출세인 것이다. 이들의 지출세 과세의 과표대상은 소비형 부가가치를 말한다. 즉,

소비형 부가가치=총수입-원자재 및 중간재 투입비용-조투자
=임금+순이윤

순이윤이란 자본가치를 상회하는 이득으로 임금을 제외한 순현금흐름의 수입을 뜻한다. 단일세형 지출세의 기업과세 과표는 소비형 부가가치-임금=순이윤이라고 볼 수 있다. 즉, 부가가치는 임금과 기업이윤이며 법인세 또는 현금흐름 지출세의 기업과세 과표는 기업의 순이윤이라는 것이다. 다른 점은 홀-라부슈카 현금흐름의 기업과세는 임금이 없는 기업의 순이윤만이 과세대상이 되고 있어 임금을 포함했을 시보다 그 과표는 작은 것이다.

여기에서 소비형 부가가치는 분명 바로 지출세의 과표가 되어야 한다. 그것은 정확히 말해 근로자가 받아 가는 임금소득과 기업이 받아 가는 순

이윤인 것이다. 두 소득은 장래에 다 소비되어질 수 있는 수입이기 때문에 이들을 소비형 부가가치로 보는 것이며, 지출세의 과표는 당연히 이 두 개의 수입을 합한 크기이어야 할 것이다.

그러나 홀-라부슈카의 지출세 과표는 이와는 달리 소비형 부가가치세의 크기에서 근로소득을 뺀 단 하나의, 즉 순이윤만을 고집하고 있어 그 과표는 원래의 소비형 부가가치의 크기보다 노동소득만큼 작은 것이다.

라부슈카의 단일세적 현금흐름의 지출세는 다만 기업이 소비하는 지출에 국한하며 노동소득은 따로 누진과세하는 이중적 과세형식을 취하고 있어 문제가 없는 것으로 보고 있다.

과표에서 근로소득을 뺀 과표는 그렇지 않은 과표에 비해 세부담은 적을 것이다. 그러나 이러한 과세방식의 불공평성은 학자 간에 비난되고 있는 것이다.[2] 근로소득을 뺀 이윤만을 과표로 하고 있는 라부슈카의 지출세는 사실상 지출세의 의미가 상실되고 있음을 알아야 한다. 왜냐하면 우리는 소비지출에 대한 지출세를 말하고 있으므로 지출에 근로자의 소비를 뺀 지출은 부분적인 지출이 되기 때문에 이들 단일세적 지출세의 의미는 전무하다는 것을 지적한다.

한마디로 라부슈카의 단일세 지출세의 단점은 소득이나 소비를 생애소비로 장기화하지 않고 있는 현재의 행태에 집중하고 있는 인상을 주고 있는 것이다. 그래서 이러한 단점을 극복한 것이 재무성에 제시된 미드(Meade)식 지출세로서 여기에서는 이른바 전납형 지출세를 주장하고 있다. 물론 전납형 지출세는 내구재 구입에 대해 이를 가투자로 간주 비과세하는, 즉 장래 소비편익을 약속하고 있어 세금은 전납된 것으로 보고 과표공제가 되는 것이다.

여기에서 중요한 것은 미드식 지출세는 내구재도 과표에 포함되고 있으나 라부슈카의 지출세는 아예 과표대상에서 배제되고 있어 근로자의 장

2) Edward J. Maccaffery(2008), pp. 94~101.

래 소비권리를 침해당하고 있는 것으로 볼 수도 있다. 즉, 소비자의 내구재(집) 구입에 과세하고 있는 것이다.[3)]

5. 포괄적 지출세

여기에서 포괄적 지출세(comprehensive expenditure tax)란 전 생애에 걸친 소비지출에 대한 과세를 다루고 있는 것이다. 이것이 일정 시점에 과세하는 소득세와 다른 것이 지출세인 것이다(tax on whole-lives expenditure).

전 생애는 전기간과 후기간 둘로 나뉜다. 전기간에 사람들은 열심히 일하여 번 소득을 근검절약하여 노후보장을 위해 연금으로 저축한다. 퇴직 후 노년이 되면 후손을 위해 유증으로 상속을 하며 사망에 이른다. 이를 2기라 하고 전기를 1기라 하자. 이를 보다 정확히 이해하기 위해 수식을 이용하여 설명해 보자.

먼저 소득세의 과표를 보자. 제1기의 소득세의 경우 다음처럼 결정된다. 즉, 노동소득을 Wi이라고 하고 여기에 더해 선친으로부터의 유증상속 및 이전소득을 Xi로 나타내자. 한편, 개인의 소비지출을 Ci라 하고 타인에게 주는 기부 및 이전지출을 Gi라 하자. 여기에 더해 저축자산을 Si라고 표현하자. 1기의 수지균형은 다음처럼 나타날 것이다.

$$Ci+Gi+Si=Wi+Xi \tag{1}$$

2기에는 노동소득 $W2$를 나타내고 타인으로부터의 증여기부 등 이전

3) David N. Hyman(2008), p. 624. 미드식 지출세는 고전적 지출세에 전납형 계정방식을 혼합한 지출세 체계로 볼 수 있다.

소득은 $X2$로 나타낸다. 여기에 더해 1기에서의 저축자산은 가치증가를 해 이를 $\triangle Si$로 나타내자. 이를 자본소득(capital gains)이라 하자. 여기에 더해 1기의 저축자산은 이자소득을 가져올 것이며 이를 $(1+r)Si$로 표시하자. 여기에서 r은 이자율이다.

2기의 소비지출은 $C2$이며 이전지출은 $G2$가 될 것이다. 따라서 2기의 지출방정식은 다음처럼 나타날 것이다.

$$C2+G2+S2=W2+X2+\triangle Si+(1+r)Si \tag{2}$$

이를 변형하면

$$C2+G2+(S2-Si)=W2+(rSi+\triangle Si)+X2 \tag{3}$$

으로 표현된다.

여기에서 먼저 포괄적 소득세 과표는 1기에 있어 식 (1)의 우측 $(Wi+Xi)$이며 2기에도 식 (3)의 우측이다$(W2+(rSi+\triangle Si)+X2)$.

그런데 지출세의 과표는 지불능력을 기준으로 한 소비의 과표는 1기에 있어 식 (1)의 좌편인 $Ci+Gi$이다. 2기의 지불능력소비 베이스는 $C2+G2+S2$이다. 이러한 지불능력은 사실상 1기와 2기의 임금소득과(Wi 및 $W2$) 1기의 저축(Si)과 2기의 저축($S2$), 그리고 이자소득 r를 가산해야 하며, 특히 1기와 2기에 이자소득세를 과세하지 않는다. 여기에서 특기할 것은 현금흐름의 지출세는 차입에는 과세하나 차입금부채 원리금 및 이자의 상환은 비과세하고 있다. 한편, 비과세되는 지출로 투자, 저축, 자산구입($\triangle Si$), 기타 비소비지출 등은 지출세의 과표에서 빼 주어야 한다. 이를 수식으로 표현하면 다음과 같다.

1기에 지출세 과표는 $(Wi+Xi)-Si$에서 1기의 소비지출액 $Ci+Gi$(연금 등 이전지출)을 산출해 내야 한다. 2기의 비소비적 자금유출은 $S2-(Si+\triangle Si)$이 되고 있다.

그런데 전납형 지출세라는 과세표준이 있다. 이는 근로소득에 대한 과세로서 1기에 한 번 납세하면 2기에 납세를 면제 받는 제도로 내구재 소비에 적용되고 있다(prepayment tax). 이러한 근로소득의 과표는 저축이 없는 과표이다. 그러므로 1기와 2기의 소득은 Wi과 $W2$이다. 그래서 식 (1)과 식 (3)에서 1기의 저축을 제거해(Si) 정리하면 다음과 같다.

$$Ci+Gi+(C2+G2+S2)/(1+r)=Wi+(W2/(1+r)) \\ +(\triangle Si/(1+r))+1r+(X2/(1+r)) \qquad (4)$$

이는 개인의 예산균형을 의미하기도 한다. 좌변은 생애지출의 현재가치를 말하며 우변은 생애소득의 현재가치를 말해 주고 있다 하겠다. 여기에서 이전소득(G)과 상속 유증소득(X)이 없다고 한다면

$$Ci+(C2/(1+r))=Wi+(W2/(1+r))+(\triangle Si/(1+r)) \qquad (5)$$

가 된다. 다시 1기의 저축증대($\triangle Si$)가 없다면, 즉 0이라면

$$Ci+(C2/(1+r))=Wi+(W2/(1+r))$$

로서 생애소비지출의 현재가치와 생애소득의 현재가치는 동등한 것으로 표현되고 있다. 그런데 일부 학자들(홀-라부슈카)은 전납형 지출세를 제시한다. 즉, 근소세와 소비지출세는 동등함을 주장한다. 소비세율(tc)이나 임금세율(tw)은 같다는 것이다. 생애소비지출세는 다음처럼 과세될 것이다.

$$(1+tc)/Ci/(1+r)=Wi+(W2/(1+r))$$

즉, 생애예산식이 성립한다. 여기에서 비례지출세를 과세하면

$$Ci+(C21/(1+r))=(1/1+r)(1+tc)Wi+(W2/(1+r))$$

이 될 것이다. 한편, 생애노동소득에 비례과세하면 다음의 식을 얻을 수 있다. 이는 tw세율을 적용해야 된다($tw>1$). 즉, $(1-tw)(W1+(W2/(1+r))$이 될 것이다.

이로써 $Ci+(C21/(1+r))=(1-tw)(Wi+(W2/(1+r))$이 성립한다. 따라서 이러한 생애예산균형식은 결국 지출세율이나 근소세율이 동등하다는 것이다. 즉, $tc=tw/(1-tw)$로서 비례지출세나 비례근소세는 동등하다는 것을 논증하고 있다. 홀-라부슈카의 단일세율 적용의 현금흐름지출세는 동등한 근소세를 배제한 이윤세만을 과세하는 세제로 단순화하고 있다.

그리하여 원래 포괄적인 지출세의 과표는 비소비지출자금은 공제되고 있어 노동소득세 과표보다 작을 것이다. 그러나 이를 전납형 지출세로 1기에 낸 세금으로 사상하고 부가가치세와 유사한 기업과세를 하고 있음이 대세를 이루고 있는 H-R 지출세 및 브래드포드의 X지출세인 것이다.

6. 공공선택적 지출세

납세자의 선호를 존중하는 공공선택학파는 뷰캐넌(J. M. Buchanan)을 중심으로 재정민주적인 세제운용을 주장하고 있다. 여기에서 이 학파가 주장하는 납세자 위주의 세제를 살펴보기로 하자. 이들은 세 개의 과세유형

을 제시하면서 결국 지출세가 납세자 부담을 최소화시키는 과세방식임을 논증하고 있다.

세 개의 과세방식이란, 첫째 포괄적 과세방식(Leviathan 정부), 둘째 최적과세방식(Leviathan 정부), 셋째 지출세(세수최소화 세제) 등이다.

여기에서 Leviathan 정부란 세수를 최대화하려는 폭군의 상징으로 표현하고 있다. 홉스는 저축을 장려하는 소비세를 과세할 것을 주장했으나 그의 책 제목은 *Leviathan*으로 되어 있어 이율배반적인 당시의 군주의 민주정치를 미화하여 이를 상징적으로 *Leviathan*으로 표현한 것은 아닌지? 이를 공공선택학파에서는 조세이론에 세수최대화를 시도하는 현대 국가재정 운용을 비판하는 데 사용하고 있다.

어쨌든 지출세를 선호하는 이들의 견해를 요약해 보면 다음과 같다. 여기에서 이들이 전제하는 가정은 모든 세율은 비례세이며 대표적인 개인 납세자를 대상으로 한다. 그래서 개인의 전 생애는 1기와 2기로 구성된다. 1기에는 젊어서 일하여 노동소득을 가득하면서 저축도 할 것이다. 2기에는 노년이 되어 노동소득은 없고 저축의 이자소득만 있을 것이다.

이러한 가정 하에서 지금 지출세를 과세한다 하자. 이때의 과표는 소득에서 소비한 나머지 소득에 과세할 것이며 저축은 과세하지 않는다. 2기에는 노동소득이 없으며 다만 저축의 이자소득이 있을 뿐이다. 따라서 여기에는 과세할 수 없다. 소비가 있으면 물론 소비세가 과세된다. 적용된 세율은 50%라 하자. 그런데 노동소득은 여기에서 장래의 소비세와 일치하고 있어 이를 소비세로 보아야 할 것이다. 즉, 소득은 언제고 다 소비를 위해 써버려질 돈이기 때문이다. 즉, 영구소득은 영구소비와 같다는 격이다. 그러므로 노동소득세는 곧 지출세로 보는 것이다. 이러한 지출세는 주지하는 바대로 밀, 칼도, 피셔 등에 의해 지지되고 있다.

다음 포괄적 소득세를 과세한다 하자. 이 경우 과표는 노동소득과 저축소득 그리고 소비된 소득 모두가 포함될 것이다. 따라서 그 세수는 지출세보다 많은 세수를 확보할 수 있을 것이다. 이때 적용된 세율은 1기 소득에 50%, 그리고 2기 이자소득에도 50% 세율을 적용한다 하자.

끝으로 세수최대화를 목표로 하는 이른바 최적과세의 경우를 보자. 노동소득에 50%의 세율을 적용하고 2기에 80%로 이자소득에 과세할 것이고 여기에 더해 소비세, 자본과징, 자산세 등을 과세할 것이다. 지금 여기에서 이러한 차별과세의 세수효과를 그림을 통해 알아보기로 하자.

〈그림 11-1〉에서 보는 바와 같이 지출세, 포괄적 소득세 그리고 세수최대화의 최적과세의 각 세수효과를 보기로 하자. 종축을 현재 소비라 하고 횡축을 장래 소비라 하자. 이 두 기간에 걸친 생애 예산선을 알아보자.

그것은 $A'B'$가 지출세의 생애예산선일 것이다. 왜냐하면 여기에서 OA가 개인의 총소득인데 AA'를 소득세로 징수당해 개인의 가처분소득은 OA'가 되고 있기 때문이다. 다음 포괄적 과세의 생애예산선은 $A'Q$로 나타나 있으며 최적과세의 그것은 $A'M$으로 나타나고 있다.

그림 11-1 세수유형의 효과(지출세, 포괄적 과세, 최적과세)

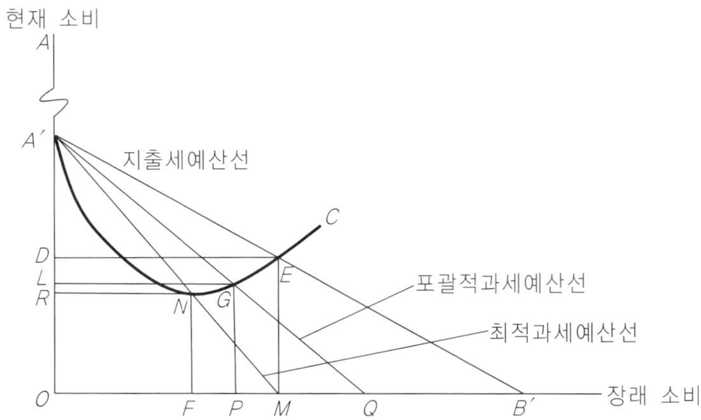

이러한 경우에 개인의 무차별적 선호라고 할 수 있는 가격소비곡선은 *A'NGE*로 나타나 세 유형의 과세가 어떤 균형점을 나타내고 있는가를 알 수 있다. 지출세 과세시 실현되는 세수는 *AD*이나 포괄적 소득세의 과세시 세수는 *AL*이 될 것이다, 지출세보다 *DL*의 세수가 더 크다. 다음 세수최대화를 추구하는 최적과세는 그 세수를 *A'R*로 결정할 수 있어 Leviathan적 재정당국으로서는 성공적이라고 자화자찬할 것이다.

이를 민간의 장래 소비의 크기를 보면 지출세의 경우 *OM*이 되고 있다. 생애예산선의 균형이 *E*에서 결정되고 있기 때문이다. 포괄적 소득세의 경우는 *OP*의 장래 소비를 하고 있어 오히려 지출세보다 *MP*만큼의 소비를 감소시키고 있다. 최적과세는 장래 소비가 가장 작은 *OF*로 결정되고 있어 지출세보다는 *MF*만큼 작은 것이다.

결국 정부가 세금을 많이 거둘수록 민간 납세자의 소비수준은 하락하고 있어 그러한 세수최대화 과세방식은 민간의 생활수준을 하락시키고 있다 할 것이다.[4)]

그뿐만이 아니다. 세수는 증대할 수 있겠지만 민간경제의 성장동력은 저하되어 세부담 능력은 저하할 것이며 결국 장기적으로 볼 때 세수는 오히려 줄어들 것이다. Laffer 곡선이 재현될 것임은 분명하다.

공공선택론자들에 따르면 과세는 어디까지나 그 결정이 어렵더라도 납세자의 선호에 따라 세제를 운용해야 한다는 것이다. Wicksell적인 고전적 재정민주주의 사상을 기초로 한 민주적인 세제운용을 강조하고 있어 정치적인 포퓰리즘의 이용, 지출의 낭비, 국가부채의 누적 등 재정의 정도를 견지하고 있는 것으로 볼 수 있다.

끝으로 임금세와 자본과세를 결합한 지출세 형식을 살펴보자. 세수최대화를 목표로 하는 괴물 같은 초대형 정부, 즉 Leviathan은 최종적으로

4) 지금까지의 논의는 주로 다음의 서적을 참고로 했음을 밝힌다. Geoffrey Brennan and James M. Buchanan(1980), Chapter 5.3, pp. 93~98.

임금세에 더해 자본소득에 과세해 세수를 늘린다. 이러한 과세방식이 오늘날 현실의 조세제도에 해당하고 있다. 양도차익세라고 해서 2년 전에만 해도 지방세까지 포함해 66%의 세율로 과징당하기도 하였다(노무현 참여정부). 현재는 45%로 내려 과세하고 있지만 자본소득에도 투기적인 부동산 거래에 대한 과세였다.

납세자는 세금부담을 적게 하려고 노력하나 재정당국은 세수최대화하려는 Leviathan적 세수확대에 집중해서는 안 될 것이다. 대신 전체론적 시각에서 어떤 규모가 적정한 세수규모인지를 정확히 판단해 세제의 건전화에 정진해야 할 것이다.

7. 지출세 도입의 전체론적 충분조건

끝으로 우리의 문화정서에 걸맞는 세제를 구상해 보고자 한다. 앞에서도 지적한 바와 같이 우리 한민족은 그 역사와 문화를 볼 때 남다른 고통과 역경을 겪으며 오늘에 이르고 있다. 우리의 역사문화는 한 많은 가슴 벅찬 어려움과 빈곤 속에서 참고 살아 왔으나 늘 내일은 더 나아질 것이라는 희망과 꿈을 안고 어둠을 헤쳐 오늘의 빛과 향을 찾아 잘 살 수 있는 기틀을 다지고, 그 위에서 열심히 일하여 나를 위해 또 나라를 위해 노력하며 살아온 결과, 오늘의 이 번영과 발전을 가져왔다고 생각하는 것이다.

새 시대에 걸맞는 정서를 향해 나아가야 한다면, 이러한 역경의 고난과는 다른 변화의 시대에 적응하자니 새로운 혁신적인 사고와 꿈을 향한 새로운 발상이 시급히 요청되고 있는 현실에 직면하고 있음을 실감한다.

다음에서는 한국적인 지출세에 대해 모색하고자 한다. 한국의 재정학 연구, 아니 세제연구에 있어 재정학계의 일반적인 성향을 본다면 그 중에서도 그 방법론적 취약성을 지적해야겠다. 그것은 한마디로 서구에서 발전한 조세이론을 하나의 보편성 가치로 수용한다. 서구에서 개발되고 발전한 조세모형을 하나의 보편성 이론으로 신봉하면서 이를 하나의 방법론적 절대성 가치로 수용하고 이런 틀을 벗어나는 어떤 주장과 견해는 비학술적이고 편견시되는 경향을 나타내고 있다.

한마디로 한국 재정학계는 폐쇄적이고 수리적 모형에만 집착한 편협적인 절대성을 지닌 부분적 특성을 현시하고 있으며, 재정학의 전체론적 보편성을 제시하지 않고 있어 재정의 사회과학적 진리에의 접근을 멀리하고 있어 문제다. 이는 한국 문화와 역사가 없는 서구적 합리성의 지적 식민지(intllectual colonization) 세계를 연출하고 있다고 볼 수 있다. 그 학술적 PD는 서구인일 수도 한국인일 수도 있다. 그 결과는 한국인의 무대가 아니라 서구의 무대를 보여 주고 있어 소화불량 증세에 걸리기도 할 것이다.

이러한 전체론적 조세의 모습을 특이한 수리적 모형의 함정 속에 갇힌 제 재정변수는 바깥 세상의 변화를 인지할 수 없으며, 개방된 동양적인 세상에서의 변화에 대해 폐쇄된 변수는 무능해질 수밖에 없는 것이다.

우리가 시도하는 바는 한국의 납세자 모두가 공감해 좋아하는 공락지출세가 어떠한 세제이며 그 도입의 당위성을 위에서 지적한대로 시대적, 조세 및 경제적, 문화정서론적 당위성에 있다. 이러한 전체론적 당위성 하에서 도출되는 하나의 신 세제는 무엇인가를 보여 주고자 한다.

이에 있어 저자는 먼저 소득세의 난점을 논할 것이며 난점극복의 대안은 지출세에 있음을 논의하고자 한다. 하지만 보다 중시되어야 할 부분은 역시 실용성을 무시할 수 없다. 신 세제를 도입해서 우리에게 진정으로 실속 있는 이점이 있어야 할 것이다. 그러한 실용성은 대내외적으로도 그 위상이 높이 수용되는 것이어야 한다.

그래서 신세도입의 실용적 조건이 어떻게 나타날 것인지를 알아야 한다. 그것으로 끝나지 않는다. 실용성 외에 우리 납세자들의 마음을 헤아려야 할 것이다. 그것이 바로 국민적 정서인 것이다. 신 세제의 모습이 우선 납세자들의 마음에 선뜻 좋게 다가와 신 세제를 받아들일 수 있어야 할 것이다. 이는 조세심리론적으로 매우 중요한 측면으로 신 세제의 모습이 공익성 면에서 바르고 온당한 것으로 인식되며 또 부담면에서 별 무리가 없을 것임을 감지할 때 그러한 도입조건은 성립할 수 있다.

이러한 조건들은 전자가 객체적 조건이라면 후자는 주체적 조건이라고 볼 수 있다 특히, 전자인 실용성 면에서의 객체적 조건에서는 신 세제의 조세론적 합리성이 제기된다. 이러한 조건들이 새로운 세제의 모습에서 모두 충족되는 세제이어야 할 것이다.

여기에서 우리가 주장하는 전제는 어떤 합리성을 갖춘 세제보다는 실용성이 있는 것이 더 좋고 우수하다는 사실이다. 제도 자체가 비합리적이라도 그것이 오히려 실용성을 발휘할 때 후생과 행복은 증진될 수 있기 때문이다. 비록 조세론적 합리성인 공평, 효율 또는 넓은 과표에 얕은 세율이라는 명제에 맞지 않지만 오히려 실용성이 높아 이해하기 빠르고 투명하다면 모두가 좋아할 것이다.

우리는 우선 신세도입에 있어 중시할 것은 이론적 합리성보다는 실용성을 더 중시할 것이며, 그러한 실용성은 기본적으로 우리 국민의 문화적 정서에 적합한 실용성과 일치하고 있음을 강조하고자 한다.

이러한 정서에는 문화적일 뿐 아니라 역사적·지역적·사회계층적·교육적 정서와도 관련되고 있으며, 더 크게 논해야 한다면 전체론적 정서와 관련되고 있음을 밝히는 바이다. 우선 세상에는 별의별 사람이 다 있기 때문에 이를 분별해 하나의 세제는 이런 다양한 집단을 대상으로 하여 충족시킬 수 있는 세제이어야 할 것이다.

빈자와 부자에 대한 세제는 달라야 하며 그러나 보편성이 있는 원칙은 같게 적용되어야 할 것이다. 지역 간에 직종 간에 이질성은 역시 제도적 차별을 두어야 하겠지만 인종적·지역적 정서의 차별화는 허용될 수 없을 것이다.

국민정서의 보편성이 있다면 그것은 납세자 민의에 기초한 재정민주주의의 실천에 있다고 본다. Leviathan적 정부의 재정독점이 허용되어서는 안 되며 입헌적 재정원리가 실천되는 Wicksell적인 재정민주주의를 지향해야 할 것이다.

이러한 서구의 재정사상은 동양에서는 이미 2000여 년 전 맹자시대에 항산항심이라는 정치원리는 선치민봉사(先治民奉仕), 후민충심(後民忠心)이라고 먼저 나라가 백성을 위해 생업을 보장하도록 노력하면 백성은 나라에 충성으로 세금도 잘 낼 것이라는 고대 재정철학은 오늘에도 적합한 민본주의적 재정원리가 되고 있는 것이다.[5] 이러한 동양적 사상은 오늘의 공공선택적 재정사상과 유사함을 발견하면서 이러한 정부의 선민적이고 친시장적인 재정원리에 우리의 신 세제가 함께 해야 할 것이라고 생각한다.

이 밖에도 전체론적 조건은 많을 것이지만 위에서 열거한 조건에 집중해 우리의 논리를 펴 나갈 것임을 밝힌다.

---

5) 이필우(2006b), p. 105.

【제12장】

한국형 공략소비세의 설계

1. 서구의 세제 추세
1. 한국형 공략소비세의 특성
2. 한국형 공략소비세의 설계

1. 서구의 세제 추세

현금흐름의 소비세와 단일세는 서구형, 특히 미국형 지출세라 할 수 있다. 그것들의 특성은 다음과 같다.

과표의 대상을 소득에 두지 않고 소비에 두었다. 개인의 소비 크기는 특정 소비를 위해 지출된 경비로서 그 지출경비는 현금의 흐름으로 나타날 것이다. 따라서 현금의 이동은 바로 소비수단으로서의 화폐지출에 있기 때문이다.

따라서 과표대상은 소비를 위한 현금흐름의 크기인 것이다. 소비를 위한 돈의 지급액이 곧 과표의 대상인 것이다. 현금흐름은 투명성과 정확성에 있어 틀림없으며 그 과세의 전제는 모든 납세자는 합법적인 은행계좌를 소유하고 화폐의 지불은 이를 통해 가능한 것이 되어야 한다.

한편, 세율은 단일세율을 적용하고 있다. H-R의 안에서는 세율은 19%, 브래드포드는 20%를 적용하며 최저소비수준을 연 5,000달러로 하고 이에는 면세가 되고 있다(우리의 경우에는 연 1,000만 원 이하에는 비과세하도록 한다). 이러한 개인에 대한 임금세와 유사한 지출세가 있으며 한편 사업자 또는 기업인에 대한 과세를 병존하고 있다. 그러므로 임금세+사업세인 것이다.

위에서 이미 기업과세의 지출세는 설명한 바 있어 여기에서는 생략하기로 한다. 특기할 것은 개인의 자산소득에 비과세한다는 사실에 있다. 그러나 자산의 거래를 통한 차익은 은행에서 인출된다면 그때 비로소 소비로 간주하여 이를 과세하는 것이다. 은행에 예치된 자산소득은 저축으로 남아 사회자본에 기여할 수 있다고 보는 것이다.

이에 있어 개인의 내구재 구입은 일종의 투자로 간주하여 이를 또한 비과세하는 것이다. 개인의 저축을 통해 마련한 내구재는 아무리 소비해도 소멸되지 않고 영구적인 소비를 보장하는 자본재로 간주하여 이를 투자행동으로 보아 비과세할 수 있다. 그러나 현실적으로 그 수요는 대중화되고 있어 이를 비과세할 수는 없을 것이다. TV, 냉장고, 자동차, 전기용 도구, 디지털용 기계(노트북, 휴대폰 등) 등은 한국형 지출세에서는 이를 과세하도록 한다. 그 소비영역은 넓고 대중화되어 있어 과표 확대와 나아가 세수확보에도 도움이 될 수 있어 좋을 것이다.

이 밖에 기초공제, 가족공제, 의료비공제, 연금공제 등 제 공제조치가 적용된다. 이러한 서구형 지출세를 보다 이론적으로 깊이 조망한다면 임금을 지급받는 근로자가 납부하는 지출세는 임금소득세와 유사하다. 그러나 이는 소득이 과표가 된 것이 아니고 장래의 소비를 과표로 간주하여 영구적인 생애소비세를 미리 내는 전납형 소비세라는 것이다.

그러므로 현재 소비에 대한 과세는 없고 장래 소비에 과세하고 있는 것이다. 따라서 우리는 현재 소비에 대한 소비세는 현행의 부가세로 대치하고자 한다. 따라서 위의 서구적인 지출세의 과세형식은 세제규범인 간편성, 평등성, 효율성을 갖춘 세제로 볼 수 있으며 우리의 지출세도 그 기본형식은 이에 기초하지 않을 수 없다. 다만 다른 것이 있다면 우리의 부가가치세제를 그대로 계속 존치하며 그래서 이는 현재의 지출세를 대신하는 소비세로 간주하고자 한다. 사실상 현재의 지출세는 임금세에서 장래의 생애소비세의 의미를 내포하고 있어 현재의 소비에 대해서는 비과세되는 결과를 가져올 수 있다. 따라서 우리는 이러한 결함을 현행 한국의 부가가치세제도를 그대로 활용한다면 완벽한 포괄적인 소비세가 될 것이기 때문이다. 근로소득에 대한 전납형 지출세와 사업과세로서의 지출세와 마지막으로 현행 부가가치세를 현재 소비에 대한 과세로 3가지 세목으로 구성된 지출세를 생각할 수도 있는 것이다.

서구 유럽에서의 여러 국가들의 세제운용은 대체로 최근 들어서 소비세제를 강화하고 있는 것으로 나타나고 있다. 특히, 스웨덴의 세제개혁의 특징은 높은 소득에 고과세하며, 자산에 대해서는 낮은 과세로 전환하였다. 예로서 법인세는 57%에서 30%로 인하되었으며 한 채의 자가주택 소유자에 대한 재산세는 비과세하며 대신 소비세율은 부가가치 세율을 23%에서 25%로 인상 적용하고 있다.

특히, 네덜란드의 세제운용은 3개로 분류된 세제로서 3Box 세제라고도 한다. 하나는 근로소득이고, 두 번째는 자본소득이고, 세 번째는 저축이다. 투자소득을 대상으로 한 세제이다. 근로소득에는 누진과세하고 자본소득과 저축・투자 소득에는 25~30%의 비례세로 일종의 단일세율을 적용하고 있다. 자본소득세는 자산보유세로 전환하였다(사실은 배당소득세를 내지 않고 비과세했던 자본소득으로 몰려들었기 때문이었다).

투자에서 부채는 공제하도록 한다. 투자액은 부채를 빼고 연말에 평균치를 정하고 여기에서 2만 유로를 차감하고 결정하여 30%의 세율을 적용한다. 여기에 기초세액공제, 근로세액공제 및 아동세액공제 등 과표공제(income deduction) 대신 세액공제(tax credit)를 적용해 보다 사회정책적인 세제운용으로 세수차질의 우려를 보이고 있다. 이러한 세액공제는 오히려 노동소득의 증대를 가져와 과표증대 효과도 있다는 것이다.

3Box 세제의 네덜란드의 세제개혁 중 특이한 것은 사회보험 관련 소득을 과세대상으로 했을 뿐 아니라 이로 인해 과표는 더욱 확대되어 공평성에 기여하였다는 것이다. 일본이나 우리나라에서는 사회보험 관련 소득은 과세대상이 아닌 것으로 인식되고 있어 문제이다. 과세하더라도 일부에 제한해 분리과세하고 있음에 대해 재고해 볼 과제라고 생각된다.

독일은 부가세율을 16%에서 19%로 인상했으며 소득과세도 최고세율을 42%에서 45%로 인상하였다. 부가세 증수액은 주로 실업보험료에 충당하였다. 법인세율은 25%에서 15%로 인하했으며 지방세인 영업세는 5%에서 3.5%로 인하하였다. 이로써 독일 기업의 국제경쟁력을 강화하였다.

특히, 다국적기업의 조세회피 경향을 억제함에 도움이 되고 있으며, 법인세율은 표면적으로는 감소한 것으로 나타났으나 실제로는 오히려 세수가 늘어나는 효과를 보고 있다. 2009년에는 급여소득에 누진과세되어 15%에서 45%에 이른 세율을 적용하였다. 또한 주식의 양도차익에 과세하였다. 배당소득세율도 47%와(자본소득세율) 소득세 최고세율도 45%로 거의 동일한 세부담으로 세제를 이원화하고 있다. 근로소득에 누진과세하고 후자인 자본소득에 오히려 낮은 비례세율을 적용하여 효율과 공평성에 중점을 두는 이원적 과세원리를 보이고 있다. 특히, 자본소득과 배당소득에 이중과세 문제도 해결하여 불평등한 과세를 제거하였다.

자본소득과 배당소득을 엄격히 구분하여 이중과세 문제를 해결하여 자본의 효율화를 기하고 있다. 또한 이자소득, 배당소득은 물론 주식양도차익에 대해 분리과세하도록 했음은 독일 은행업자들이 해외로 자본을 도피해 탈세를 시도하는데, 이를 억제하는 데도 이러한 분리과세가 크게 도움이 되고 있다. 특히, 자본소득에 저과세하는 비례세와 근로소득에 같은 세율로 누진과세하는 일종의 미국의 X조세의 지출세 과세방식을 따르고 있는 것이 최근의 독일 세제개혁이었다.

다음 미국의 그간의 세제개혁에 대해 보기로 하자. 즉, 2006년에 부시(Bush)가 대통령으로 취임하자 제시된 세제개혁안은, 첫째 소득세제의 간소화(Symplified Income Tax Plan), 둘째 과세기초를 소비세에 집중한 성장투자촉진세제(Growth and Investment Tax Plan)였다.

무엇보다도 소득세는 모든 공제조치를 없애고(인적공제, 재산공제, 가족세액공제 등) 가족세액공제로 일원화하고 있다. 그러나 주택차입의 이자공제를 세액공제 조치로 전환하였다. 한편, 개인의 퇴직금, 기업연금, 개인연금, 가계저축 등을 통합해 비과세하고 있다. 두 번째 세목은 주로 자본소득과 투자에 대한 과세제도로서 H-R 단일세와 유사한 세제이기도 하다. 즉, 개인의 근로소득에 누진과세하고 자본소득에 비례과세하는 그러나 단일세율을 개인에게도 기업에게도 적용하고 있는 것이다. 이는 후에 브래드포드의 X 조세와 흡사한 것이었다.

특히, 후자인 기업과세 조치는 소득이 과표되지 않고 소비가 과표되어 있음을 명심해야 할 것이다. 이로써 세제명칭만 지출세라고 부르지 않고 있으며 실질적으로는 지출세로 그 과표를 소비로 하고 있음은 지출세를 50% 채택하고 있다고 할 수 있겠다. 특히, 이자소득을 손금처리하지 않고 과세하며 대신 투자자금은 즉시 상각하여 비과세 대상이 되고 있는 것이다. 개인소득세의 과표단계는 15%, 25%, 30%로 간소화하고 있다.

이자소득, 배당소득, 자본소득 등은 15%로 경과세하여 자본축적에 기여하고 있다. 또한 투자의 감가상각 조치를 폐지하고 대신 투자의 손금산입을 즉시 허용하도록 했다. 이자지불을 과표공제 했는데 이를 폐지하고 과세하도록 했다.

이러한 세제는 서유럽제국이 도입·운용하고 있다. 즉, 이원적 세제로서 개인과 사업체에 대한 과세를 분리하되 공평성과 성장촉진에 유념한 세제이다. 즉, 저축이나 투자행동을 유인해 자본을 활용하여 성장을 촉진하여 번영을 가져온다는 것이다. 특히, 기업의 자금조달 방식(부채 또는 주식발행)에 대한 중립성을 유지해 기업의 체질향상에 기여한다는 것이다.

미국의 기업들은 항시 감가상각, 이자지급의 공제조치가 있어 항시 피세장치로 이를 이용하여 왔다. 따라서 이러한 피세의 함정을 신 세제는 완전 폐쇄했음을 뜻하기도 한다. 한편, 소득공제를 감소시키고 대신 세액공제로 대체해 분배정책에 기여하고 있다.

21세기에 세제개혁의 지혜는 지금까지 견제되어 온 소득세를 소비세로 바꾸자는 것이다. 그러니까 과거에는 주로 소득을 과표로 해 세금을 매기자는 소득세 위주의 조세로 징세했었는데, 새로운 시대의 생활구조의 사조적인 변화는 세금질서에도 큰 변화의 조짐을 초래하고 있음을 먼저 인식해야 할 것 같다.

표 12-1 미국의 세제개혁

	제1안 간소한 소득세제안	제2안 성장 및 투자세제안
가계		
세율	15%, 20%, 30%, 33%	15%, 20%, 30%
배당소득	비과세	15% 과세
주식양도차익	1/4 과세	15% 과세
이자소득수취	종합과세	15% 과세
법인		
세율	31.5%	30%
사업체과세	대기업은 조직형태와 관계없이 법인과세	모든 사업체에 대해 동등하게 과세
투자	간소한 가속도상각	즉시 손금산입
이자지급	불변(공제)	금융기관에 한해 공제함
이자수취	불변(경과세)	금융기관 이외 비과세
국제과세	외국소득 비과세	종착지과세(국경조정)

자료: 土居丈朗編(2010), p. 112.

이러한 시대적 사변적인 영역을 인식하지 못하는 사람에게 우리의 지출세는 한낱 "소 귀에 경 읽기"에 지나지 않나 하는 느낌을 갖게 된다. 이치는 단순하다. 즉, 세금부담의 능력은 담세력에 있다고 본다. 지불능력을 돈에 둔 소득세는 사실과 다르며 그 부작용도 많다. 과소 신고로 인한 세수차질, 소득을 줄이는 방법은 수없이 많아 피세행태는 관습화되고 있는 것이다.

진정한 담세력은 전 생애에 걸쳐 볼 때 소비에 있으며 그래서 과표를 일시점에 국한하는 소득에서 장기로 연장하는 소비로 바꾸어야 한다는 근거가 성립하는 것이다. 그리고 지출세는 저축을 비과세하여 소득세의 이중과세하는 모순을 제거하고 있다. 무엇보다도 낭비적인 사람보다 근검절약하는 자수성가형 인간을 높이 평가하는 세제는 도의적이고 인간중심의 세제이기도 하다. 새 시대에는 세계화로 인해 소비양식도 일원화되고 있으며 대량소비시대로 돌입하고 있어 과표의 기준은 소비로 전환함이 옳다고 본다.

오늘날 새 시대는 변화의 시대이기도 하다. 20세기에 지배되었던 절대주의는 부인되고 대신 상대주의가 건재하고 있으며, 이에 따라 사회경제 가치의 다양화를 요구하는 다양화 시대(age of plurality)이기도 하다.

한편, 노령화 사회로의 진입은 사회복지비의 증대를 가져오고 있으며 그 재원조달은 퇴직소득자는 제외되고 세금부담상 불공평성이 증대되고 있다. 이를 시정하기 위해서도 소비세 과세는 확대되어야 한다.

뿐만 아니라 서구에서의 세제의 규범은 이미 1980년대 초부터 간편성, 공평성, 효율성으로 제시되고 있으며, 그 후 미국과 유럽 제국의 세제개혁의 추세는 지출세를 지향하는 소비세 중심의 세제개혁을 하고 있다. 여기에 선진제국의 효율을 중시하는 세제의 규범을 예시하고자 한다.

혁신적인 세제개혁안은 보다시피 지출세, 단일세, 또는 X조세라고 볼 수 있다. 그러나 소득세를 그래도 잔존시키면서 개혁하자는 안은 주로 자본소득을 경과세하는 것으로 제시되고 있다. 그것들은 대체로 이원적 소득세, CBIT(포괄적 사업소득세), 네덜란드의 BOX Tax 등을 지적할 수 있다.

이들의 주장은 특히 후자의 경우 소득세제도를 유지하되 효율성을 추구하는 개혁으로 볼 수 있다. 예로서 미국의 개혁(1992)은 CBIT로 이자지급은 손금처리하던 것을 폐지하고 대신 자본소득의 개인과세는 폐지시켰다. 투자는 전액 즉시 경비상각을 하지 않으나 그 중 감가상각만을 공제하도록 하는 안이었다. 그래서 미국은 소득과세체제를 견지하고 있는 것이다.

한편, 서구라파 중심의 OECD에서는 전체 세제를 포괄적 소득세 체계와 소비세 체계의 중간영역을 설정하고, 두 세제의 결함을 극복하면서 조화로운 세 체계를 추구하는 안으로서 결과는 오히려 소비지출세 체계를 강조하는 안이었다. 이를 소득세의 이원화라고도 한다.

표 12-2	서구제국이 효율화를 추구하는 세제규범

	과세 베이스(과표)	세제
소득	자본소득은 저율과세, 근로소득은 누진과세	이원적 소득세(자본, 근로)
	두 세목은 분리과세	Box Tax
	법인단계에서의 이자, 배당과세의 중립성 유지	포괄적사업소득세(CBIT)
	임금(W)+이윤(P)+이자(R)-감가상각(D)	소득형 부가가치세
소비	소비(C)	법인사업세 외형표준과세 VAT, 소비세
	소득(Y)-저축(S)	지출세(직접세)
	임금(W)+이윤(P)+이자(R)-설비투자(I)	가산세(소비형)부가가치세 Flat Tax, X Tax
Hybrid	자본소득과 근로소득 분리과세	
	이자소득은 사업체 단계에서 과세	Bush 세제개혁안 제2안
	설비투자는 즉시상각	

자료: 土居丈朗編(2010), p. 125.

이들은 주로 자본과세의 중립과세를 중시하면서 이자배당소득 및 주식양도차익 등의 금융소득에 대한 과세를 조세회피를 방지한 중립적 과세로 전환하자는 것으로 금융자산과세를 일원화하자는 데 있다고 볼 수 있다.

특히, 선진제국 간에 그간 전개되고 있는 양상은 법인세율 저하로 세제경쟁을 이루고 있다. 여기에 더해 과세 베이스의 확대경향이 강하게 반영되어 과세의 간편성과 중립성을 제고시키고 있다 하겠다. 그리고 근로소득과 기업의 사업소득 및 자본소득을 완전 분리하여 과세하되 후자에 저축투자 촉진을 강화하며 전자에는 누진율을 강화하고 있는 것이다.

그리하여 새 시대의 세제는 기업의 자본축적과 투자의 활성화로 경제의 기반을 공고히 구축해 자본의 질서 아니 돈의 흐름의 질서를 바르게 구축하여 금융경제의 활성화를 추구하고 있는 것으로 볼 수 있다. 그럼에도 불구하고 리만브라더스의 파산은 국제적인 충격을 주었으며 그것은 이러한 세제와는 무관한 것이며 투기적인 사심에 기인한 것이었다.

2. 한국형 공락소비세의 특성

한국의 세제는 현재 정부로서는 친기업적 세제운용으로 경제를 활성화시키고 유산자의 부를 더욱 증대시켜 그 여력으로 무산자에게 재분배를 하겠다는 정책으로 평가하고자 한다. 이러한 세제설계는 경제계에서, 특히 전경련, 상공회의소 등 업계에서의 지지를 받고 있다 하겠다.

그러나 이에 대해 통합민주당에서는 부자에게 더 높은 세금을 거두어야 양극화 문제도 해결됨을 주장하고 있어 정부는 이에 분배기능을 강화할 것으로 보인다. 세제의 논의에 있어 서구 학계에서는 과표를 소득으로 할 것인지 아니면 소비로 할 것인지 등 보다 세제의 본질적인 측면에서 논의되고 있으며, 그래서 소득과 소비를 혼합결집한 혼합형 세제(hybrid income-cosumption tax system)가 논의되고 있다.[1)]

미국에서는 세제의 공평성, 효율성, 단순성 등에 관한 논의가 의회에서도 활발히 논의되고 있음에 반해, 우리 의회는 항시 정치적이며 여야 간의 권력투쟁에 세제논쟁은 이용될 뿐 보다 세제의 근본에 대해 논의하지 않고 있어 안타깝다.

여기에서 지출세를 신 세제로 건의하고자 하며 그러한 신 세제의 구상이나 설계는 어디까지나 우리 납세자 국민의 정서문화에 적합한 그래서 민의에 뒷받침될 수 있는 신 세제를 구상해 설계해 보고자 한다.

우리의 보편화된 세금 정서는 바르고 투명하고 공평함을 으뜸으로 한다. 이러한 가치는 도의적으로 인의예지신(仁義禮智信)이라는 고전적인 동양

1) Edward J. McCaffery(1992), pp. 1145~1218.

문화의 가치를 우리 삶의 울타리로 보고자 한다. 그런데 재정과 관련된 덕목은 앞에서 지적한 바대로 역시 항산항심에 두어야 한다(State's serve first for the people, then he will certainly be deserved by the people).

정부나 정가에서 외쳐대는 목표는 일자리 창출인 것 같다. 이를 위해 정부는 세제면에서도 배려를 아끼지 않고 있다. 즉, 고용창출에 대한 세제배려는 각종 공제혜택이며 이는 당초에 약속한 넓은 세원에 얕은 세율이라고 하는 원리와 배치되고 있는 것이다.

이는 세제의 공평성 면에 배치되며 특정 기업에 대한 세제배려는 배분의 비효율을 초래할 수도 있기 때문이다. 기업이 고용을 확장시킬 수 없는 이유는 기술집약적인 생산체제 하에서 신기술 도입으로 인하여 고용은 감소하며 인력을 줄일수록 경쟁에 이겨 사업을 활성화할 수 있기 때문이다.

고용확장을 위해서는 노동집약적인 기업운영을 해야 하나 그렇게 되면 국제경쟁력에 뒤져 파산할 것이므로 기업으로서는 이에 반대의 노선을 선택함이 합리적일 것이다. 따라서 일자리를 확대시키자면 역시 정부의 보조가 필요할 것이며 그것은 다시 세금을 더 거두어들임으로써 일자리 창출도 가능한 것이다. 결국 일자리 창출 비용은 실질적으로 국민의 세금으로 이루어지는 것으로 보아야 할 것이다.

기업이 경쟁에서 이기자면 우선 혁신적인 기법을 도입할 것이고 그러한 혁신은 다른 기업에서도 추구되고 있어 별 효과가 없다고 한다. 보다 결정적인 것은 기업행동을 제약하는 규제일 것이고 다음으로는 세제일 것이다. 세금부담을 덜어준다면 기업의 투자행동은 활성화될 것이기 때문이다. 거기에 저율의 이자율도 한 몫을 할 것이다.

기업의 투자가 활성화하는 이유는 개별 기업에 따라 다 다른 것이지 단순히 세금이 적고 규제가 없어 활성화한다는 논리는 단편적인 편견일 수도 있다. 세금부담이 높더라도 규제가 강해도 역시 사업활동의 근간은 개인 기업인의 발전하겠다는 기(氣)와 기대심리 그리고 극기력 등에 의해 성취될 수 있기 때문이다.

그렇더라도 현실적으로 세부담의 저하가 기업의 투자활성화에 결정적인 기능을 수행하고 있다는 연구가 많다. 어쨌든 최근에 와서는 21세기의 세제개혁의 방향은 지출세 내지 개인소비세에 있음을 그간의 경험적 실증을 통해 주장하는 미국의 조세전문가 아우어박의 논문은 인상적이다.[2)]

특히, 지난 20세기에 전개된 미국에서의 금융자산에 대한 과세는 기업의 활성화에 부정적인 효과를 주었다고 그는 논증하고 있다. 경제의 안정적인 성장과 번영을 위해서는 자본수익(capital income)에 대해 비과세할 것을 제시하고 있다.[3)]

우리가 여기에서 설계하는 지출세 형식의 내용은 구체적으로 현금흐름의 유형을 채택하고자 한다. 이는 아론이 제시하는 지출세의 형식이다. 그 내용은 이미 앞에서 소개되었기에 여기서 되풀이하지는 않겠다.

이 밖에 지출세 유형의 대표적인 소비세는 역시 "홀-라부슈카의 단일세"(flat tax)라고 할 수 있다. 그러나 시기적으로 아론의 현금흐름의 소비세가 1980년대 후반에 제시된 반면 홀-라부슈카 단일세는 1983년에 제시된 것이었다.[4)]

사실상 브래드포드의 X조세는 홀-라부슈카 단일 유형의 지출세와 그 과세방식에 있어 거의 동일한 것이다. 그는 X조세를 소개하면서 그 내용은 H-R의 단일세 소비세와 같다는 것을 밝히고 있다.[5)]

우리는 서구학계에서 논의되고 있는 저자의 지출세 모형들을 참조하더라도 한국 실정에 맞는 부분은 채택할 것이며, 원칙면에서는 우수하나 한국 실정에 부적합한 측면은 제거해서 하나의 실용적인 지출세를 구축해 보고자 한다.[6)]

---

2) Alan J. Auerbach(2011), pp. 613~645.
3) Alan J. Auerbach and Kelvin A. Hasett(2009), pp. 249~270.
4) Robert E. Hall and Alvin Rabushuka(1983, 1985).
5) David F. Bradford(2000), p. 67.

그 명칭은 "공락소비세"(共樂消費稅, Individual Consumption Tax on Pleasure in Common)라고 함이 적절하다고 생각한다. 여기에서 지출세라는 이름을 소비세라고 한 것은 소비세라고 하면 누구에게나 소비행동에 대한 세금으로 이해하지만 지출세라고 하면 정부나 공공기관에서 경비지출을 하는데 가계운영에서는 좀 생소한 용어로 받아드릴 것이므로 소비라는 표현이 더 공감이 가는 세금정서이기 때문이다. 지출은 공적이지 사적인 개념이 아니기 때문이다. 미국에서도 칼도의 지출세라 하지 않고 종합소비에 대한 개인소비세라고 칭하고 있다. 즉, 과표를 중시해 소득이 아니라 소비에 과표가 있음을 중시해 개인소비세(personal consumption tax)라고 칭하고 있다.[7)]

소비란 우리가 원하는 욕구를 충족시키는 경제행동을 말하며, 이는 먹는 것, 입는 것, 사용하는 것 등 직접 재화나 용역을 소비할 수도 있으나 여기에서의 소비는 돈을 주고 얻는 재화 및 용역을 소비라고 하자.

어쨌든 이러한 거래를 통한 소비행동은 우리가 원하는 욕구를 충족시켜 줄 것이므로 여기에서 그러한 소비욕구 충족을 통해 우리는 즐거움을 체험할 것이며 만족감을 느낄 것이다. 그 즐거움의 크기나 만족은 개인에 따라 또 재화나 용역에 따라 다 다를 것이지만, 공통적인 것은 바로 즐거움이라는 공감일 것이며 나 혼자만이 소비의 즐거움을 체험하지 않으며 소비하는 모든 개인은 함께 즐거워할 것이다. 이런 의미에서 공락(共樂)이란 형용사를 소비세에 추가했음을 밝히는 바이다.

그러나 이러한 정서적인 형용사가 조세라는 공적인 세금명칭으로는 부적합하다는 것을 부인할 수 없다. 그 이유는 우선 우리의 세금은 이 경우 개인별로 납세하는 인세이다. 공락이라고 한다면 함께 소비하고 함께 즐거

---

6) 철학적으로 구축(construction)이란 후기 산업화 시대에 부인되는 용어이기도 하지만 세제는 하나의 제도요 하나의 행동원리로 이는 구축을 불가피하게 하고 있음을 인식해야 한다. tax rule에 Derrida의 반구축이론을 적용해서는 안 될 것이다.

7) Rosen and T. Gayer(2010), p. 490; David N. Hyman(2008), p. 630.

움을 느낀다는 것으로 볼 때 쓰는 소비행동은 개인적이지만 함께 쓰는 집단성을 배제한다. 개인적인 소비이며 개인적인 소비세를 납부함에 있어 공락이란 표현은 좀 어색할 수밖에 없다.

소비효용의 심리적 표현을 집단화시킴은 좀 무리이며 이런 정서적 표현을 법리적인 조세에 적용함은 개념상의 불일치를 가져와 저자는 공락이란 정서적 표현을 제거하기로 하였다. 대신 우리의 혼합형 소비세는 현금흐름의 지출세로 하는 것이 전체론주의적 방법에서 적합하다고 사료된다. 전체론주의란 문자 그대로 삶의 모든 부문을 포함해 접근하는 방법으로 여기에서는, 특히 종합소비세의 뿌리는 개념적으로 칼도에서 연유되고 있음을 강조하지 않을 수 없어 좀 생소한 용어이지만 신세의 개념은 역시 새로운 명칭으로 함이 마땅하다고 생각되어 지출세를 쓰기로 하였다. 여기에서 지출이라는 용어가 어색하다고 하겠지만 사실은 소비세라고 할 때 물세가 아니라 인세이며 자산소득을 소비로 보지 않는 소비세는 소득세와 다르다. 한편 현금흐름이란 넓은 개념은 소비를 위해 지출할 것이며, 기부를 위해, 투자를 위해, 대부를 위해, 자산구입을 위해, 조세납부를 위해, 학비를 위해 우리는 돈을 통장에서 인출해 지출하지 않을 수 없는 것이다. 돈의 흐름은 참으로 다양하다.

이런 의미에서 소비세와 지출세는 다른 것이다. 우리가 택하는 세금은 단순한 소비라기보다 그 영역이 더 넓은 지출을 채택해야 할 것이다. 따라서 "현금흐름의 지출세(cash-flow expenditure tax)"라는 새로운 세금의 명칭을 붙이고자 한다.

이러한 표현에 만족하지 않는다면 차라리 과표대상이 재화나 용역이 아니라 소비수단으로서의 지급 또는 수급되는 돈, 즉 화폐라고 볼 수 있다. 이에 따라 "현금흐름 소비세"라고 하면 어떨지? 공락이란 느낌의 형용사가 붙은 세금용어가 부적합하다면 그런 형용사 대신 개인소비세의 과표는 소득이 아니라 소비의 수단인 현금지급이 과표의 대상이 되고 있으므로, 따라서 지급되는 화폐 크기의 움직임을 세금부담의 기준으로 이용하고 있음은 그 투명성의 극대화와 공정성에 있어 으뜸이 되고 있는 것이다.

그러나 현금흐름을 과표로 선정하는 기준은 따로 있다. 지출의 흐름이 있으며 수입의 흐름이 있기 때문이다. 여기에서 짚고 넘어가야 할 점은 우리가 제시하는 흐름의 소비세는 두 과세대상을 포함하고 있다는 것이다. 이는 H-R 단일세(平率稅) 및 아론의 현금흐름의 소비세도 모두 두 개의 과세대상을 제시하고 있다.[8)]

공락소비세도 두 개의 대상을 포함하고 있다. 첫째는, 월급이나 봉급을 기업 또는 교직 등 공직으로부터 받는 임금소득자이며, 둘째는 특정 사업을 운영하는 사업가 또는 기업가이다. 모든 수입적인 현금흐름은 일단은 과표의 대상이 된다.

첫째, 임금세는 고용인으로 받는 급여에 대한 세금이다. 여기에 적용되는 세율은 5개의 누진율이다. 즉, 10%, 15%, 20%, 30%, 40%이다. 최저생계비는 시대에 따라 다르며 한 가구에 한 달 최저생계비를 100만 원으로 정하고 이 소득수준 이하에는 비과세한다. 이러한 임금세는 그러나 소득세와 별다른 차이가 없다고 할 것이다. 그러나 여기에 최저생계비 이하의 주민에게는 부의 소득세제를 적용해 정부로부터 일정 소득을 무상으로 지급한다.

임금소득의 중산층 이상은 20%의 단일세율을 적용받는다. 과표에서 공제되는 것은 저축이다. 저축의 인정은 은행의 정기예금으로 공정한 계좌(qualified account)에 예금을 하는 경우에 한한다. 그러므로 언제나 찾을 수 있는 요구불예금이나 일시적인 예금은 저축으로 보지 않는 것이다. 이런 경우에 저축소득은 과표에서 공제되는 것이 아니고 비과세해 과표에 포함되지 않고 있는 것이다. 정확한 표현은 저축공제가 아니라 저축비과세인 것이다.

---

8) 첫 번째 과표는 임금세 또는 보상세이며, 두 번째 과표는 사업세(business tax)였다.

임금세는 부(負)의 소득세제이기도 하다. 그래서 누진세가 소비세에 적용되고 있다. 빈곤층은 세금을 내는 것이 아니고 오히려 납세자가 될 때까지 재정당국으로부터 소득을 지급받고 있어 이는 양극화 문제 해결에 일조하고 있다 하겠다. 이듬해에 가서 지난해의 총소비의 크기를 신고해 납세한다. 그러나 이러한 임금세는 소비세로 납부하는 것이다.

앞에서 지적한 바대로 현재 실현된 개인소득은 언젠가는 모두 소비로 써 버릴 것이기 때문이다. 그러니까 영구소득의 개념처럼 영구소비가 있음은 바로 이러한 장래의 영구적인 소비에 대해 미리 소비세를 내는 것이 여기에서의 선납형 지출세로서의 임금세이다.

그러므로 이러한 임금세는 일부 소득세이며 일부 장래의 소비세이기도 하다. 그래서 미국 조세학계에서는 이를 혼합형 조세라고 해 "hybrid Income-Consumption Tax"라고 한다.[9] 말하자면, 우리의 소비세도 일종의 소득소비형 지출세라고도 볼 수 있다. 이를 칼도는 미래 소비에 대해 납부하는 선납한 소비세로 미래로 미루어진 일종의 지연된(deferred) 세금이라고 하였다(prepayment of tax). 즉, 전납소비세라고도 한다.

이와 관련 앤드류는 소득세와 소비세가 서로 보완한다는 뜻에서 이를 hybrid란 용어 대신 소득소비 보완적인 조세(supplementary tax)라고 칭하고 있다. 현금흐름의 지출세는 다음과 같은 현금수입 지출에 대해 과세하도록 한다.[10]

즉, 현금흐름의 지출세의 경우 납세의무를 지니는 조세주체는 개인 또는 법인이 되고 있다. 그러므로 납세자는 자연인으로서의 개인이며, 한편

---

9) Edward J. McCaffey(1992), p. 1145.

10) 원래 현금흐름의 소비세는 1974년에 앤드류(William D. Andrews)에 의해 제시되었다. 그 후 1984년에는 아론(Henry Aaron) 및 갤퍼(Harvey Galper)가 이 소비세를 건의한 바 있다. 그러나 이러한 현금흐름의 지출세는 1955년에 칼도(N. Kaldor)가 주장하고 있다. 그에 앞서서는 현금흐름의 소비세는 피셔(I. Fisher)였음을 잊어서는 안 될 것이다.

사업세의 경우 기업 주주들의 사업체인 법인이 될 것이다. 이때 과세대상은 소득이 아니라 현금흐름이다. 돈을 누구에게 지급할 때 특정인의 계좌로 입금될 것이다. 돈은 한 계좌에서 다른 계좌로 이동함으로써 흐름을 나타낼 것이다. 즉, 유동성(liquidity)을 보일 것이다.

그 흐름의 대상은 소비일 수도 있으며 투자일 수도 있다. 한편, 그 흐름은 이윤 또는 배당금, 이자소득 등 수입이 될 수도 있다. 이러한 수입 지출행동은 모두 돈의 움직임을 내포하고 있으며, 현금흐름의 지출세는 바로 이러한 돈의 흐름의 크기에 대해 세금을 매기자는 것이다.

우선 현금흐름의 지출세는 다음과 같은 현금수입을 과세대상으로 할 것이다. 총소득의 크기는 대체로 급여수입과 저축이 될 것이며 여기에서의 지출세는 저축된 수입분은 제하고 나머지 급여수입에 대해 과세하도록 한다.

여기에서 현금흐름의 수입이란 급여, 월급, 임대수입, 이자소득, 이윤, 주식 배당소득, 이전지출수입, 기부, 유증, 상속 등이 과세대상인 것이다. 저축이란 은행계좌에 예치된 정기예금을 말한다. 이러한 예금은 요구불예금이 아니며 공적으로 인증된 계좌(qualified accounts)에 예치된 정기예금을 저축으로 인정한다. 이는 지하경제를 배제한 금융제도 속에서의 예금저축을 말한다.

따라서 여기에서의 저축은 모든 금융자산, 주식, 증권, 시중은행 및 기타 금융기관 등에 예치된 자금을 일컫는다. 심지어 생명보험자산, 부동산 등도 과표대상이 아닌 것이다. 단, 자가주택의 임대는 과세되고 있다.

이러한 현금흐름의 지출세를 개인의 경우 이를 임금세라고도 한다. 그러나 임금세는 정확히 표현해 임금과 부수적 급부(fringe benefit)를 합한 세금이다. 이를 기업이 근로자에게 급부한 일종의 보상(報償, compensation)이라고 해서 브래드포드는 바로 이 보상에 대해 과세하는 것이다.[11)]

저축부분을 비과세함은 장래 편익을 위해 현재의 향락을 억제하고 자

11) David F. Bradford(2000), p. 86.

수성가의 자립적인 노력에 과세함은 국가의 백성에 대한 도리를 인식한 인도적 과세원리이기도 하다. 그리고 나머지 부분에는, 즉 담세력을 가진 소득에 장래의 소비라는 허구적인 과표에 소비세를 과세하는 것이다. 그래서 미리 내는(prepayment) 세금이 바로 전납형 지출세(前納型 支出稅)인 것이다. 즉, 현재의 소비는 언제고 장래에 다 소비되어질 것이라는 가정 하에서 현 시점에서의 과세가 아닌 전 생애에 걸친 소비에 대한 과세가 곧 전납형 지출세인 것이다.

그러나 이러한 소비세는 직장에서 급여하는 임금에 원천과세됨으로 마치 임금소득세와 그 형식에 있어 거의 다를 바가 없다. 그래서 이런 소비세는 이미 소비된 소득에 대한 과세라고도 한다("tax on consumed income").

한편, 고전적인 지출세보다 H-R의 소비세는(X조세와 유사함) 기업에 대한 과세 베이스를 타 산업에 지출한 비용을 공제하며 이에 더해 임금비용을 공제해 그 과표는 어떤 지출세 방식보다 작게 설계되고 있음이 그 특징이다. 기업 측면에 있어 세부담이 가장 적은 과세방식은 바로 홀-라부슈카(Hall-Rabushka)의 조세임을 밝히는 바이다.

3. 한국형 공락소비세의 설계

1) 한국적인 조세문화 정서: 융합형 과세원리

한국에 적합한 세제의 모습은 어떤 것이 되어야 할까? 이러한 질문은 그리 쉬운 내용이 될 수 없기 때문이다. 세금하면 납세층의 조세문화를 파악해야 하며 정부 입장에서는 그때그때의 정책내용의 변화를 알아야 할 것이기 때문이다.

그러나 여기에서 우리는 한국 세제의 규범가치를 현재 우리 사회가 당면한 전체론적 시각에서 접근된 재정정책의 과제를 중심으로 고찰해 보고자 한다. 우선 신 세제의 정치문화적·재정적 배경을 살펴보는 것으로 문제를 풀어나갈 것이다.

즉, 세금과 관련된 사회심리적이고 재정정책적인 연결고리가 서로 얽힌 모습을 잘 풀어 이해에 접근해야 할 것이다. 그러면 이러한 배경의 모습은 어떻게 표출되고 있는지를 저자의 추론적 직관(inference from intuition)에 따른 견해를 한 번 짚어 보기로 한다.

먼저 현재 우리가 당면하고 있는 조세문제는 심각하다. GDP의 약 35%의 국가부채가 누적되고 있으며 공기업, 보증채무, 자치단체 등을 포함한 국가부채는 2010년 한국은행 통계에 따르면 GDP의 74%를 초과하는 835조를 넘는 이른바 공적 영역 부채액을 나타내고 있다. 한국에도 재정위기가 언제 발생할지 위험수위에 있다고 볼 수 있다.[12)]

한편, 최근 재정운용에 관한 학계에서의 주장은 정치가와 학자들 모두 한국의 조세부담률은 OECD의 평균치인 27%에 못 미치고 있어 현재의 19% 수준에서 22% 수준으로 증가시키자는 것이고, 그에 더하여 복지비 지출도 OECD 국가에서 저위에 있어 이를 높여야 한다는 견해가 제시되고 있다.[13)]

이러한 견해는 모 연구재단에서도 제시되고 있어 앞으로는 확대재정과 복지재정을 중시하는 나라살림이 될 것이며, 그에 따라 세수확보를 위한 증세정책이 납세자들의 부담을 더 줄 것이다. 한편, 이를 감당하지 못하면 국가부채는 증가일로에 있을 것이다.

한편, 나라살림의 낭비성에 대해 많은 비난이 오가고 있는 입장에서

---

12) 문화일보(2010. 10. 25).

13) 한국경제학회 주최, “정책심포지엄, 복지지출확대와 재정건전성”, 대한상공회의소, 2011. 11. 12.

앞으로 납세자가 낸 혈세는 납세자 스스로가 지켜야 한다는 목소리도 높게 제시되고 있으나, 정치적으로 그 방법에 있어 심히 취약한 상황이다. 서구에서는 이미 1980년대에 영국병이라는 악명을 남겼으며 복지시대는 공짜소득의 정의롭지 못하고 비효율적인 결과를 가져와 근검절약의 저축의 시대로 나가야 했음을 상기하지 않을 수 없는 것이었다.

오늘날 세금을 안 내는 체납자가 수없이 늘어나고 있다. 체납자의 대부분이 상습적인 피세전문가이겠지만 그 중에는 지불능력이 없는 체납자도 있음을 감안해야 한다. 예로서 조상으로부터 물려받은 큰 임야나 농지에 대한 종토세가 수천만 원으로 과세되어 체납되는 경우도 있으며, 이를 세무당국에서 세금액에 해당하는 땅을 자치단체가 강매해 해마다 땅을 정부에 세금 대신 땅으로 납세를 하고 있으며 게다가 양도소득세까지 부과하고 있다. 이런 세정은 이조시대에 있었던 가렴주구적인 현대판 징세행태가 아니고 무엇이겠는가?

그 땅을 팔려고 내놓아도 안 팔리고 있다. 그런데 공시지가는 매년 오르고 있어 그에 따른 세금 또한 오르고 있다. 그러한 임야로부터 연 수익은 하나도 없는데 말이다. 세금을 낼 수 있는 부담력, 지불능력(ability to pay)이 전무한데 세액을 올리는 것도 하나의 불공평한 세정이 아닐 수 없다. 부동자산의 보유세라고 해서 지불능력을 도외시한 하나의 개인재산의 탈취적인 세제는 철폐되고 보다 민주적인 서민을 위한 민생을 위한 신 세법이 나와야 할 것이다.

또한 지상에서 보면 최근에는 해외법인의 상당부분이 피세를 위해 해외로 그 활동무대를 바꾼다는 것이다. 이는 한국뿐 아니라 다른 나라들에서도 흔히 볼 수 있는 양상이기도 하다. 그렇더라도 국내에서 사업을 할 때 고용효과면에서 유리할 것이며 세금질서의 안정화에도 유리할 것이다.

어쨌든 반값 등록금, 무상급식, 빈부격차, 유산자와 무산자의 사회적 반감 등 게다가 두 정당의 해체과정은 한국의 민주주의는 표면상 무(無)로 회귀하고 있어 답답하다. 한국 사회는 정치 · 사회문화적인 계층 간, 지역 간 갈등구조는 심화되고 있어 심히 불안정한 불안한 상황에서 마치 나라의 기본질서가 갯벌에 버려진 그래서 개인은 언제 어떻게 끝을 맺을지 모르는 불확실성의 시대를 살아가는 듯하다. 그래도 나 자신을 붙들어 주는 한낱 실마디라도 붙잡을 수 있는 기회가 오길 바라면서 정말로 한국적인 삶의 존재(Sein)로 남을 것을 기대하면서 살아간다.

오늘날 한국 사회는 마치 "밑빠진 독"처럼 아무리 열심히 일하고 근검절약 생활을 한다 하더라도 힘 있는 자와 힘 없는 자 간에 보이지 않는 갈등과 분열은 사회문화적으로 심각하며, 1조의 무역규모 달성으로 수출력은 세계 9위라고 하지만 믿음으로 마음을 주고받을 수 있는 영역은 거의 없는 것이다.

나라의 국민들이 가야 할 민생의 길을 탄탄대로로 올려놓아야 안정된 환경에서 앞을 향해 호연지기를 펴 나갈 것이거늘, 현실은 정치가 파탄되어 여당 야당 할 것 없이 도태일로에 있으니 이 나라의 근본은 어디서 찾아야 옳은지 모르겠다.

실로 불확실한 삶을 엮어 나가자니 불안의 연속일 뿐이다. 그렇더라도 납세자는 국민의 도리로서 조세도의를 지키면서 세금을 낼 수 있는 납세자가 되기 위해 더 열심히 자기 몫을 다해야 할 것이다. 물론 개인적인 자기 삶을 풍요롭게 엮어 나가야 할 것이다.

여기에 더해 전자정부라고 투명성과 정당성의 행정력을 강화하고 있지만, 그 중에는 그러한 디지털 방식의 교환관계를 사용하지 않고 물물교환이나 은행계좌를 떠난 현금거래나 돈세탁으로 거래 자체를 지하로 숨겨 탈세하는 무리가 있음을 시인한다면 재정당국으로서 해야 할 일이 많은 것이다.

이러한 재정여건의 배경 하에서 지금 우리가 해야 할 일은 어떻게 하면 이러한 제 문제들이 잘 해결될 것이며 그러한 해결과정에서, 특히 세금이 해야 할 몫이 무엇인지를 짚어 보아야 할 것이다. 문제해결의 수단과

방법은 전체론적 세제의 접근을 시도할 것이며, 특히 여기에서 주로 논의된 지출세의 범주에서 한국적인 정서문화에 잘 어울리는 세금제도를 하나하나 짚어 보고자 한다.

우리는 새 천년 새 시대에 살고 있다. 그러므로 내 나라, 내 민족 뿐만 아니라 이웃나라 사람들과 더불어 함께 살아가는 지구촌 세계인인 것을 새 시대에 살고 있는 사람으로서 한 번쯤은 생각해야 하지 않을까? 이에 있어 걱정이 되는 것은 국가와 타 민족 간에 화합과 공존공영을 논하기 전에 우선 먼저 이룩해야 할 것이 분단국가인 우리 민족 간의 화합이다.

또 민족의 화합 이전에 선행되어야 할 것이 있다면 한 동네에서 함께 사는 이웃들과 직장동료 사이에 화목과 조화로운 삶을 영위하는 공동체의 한 구성원이 되어야 할 것이다.

저자가 여기에서 관심을 갖는 부분은 국가와 국민 사이의 일이며 그것은 납세자와 정부의 관계이기도 하다. 특히, 이러한 관계를 우리는 대립관계로 보는 서구적 접근법을 부인하면서 우리 동양문화 그것도 우리 한국문화 속에서 국민과 국가와의 관계를 조명해 보고자 한다.

서구문화는 세상사를 개인중심의 합리주의를 추구하지만, 동양문화는 남과의 조화와 화목을 중시하는 의타적 중심의 합리주의를 숭상한다. 그리하여 우리 민족은 예로부터 하나라는 천인합일(天人合一)의 사상으로 뭉쳐진 단일민족이며 나라와 백성도 하나라는 단일민족문화의 전통을 지니면서 살아 왔다.

하늘과 땅이 그리고 그 사이에 존재하는 사람이 각기 대립하여 분리되지 않고 융합되어 뭉쳐진 하나의 큰 덩어리가 되어 그것이 한 민족의 역사를 이룩하며 굴러 왔다고 생각한다. 국민들은 국가의 번영과 발전을 위해 노력하여 번 돈의 일부를 세금으로 납부하여 국가에 대한 도리를 함으로써 이 나라가 이렇게까지 발전하여 대한민국이 존재한다고 할 수 있다.

국민의 세금 없이 이 나라가 어떻게 지탱할 수 있을 것인가? 세금 없이 나라는 이룩될 수도 지탱될 수도 없음은 일찍이 슘페터(Josepf Schumpeter)의 시민국가와 세금이라는 불가분의 상호 의존관계에서도 언급된 바 있다.[14] 어려운 국민의 세금을 거둔 정부는 그것을 가지고 온 국민의 보호를 위해 가계살림을 넉넉하게 해 주며 또한 나라살림을 알뜰하고 요긴하게 써야 만이 이 역시 나라의 국민에 대한 도리를 다 하게 되는 것이다.

따라서 서로의 고통과 어려움을 잘 이해할 때 조화로운 상생의 나라살림정책이 될 수 있을 것이다. 세금으로 국민도 살고 국가도 살 수 있을 때 세금의 보람을 느낄 것이며, 그것으로 국가의 복지효율적인 재정운용이 가능할 것이기에 말이다. 그렇다면 결국 국가도 지금 국민의 어려움이 무엇이며 고통이 무엇인가를 예의 검토하고 이해하여 그에 적합한 측은지심의 도의적 자세가 필요할 것이다.

한편, 국민은 나라살림에 있어 정부의 어려움이 무엇인지를 충심을 가지고 이해하고, 국가의 어려움을 덜어 주기 위해 납세자가 해야 할 것이 무엇인가를 생각해야 할 것이다. 이는 상생의 철학 위에서 고통과 즐거움을 정부와 납세자가 나누어 갖기 위해서는 결국 사람과 사람 사이에 국가와 국민 사이에 마음을 헤아리고 감사하며 이해하며 돕고 협조하는 "융합"(融合)적인 행태만이 우리를 기다리고 있음을 명심해야 할 것이다. 그 결과 합리적인 재정운용을 가져와 재정민주주의가 이루어질 수 있다고 확신하는 바이다.

최근 법인세율 인하로 세제의 논란이 되고 있다. 이는 2, 3년 전부터 세제개혁안으로 떠오르고 있는 정책 이슈이기도 하다. 이에 있어 저자는 개념적으로 석연치 않은 "융합적 과세원리"(融合的 課稅原理)를 내세우고자 한다. 그것은 납세자와 나라 사이에 충분한 고통과 어려움의 상호 이해를 헤아려 결정되어야 할 과세원리로서, 숫자만의 잣대로만 결정하는 공평과세가 아니라 "마음"이 정책결정의 잣대가 되는 "융합적", 즉 두 마음이 하나로

14) J. Schumpeter(1915).

이해와 배려와 측은지심으로 일치하는 하나의 룰(rule)로서의, 하나의 격물치지(格物致知)로서의 과세원리를 제시하고자 한다.[15]

그러한 격물치지적인 과세원리는 납세자와 국가의 관계에서 세법 사이의 관계에 이르기까지 적용될 수 있다. 가령 후술하는 직접세인 근로소득세와 부가가치세를 하나로 묶는 조세의 융합을 모색할 수도 있는 것이다.

과연 새 시대의 과세원리는 과거 산업자본주의 시대에 지배하였던 정부의 일방적인 공평과세 원리에서 벗어나 국가와 국민이 하나가 되는 "융합적 과세원리"로 과감히 전환해야 한다. 그래야 번영하는 지구촌 정부를 기약할 수 있지 않나 해서 사회심리적으로 세계화된 인간본위적인 지구촌 과세원리를 제시해 보는 것이다.

아무리 반시장적 세법이 나온다 해도 상호 호혜적인 꿈꾸는 소박한 소망이 맑은 기로 살아 있기에 안도의 숨을 쉬며 항시 나보다 나라가 먼저 있어야 함을 잊어서는 안 될 것이다.

2) 지출세의 설계: 현금흐름의 지출세

(1) 지출세의 한국적 명칭

먼저 지출세의 명칭을 어떻게 정할 것인가는 그 부과방식에 따라야 할 것이다. 그래서 후기하는 바의 내용을 기초로 한 우리의 지출세 명칭은 한국적 혼합형 지출세, 또는 "한국적 융합형 지출세"로 하고자 한다(Korean Hybrid Expenditure Tax or Korean Fused Expenditure Tax). 구체적으로 표현하여 그 과세체계는 세 개의 세목으로 구성되고 있다. 그것은 근로소득과 자본소득 그리고 소비에 과세되는 3원적 과세체계를 이루고 있다. 그것은 저축, 투자, 소득에 집중과세하는 네덜란드의 Box3 과세체계와도 유사

15) 이필우(2006b), p. 186.

하다.

우리는 여기에서 이러한 세 개의 세목은 우리 납세자가 경제생활의 근본인 근검절약으로 급여를 받아 저축하려고 노력하여 축적한 돈을 자본으로 투자해 소득과 부를 형성하며, 이를 소비로 지출해 우리의 욕구를 충족시키며 삶을 유지하고 있는 것이다.

그래서 한국적 혼합형 지출세는 한국인의 경제생활의 총과정을 대상으로 하고 있으며, 특히 그 부담에 있어 각 경제주체에 있어 평등한 몫을 다할 수 있게 하는 단일세를 적용하는 것이 마땅하다고 생각한다.

여기에 문화정서적인 관점에서 한국적 융합형 공락세라고 하는 것이 보다 한국적이다.

(2) 조세주체의 분류

조세주체란 조세를 납부하는 주체를 말한다. 즉, 지출세 부담자이기도 하다. 지출세의 부담자는 두 부류로 나뉜다. 하나는 개인납세자로 근로소득자, 급여소득자 등이고 다른 하나는 자영업자, 농업, 전문직사업자, 기업가 등을 포함한다.

이러한 분류는 미국의 H-R의 단일세 유형의 소비세 납세자 분류와 다를 것이 없다. 세제는 우선 단순해야 한다. 분류의 종류가 많을수록 세제는 복잡해져 이해하기 힘들 것이기 때문이다. 우리가 제시하는 지출세는 그 부담자층을 두 개의 수레바퀴로 근로자와 사업가로 구성되고 있어 이 두 바퀴가 잘 굴러갈 수 있도록 균형과 평등성을 보장해 주어야 할 것이다.

공무원, 기업의 근로자, 학교 교사 등 직장에서의 급여소득으로 삶을 영위하는 층을 첫 번째 납세 조세주체로 보았다. 다음으로 사업주 또는 기업가 등은 이윤을 추구하는 사업주체로서 상품을 제조·판매하는 수익업체를 소유한 사업주들을 납세자 층으로 보았다. 의사, 변호사, 세무사, 변리

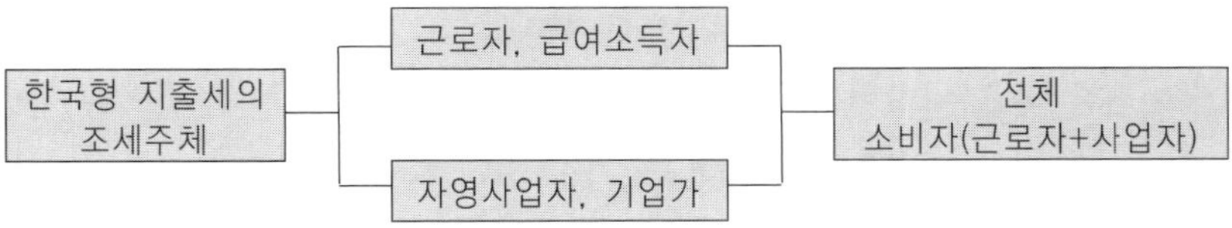

사 등은 후자인 자영사업자일 것이며 법인기업, 비법인기업, 임대사업, 작은 규모의 슈퍼마켓도 후자에 속한다 할 것이다.

바로 이러한 두 주체는 우리가 먹고 사는 시장을 구성하고 있으며, 즉 전자는 시장의 수요를 반영하며 후자는 공급을 담당하고 있다. 시장의 구성요소인 수요와 공급은 그 역할에 있어 균형을 찾아 안정과 번영을 약속할 것이다. 그러나 이들의 기능이 반균형적일 경우 시장기능은 왜곡되어 불경기와 불황을 가져올 수도 있다.

바로 이러한 시장기능에 세금이 제도적으로 잘못되어 있으면 그 부작용은 우리의 삶을 좌우하는 시장에 직·간접적인 부작용 내지 왜곡효과를 초래할 것이다. 따라서 우리 경제의 안정과 번영은 이런 뜻에서 조세제도, 세금질서와 관련한 제 문제는 정책과제가 아닐 수 없는 것이다.

마지막 조세주체는 근로자 및 사업자 모두를 포함한 납세자다. 이들 소비에 대해 부가가치세를 부과해 국민 모두가 욕구충족을 위한 소비에 단일세로(20%) 과세하도록 한다. 이는 소비구매시 즉시 과세되는 간접세이다. 그러나 1년 후에 개인이 정산하여 종합소비 신고로 납세하는 인세이므로 직접소비세가 되는 것이다.

(3) 과표

과표(tax base)란 과세표준(課稅標準)의 준말이다. 세금을 매기는 기준이 무엇인가를 정확히 제시해야 세액이 결정될 것이기 때문에 한국형 지출세의 과표는 현금흐름의 크기를 대상으로 한다.

이러한 과표는 하버드의 아론과 갤퍼가 1984년에 제시한 것으로 알려져 있다. 그러나 현금흐름의 과표는 이미 칼도에 의해서 제시되었으며 그 이전에 이미 피셔가 주장한 것으로 칼도는 피력하고 있다.

일반적으로 과표의 대상은 특정 재화나 물품이며 아니면 소득이 되고 있다. 그러나 지출세의 과표대상은 특정 재화나 사람이 아니며 돈인 현금흐름의 크기로 한다. 화폐의 흐름, 즉 유동성을 과표의 단위로 함은 재화나 소득의 크기로 했을 경우에 비해 훨씬 투명성과 정확성을 나타내기 때문이다.

가령 소득이나 재화를 과표의 기준으로 할 때 납세자들은 세법상의 과표를 줄일 수 있는 세원탈루(稅源脫漏, leakage) 현상이 노출되어 피세와 탈세가 가능할 것이므로 납세자 간에 불평은 이만저만이 아니다. 돈은 과표의 수단으로만 이용되었다. 종래 과표의 크기는 재화의 크기로 결정되었다. 예로서 100을 산출했음에도 이를 60으로 납세 신고를 할 수 있기 때문이다.

그러나 상품을 제조해 시장에서 판매하는 경우 상품가격으로 돈을 수입으로 획득할 것이다. 즉, 상품구입자로부터 상인은 상품가격을 돈으로 받을 것이다. 즉, 현금이 구매자로부터 판매자에게 흘러들어올 것이다. 이를 현금흐름으로 파악하고 바로 과표의 대상으로 하는 것이다.

이러한 현금의 크기를 줄이거나 늘릴 수 있는 가능성은 거의 완전 배제되어 있어 피세나 탈세의 세원탈루 현상(tax avoidence or evasion)은 허용되지 않고 있음이 현금흐름의 과표가 지니는 정당성과 투명성이며 공정성을 내포하고 있는 것이다.

이러한 현금흐름의 개념은 과표의 크기결정에 있어 하나의 수단으로서, 즉 과표크기를 측정함에 있어 단위로 사용되고 있는 것이다. 그래서 모든 현금흐름을 과표대상으로 하지는 않고 특정한 화폐의 흐름에 국한하여 과표로 보는 것이다.

과표측정 단위로서의 화폐흐름 외에 무엇을 목적으로 하는 돈의 흐름인가를 분명히 명시해야 할 것이다. 즉, 과세대상이 정확하지 않고서는 과표가 성립될 수 없는 것이기 때문이다.

그 과표대상은 근로소득(wage), 각종 급여소득, 이자소득, 주식양도차익, 배당소득, 퇴직금, 사회보장적 보험수입(이전소득), 기부수입, 상속유증수입 등 자기에게 수입으로 들어오는 현금흐름을 측정해 과표가 성립될 것이다. 여기에서 종래에는 이전소득에 비과세하였으나 한국형 지출세에서는 사회보장적 보험수입(각종보험, 연금수입 등)도 과표에 포함되고 있어 과표의 확대에 기여하고 있다.

한편, 주식의 양도차익이나 부동자산의 양도차익에 과세하되 손해가 났을 경우에는 그 손해액을 과표에서 공제해 주어야 할 것이다. 양도차익은 발생소득가설에 따라 소득과세가 아니라 장래의 영구적인 소비의 즐거움에 대한 공락소비세에 속한다고 볼 수 있다. 그러나 아론의 현금흐름의 소비세에서는 주택을 내구재로 보면서 하나의 저축투자 행동으로 간주하여 과표에서 공제하고 있는 것이다.[16]

그러나 한국의 주택문제는 아직 이러한 저축투자의 개념적 인식이 없는 것은 아니지만 그렇다고 이를 비과세 처리한다면 상당한 사회적 저항과 과세의 불공평성을 비난받게 될 것이다. 따라서 주택판매를 통한 양도차익은 장래에 소비될 잠재적 소비로 보고 선납형 지출세로 과세한다.

개인의 경우 은행에 저축한 소득은 과표에서 공제가 아니라 비과세 처리해야 할 것이다. 그래서 저축을 위한 근로자 서민들의 근검절약 정신의 문화를 고양시켜 자수성가의 동양적 자본주의를 지향해 나가야 할 것이다.

오늘날 발생소득체계(發生所得体系, acrcetion type income system) 하에서 헤이그-사이몬스적 소득과세는 저축에도 과세해 이중과세를 면치 못하고 있다. 이는 개인의 더 잘 살아 보겠다는 개선의지를 기초로 한 저축심

16) Henry J. Aaron and Harvey Galper(1780), p. 113.

을 저해하고 참고 기다리는 인내심의 아름다움을 짓밟는 악의 가치의 범행에 지나지 않을 것이다. 이와 관련해서는 영국의 석학들 중 페티(William Petty), 홉스(Thomas Hobbes), 밀(John Stuart Mill) 등이 이미 200년 전부터 역설해 온 얘기에 지나지 않는다.

한편, 재산의 상속은 우선 이를 소득으로 보지 않고 상속인의 소비로 보아야 할 것이다. 그래서 상속 그 자체는 상속자의 소비로 보아 소비지출세를 과세하되 그래도 후손에게 돌아갈 부자 간 최소한의 재산크기를 정하고(예: 5,000만 원) 이 액수는 과표에서 공제할 것이다. 그리고 상속을 받은 후손은 과세하지 않으며 다만 그 재산의 일부를 다시 매도하거나 소비한다면 이는 소비로 간주하여 과세하도록 한다. 이에 대해 반대하는 의견은 상속자는 상속에 있어 후손에게 재산이전에 지나지 않아 소비로 볼 수 없다는 것이다. 이런 경우 이를 상속자에게 비과세하고 상속을 받는 피상속인에게 과세해야 할 것이다.

가장 중요한 것은 개인의 저축소득에는 비과세하여 이중과세의 오명을 깨끗이 제거해야 한다. 그래야 저축을 많이 할수록 근소세 내지 공락소비세의 부담은 적어질 수밖에 없다. 이는 개인의 저축의지를 증가시켜 사회자본축적을 촉진시킬 것이다.

따라서 근소세를 소득–소비 보충세(income–consumption supplementary tax)라고 볼 수 있다. 이는 미국의 앤드류가 주장하는 견해로 영국의 칼도도 이에 동조하고 있다.[17]

저축에 비과세함은 서민층의 근검절약 정신을 고취시키면서 자수성가의 길을 터주는 역할을 해 주고 있어 자본주의 질서에 따른 순탄한 길을 열어 줄 것이다. 이런 측면에서 그 의미는 매우 중요하다.

우리 경제생활의 법도가 되는 근본은 역시 시장질서이다. 그 근본은 결국 경제행동의 뿌리에 있는 것이며 나무의 뿌리와 같은 것이다. 뿌리가

---

17) J. Pechman, ed.(1982), p. 127.

약하면 나무는 시들어 죽을 것이다. 그러한 뿌리는 바로 아껴 쓰고 저축하는 근검절약의 정신에 있다고 보는 것이다.

자본주의 질서의 뿌리는 바로 근검절약 정신에 있음을 인식하면서 여기에 자수성가 하려는 자발적 의지는 하나의 한국 전통문화의 미덕이며 한국 시장질서의 뿌리를 이루는 자본주의 정신이며 바로 우리의 지출세는 이러한 질서적 근본을 세금제도에 각인하고자 한다.

(4) 세율

세제는 단순할수록 이해하기가 쉽다. 그런데 세제는 복잡하다. 세목이 여러 가지이며 게다가 시행령상 세칙은 다양하여 더욱 복잡할 수밖에 없다. 얼마 전 한국납세자연합회에서 납세절차에 관한 납세자 의식조사연구 조사를 한 바 있다. 조사결과는 매우 부정적이었다.

세제가 우선 복잡하고 보다 단순화된 세법으로 간소화되길 원하는 것이었다.[18]

한국형 지출세는 우선 세 개의 세목으로 구성되고 있다. 즉, 근소소비세, 사업소비세, 종합부가가치세이다. 여기에 적용되는 세율은 현재 세율인 10%를 비례 적용하여 단일세를 채택한다. 홀-라부슈카의 단일세와 같다. 다른 것이 있다면 그들은 19%의 세율을 제시했지만 우리는 20%를 제시한다. 먼저 임금소비세는 누진적으로 과세한다. 고소득층에 지출세를 과세하며 그래서 임금세의 최고세율은 40%로 하되 과세단위는 연소득 1억 원 이상으로 한다. 그 세율은 다음과 같다.

18) 한국납세자연합회(사)(2002. 9).

연소득	세율
1,000만 원 미만	면세
1,000만 원 이상 3,000만 원 이하	10%
3,000만 원 이상 6,000만 원 이하	20%
6,000만 원 이상 1억 원 이하	30%
1억 원 이상	40%

연소득 6,000만 원에 이르는 근로소득자들은 위와 같은 소득단계에서 20%를 적용한다. 그리하여 실질적인 지출세의 과세는 연소득 6,000만 원 이상을 실현하는 고소득자이다. 고소득자라기보다 중산층이라고 해야 할 것이다. 그리하여 최고 소득단계인 1억 원 이상은 40%의 세율을 적용해 누진과세하도록 한다.

그런데 이렇게 근로소득에 누진율 적용은 리만 재벌의 파탄으로 금융위기를 초래한 것도 사실은 개인소득의 폭식에 연유되었지 회사의 재정은 상대적으로 열악하였던 것이다. 오늘날 CEO의 급여수준은 경우에 따라서는 천문학적 수준에 이르고 있음을 주시해야 하며, 자본축적의 흐름이 개인의 소득확대로 침식되어 자본주의는 그 기틀을 잃고 비틀거리고 있다. 그래서 우리의 세제는 새 시대의 위기를 극복하자면 근로소득에 누진과세하고 자본소득에 저과세 비례과세하여 경제질서의 건전한 회복을 초래할 수 있기 때문이다.

그렇다고 해서 3,000만 원 이하의 저소득자들은 저축의 비과세 혜택을 못 받는다면 불공평할 것이다. 우리는 저소득층에게도 이러한 지출세적 소비세의 장점인 저축비과세 원칙을 적용하고자 한다. 1,000만 원 미만은 면세되어 현재수준(600만 원)보다 높아 면세 혜택자가 증가할 것이지만 물가상승 효과와 저축효과를 감안하여 1,000만 원으로 인상했음은 현실적이라고 사료된다.

한편, 연소득 1억 원 이상에 40%의 높은 세율을 적용하여 중산층 20%의 배의 중과세로 빈익빈 부익부의 불공평성을 시정하고자 한다. 사업자나 기업가에 적용되는 세율도 20%의 단일세율을 적용하도록 한다. 사업자의 자본소득은 20%의 단일세율을 적용한다. 이는 우리 사회의 자본의 기초구조를 건전하게 유지하는 필요조건이기도 하다(a precondition for keeping with infra-structure of social capital). 또한 부가세의 세율도 20%를 적용한다. 따라서 한국형 지출세는 단일세 유형의 소비세로 볼 수 있다.

3) 포괄적 현금흐름의 지출세

우리가 제시하는 지출세는 그 과표가 개인 또는 기업의 소비지출에 국한하여 과세해야 할 것이다. 소비는 주지하다시피 소득에서 저축을 뺀 나머지 소득이다. 그래서 지출세의 대상이 소비라면 바로 이 저축에는 과세하지 말아야 되는 것이다.

이러한 소비의 크기에 순자산증가를 포함해야 한다. 실현된 자본수익은 전 생애소비이기도 하다. 어쨌든 입금되는 현금수입은 이전소득도 포함해 과세하는 것이다. 그러므로 포괄적 현금흐름의 지출세(comprehensive cash-flow expenditure tax)는 저축을 뺀 임금, 부동산, 금융자산소득, 이전소득 등을 합한 소득의 크기로 이들을 장래 생애소비로 간주하여 모두 과세할 경우에 포괄적 지출세가 성립하는 것이다. 이러한 현금흐름의 포괄 지출세에 있어 각 세목별 지출세는 어떻게 과세되고 있는지를 다음에서 보기로 하자.

(1) 임금소비세

근로자는 사업자의 이윤추구사업에 소요되는 육체적 · 지적 노동을 기업에 공급하고 그 대가로 임금이라는 형태로 보상(compensation)받고 있다. 여기에서 미국의 조세학자들은 임금 대신 보상이라는 용어를 사용하고 있다. 이는 임금을 개념적으로 노동공급에 대한 시간당 보수로 이해하지 않고 있다. 특별수당(fringe benefit)을 포함한 기업의 노동시간 외적인 보수를 감안한 임금을 기업이 배려하는 보상으로 보고 있는 것이다.

이러한 임금세는 과표단위 연 6,000만 원에 20% 세율을 적용하며 그 이하 소득에는 앞에서 본 바와 같이 10%, 15%의 누진율로 과세하여 공평성을 추구하고 있다. 이들에게 부과되는 대상은 임금, 이자수입, 임대료, 금융자산, 부동산 자산수익, 기부 및 상속, 퇴직, 연금, 보험, 기타 이전소득 등에 과세한다.

이러한 소득은 모두 현금으로 입금될 것이다. 행정적으로 지출세 과세 대상자는 모두 은행 또는 기타의 공적인 금융기관에 계좌를 개설해 모든 수입과 지출을 투명하게 확인되어야 한다. 한편, 수입과 지출은 실명으로 집행할 것이며 가명이나 차명은 법적으로 금지해야 한다. 실명으로 거래되는 돈은, 즉 현금은 언제고 해당계좌에서 인출될 것이며 지출세의 과세는 바로 이러한 인출된 시점에서 과세대상을 정해 집행해야만 한다. 돈의 흐름에 대해 과세하는 것이다.

여기에서 한 가지 주의할 것은, 예로서 부동산 거래를 한 경우 양도차익에 따른 수익이 현금으로 입금될 것이며 그 차익에 20%라는 지출세의 세율을 적용할 것이다. 여기에서의 과세대상은 양도차익이라기보다 그 소득의 장래 전 생애소비로 간주, 즉 언제고 소비되어질 소비형태로 간주하여 미리 내는 전납소비세(prepayment of consumption tax)로 과세하고 있는 것이다. 그래서 소득세가 아니라 지출세 역할을 하고 있다.

이를 앤드류 같은 조세학자는 소득소비 보충세라고 했으며, 맥카페리는 이를 소득소비 혼합세(hybrid income-consumption tax)라고 칭하고 있다. 이러한 지출세의 부동산 과세부담은 현행 36%의 부담보다 훨씬 적은 20%의 부담을 주어 부동산 거래에 활성화를 촉진시킬 것이다.

여기에서 특기해야 할 부분은 역시 근로소득에 누진과세하고 자본소득에 비례과세 및 저과세를 해야 한다는 것이다. 옛날에는 근로소득에 저과세고 불로소득인 자본소득에 누진세를 적용 고과세해야 조세정의가 실현되는 것으로 생각하였다. 그러나 시대는 바뀌어 가고 있다.

즉, 회사를 운영하는 CEO는 회사가 벌어들인 수입을 자기소득으로 챙기고 있어 회사의 자본축적은 약화되고 있는 것이다. 리만재벌의 파탄은 이의 대표적인 사례로 볼 수 있다. 전술한 바와 같이 오늘날 몇몇 CEO들의 개인 수입은 그 규모에 있어 천문학적 수준에 이르고 있다. 부익부 빈익빈은 바로 이런 부분에서 노출되고 있음을 인식하고 이에 대한 고과세로 대처해야 할 것이다.

따라서 근로소득은 누진율로 고과세하고 대신 자본의 사회적 축적을 증진시키기 위해서는 자본소득에 저과세해야 할 것이다. 그래야 자본주의 질서는 그 뿌리가 튼튼해질 것이다.

(2) 공제

세금제도에 공제(deduction)라는 것이 있다. 과표를 줄여 주어 세금부담을 감소시킬 수 있는 것이다. 임금소비세에 적용되고 있는 공제는 먼저 기초공제가 있으며 다음 가족공제, 의료공제, 기타 공제가 있을 수 있다. 특히, 미국에서는 맞벌이 부부에게 가족공제를 해 주고 있다. 맞벌이의 경우 집안 청소, 유아돌보기 등의 비용이 더 추가로 소요됨으로 이를 공제로 도와주어야 한다는 것이다. 그런데 한국에서는 오히려 맞벌이 부부는 돈을 더 많이 버니까 공제가 배제되며 오히려 세금을 더 내야 하는 것으로 주장되고 있어 문제가 아닐 수 없는 것이다.

기부, 유증, 상속에 대한 공제가 있어야 한다. 기부를 한 사람은 기부의 50%를 과표공제를 받는다. 기부수혜자는 역시 50%의 과표공제를 받으며 과세된다. 한편, 상속, 유증에는 상속자의 상속액은 소비로 볼 수 없으며 단 피상속인은 상속재산을 판매하여 소비하면 과세한다. 사실상 미국에서는 상속세 과세가 거의 없어지고 있다. 대부분 사회환원이 많은 것이다. 우리의 경우 상속재산액 중 4,000만 원까지는 과표공제를 받는다.

(3) 사업지출세

자영사업을 하는 사업자, 사업체를 법인화한 기업가들의 세금은 작은 규모의 사업은 사업소득세를 내며 법인인 기업은 법인세를 내고 있다. 사실상 개인의 전문직 사업(세무사, 의사, 변호사 등)은 종합소득에 포함된다.

그러나 이들의 납세 신고시 지출세는 어떤 방식으로 할 것인가를 결정해야 할 것이다. 이는 사업소득이고 기업소득이고 이윤을 추구하는 모든 조직은 우선 이윤의 측정방식을 정해야 한다. 이들 사업자들은 그들이 산출하는 상품 또는 재화, 서비스를 민간소비자에게 판매한 수입에서 사업주 또는 기업이 그 상품 또는 용역의 산출에 소요된 생산비용을 공제한 나머지 수입을 순수입으로 우선 과표로 제시할 수 있다.

이 과표에서 근로자에게 지급된 보상비용(conpensation cost)은 물론 산출비용으로 공제하도록 한다. 기업의 현금흐름의 지출세는 소비형 부가가치세와 다를 것이 없다. 소비형 부가가치세는 전 단계 세액공제를 받아 이는 중간재의 구입영수증과 상품의 판매영수증의 차액으로 정확히 측정할 수 있다.

따라서 지출세는 비용의 확대측정 경향성을 역시 극대화해 세제의 왜곡을 초래할 수 있는 것이다. 현행 세제가 안고 있는 어려움이 바로 사업자들의 비용측정에 있는데 이러한 문제는 현금흐름의 지출세에도 그대로 이입되어 문제로서 하나의 약점으로 남는다.

이러한 사업자세는 결국 연말 정산을 통해 다시 조세환급을 받게 마련이다. 그러나 사실상 오늘의 현행 법인세는 기업이 내는 유일한 세금이며 부가가치 산출의 최종소비는 소비자에게 귀착되는 소비세는 법인세와 무관한 것이다.

법인기업이 부담하는 세금은 판매수입에 대한 과세이며 동시에 이는 지출과 수입의 차감에서 얻은 이윤은 배당, 유보, 축적, 재고 등으로 배분될 것이다. 이러한 자본소득은 법인단계에서 한 번 과세되는 것으로 끝나야 하며 이를 연장해 개인 주식소유자에게 또 과세한다면 이중과세 문제가 발생하는 것이다.

그래서 배당은 법인단계에서 과세하면 개인단계에서는 비과세 또는 일부 과세로 종결되어야 할 것이다. 기업에 대한 법인세는 20%로 과세하며 기타 소사업자의 법인세는 10%를 적용한다(연 이윤 10억 원 미만).

여기에서 부언할 것은 부채를 얻어 사업에 쓰면 이는 과표에 반영되지 않지만 비투자용 부채는 과세하도록 한다. 한편, 부채를 상환한다면 이자와 함께 과표공제를 받도록 할 것이다.

또한 특기할 것은 자수성가특별공제이다. 즉, 30세에서 50세까지의 사업자에게는 연 이윤의 10%를 과표공제하도록 한다. 이는 자수성가를 위한 세제배려로서 자가주택이 없으며 부채가 없는 청년 사업자에게 국한하여 주는 세제배려이기도 하다. 이를 자수성가형 사업세 공제라고 한다.

(4) 부가가치세 세율인상의 재고

마지막으로 현행 부가가치세를 현금흐름의 지출세의 일환으로 포함하고자 한다. 그 세율은 지금보다 10% 높은 20%이다. 2009년 현재 10%의 세율로 부가세수는 총세수의 약 30% 내지 33% 수준에 이른다. 이를 10% 수준의 배로 올리면 내국세의 약 60%는 부가세만으로 확보될 것이다. 그러나 이러한 인상은 서민의 세부담 증가로 불평할 것이고, 물가는 그만큼 상승할 것이다. 따라서 부가세 세율 인상은 유보해야 할 것이다.

우선 부가세는 징세비가 전무하고 또 소비자가 그 부담자인데 납세의 부담감은 가격에 포함되어 있어 세부담을 직접 느끼지 않고, 물건을 살 때 원천과세되어 징세비나 추가적인 부담이 전혀 없는 소비세인 것이다. 소비세의 과표는 소득의 그것보다 작다고 한다. 즉, 소비의 크기는 저축을 뺀 나머지 소득이기 때문일 것이다. 하지만 과세의 폭은 소득세보다 훨씬 큰 것이 소비세이다. 즉, 과세되는 납세자수는 소득이 있는 사람만 과세하다 보면 소비는 모든 국민이 다 먹고 살기 위해 재를 안 살 수 없으며 그 납세자수는 전 국민인 것이다. 이런 의미에서 과표의 크기는 소득세보다 더 넓다고 볼 수 있다. 그러나 임금소득과 개인 소비를 혼합한 포괄적 소비세율을 20%로 결정함은 고세부담이라고 볼 수는 없다.

하지만 세율 인상은 거시적으로 물가의 상승으로 바람직하지 않다. 그러나 특별소비세의 세율 인상은 과소비 억제를 위해 필요한 수단이 될 것이므로 현행 세율을 약 3~5%까지 인상할 것을 건의한다.

이제 저축은 미래의 소비로 돌려 비과세했지만 바로 그 저축이 생의 2기에 이자소득으로 소비를 할 수 있는 것이다. 그래서 이를 후납지출세(後納支出稅, postpayment of expenditure tax)라고 부를 수 있다. 공공선택학자들은 바로 이러한 후납지출세를 올바른 세금이라고 하였다. 결국 우리의 지출세는 전납지출세와 후납지출세로 이루어지고 있는 것이다.

그래서 현금흐름의 지출세는 급여지출세(전납지출세), 사업지출세 및 부가세적 지출세(또는 후납지출세) 등 세 가지의 지출세를 납부하는 것으로 종료된다. 이러한 과세체계는 외견상 현행의 근소세, 법인세 및 부가세로서 다를 것이 없다고 볼 수 있다. 그러나 지출세는 현금흐름을 과표기준으로 한다든지 저축을 비과세하고 자본형성 및 자수성가의 자립정신을 고취시킨다는 점에서, 새 시대에 갖추어야 할 시대정신으로 인도적이고 욕구충족의 소비로 함께 즐기는 공락세(共樂稅)를 납세하는 풍조를 형성해 나가야 할 것이다.

세수면에서도 크게 걱정할 필요가 없다. 부가세율은 20%로 인상 납세하면 총세수의 약 70%는 확보할 것이며 나머지 30%는 직접세인 종합소득세 및 지방세로 조달하여 재정수요를 충당할 수 있다고 보는 것이다. 그러나 이는 납세자들의 조세저항과 물가고로 인해 거의 비현실적인 세율 인상으로 비난받을 것이다.

(5) 조세환급

우리의 지출세는 근소세에서는 전납 생애소비세로서 공제를 받되 인적공제만을 받기로 한다. 그러니까 기초공제, 가족공제, 교육공제, 의료비공제, 퇴직연금공제 등은 근소세에서 공제받도록 한다.

다음 부가세를 통한 지출세는 연 부가세액을 합산하여 각종 공제 부가액을 추가로 계상해 과표를 정한다. 우선 부채는 과표에 포함되나 부채상환 시에는 원금 및 이자는 과표에서 공제되어야 한다. 여기에서 부언할 것은 미국의 현금흐름 소비세는 일체의 자본소득, 이자소득, 금융자산 수익 등을 비과세하나 우리의 현금흐름 지출세는 이들에 모두 단일세로 과세하도록 한다.

한편, 다른 것이 있다면 그것은 내구재 소비에 과세하고 있는 것이다. 내구재 소비에 과세함은 한국에서는 부동산 투기의 버블이 왕성한 상황에서 불가피하다는 것이다. 이는 고전적 칼도적 지출세의 전통을 따라 우리의 지출세도 이에 따라야 할 것이다. 예금의 증대액, 즉 저축액의 증대는 당연히 과표공제에 포함되며 이는 부가세에서 공제되고 있다. 이에 대한 상론은 후술하겠다.

한편, 10억 원 미만의 부채를 지닌 30세에서 50세 미만의 소형 사업가(무주택자)에게는 부채의 이자 50%를 과표공제하도록 한다. 이 집단에 한해 자수성가 의지를 고취하는 세제배려를 해야 한다. 이를 근소세 지출세에서 배려한다.

그리하여 부가세 지출세는 연 부가세액에서 정기예금의 증감액, 즉 저축액의 20%의 세액을 환급해 주어야 한다. 한편, 연 소비세액에서 부채의 세액은 덧붙이며 부채상환은 세액공제하도록 한다. 이러한 서구식 지출세의 사고는 현 한국 실정에서는 매우 비현실적이며 서민들은 물론 기업을 운영하는 사업자들의 심한 반론이 있을 것이기 때문이다. 따라서 부채관련 과세 또는 비과세 조치는 일단 제거하는 것으로 하겠다. 여기에 저축액의 20%는 근소세에서 과세되었으므로 이를 부가세 정산시 조세환급(tax refund)으로 저축자에게 되돌려 주어야 한다.

문제는 연 부가세 납부액에서 이러한 차감액을 가감해야 하며 결과 연 지출세를 더 낸 것이 나타나면 당연히 지출세 환급을 받아야 할 것이다. 아니면 부가세 납부액이 지출세에 부족하면 납세자는 모자라는 지출세를 추가로 더 내야 할 것이다.

이러한 지출세는 간접세인 물세와 직접세인 인세의 결합으로 구성되어 역시 부가세+지출세의 혼합형 조세로 볼 수 있다. 따라서 4분기에 걸친 부가세 신고로 이를 보는 사람은 기업과 정부라고 볼 수 있다. 왜냐하면 부가세를 징수하여 관할 세무서에 납부하는 기간은 3개월이며 기업은 연 네 번의 익세(益稅) 혜택을 받게 되는 것이다.

한편, 국세청도 부가세의 납부는 연중 네 차례에 걸친 징세는 나름대로 기업처럼 익세(益稅) 혜택을 받을 수 있다. 그러나 연도 말에 부가세 정산시 더 거둔 세금은 납세자에게 환급해 주어야 하며 덜 징수한 부분은 더 징세해야 할 것이다. 부채가 많은 납세자는 부가세를 더 내야 할 것이지만 반대로 저축을 한 개인은 조세환급을 받을 것이다. 이러한 부가세액의 연말 정산시 종합소비세 또는 순부가세액을 결정하는 변수들을 정리해 보자.

종합소비세액(순부가가치세액)=
조부가가치세액-저축소득세액(저축액×20%)

저축세액은 부가세 연말 정산시 환급하도록 한다. 따라서 저축자는 신년에 종합지출세 정산시 환급을 받게 되어 있다. 한국형 지출세는 부채세, 부채상환시의 감세조치 등을 배제하고 있다.

부채나 그 상환을 소비중심의 지출세로 과세 또는 감세 조치를 해 준다면 한국의 경우 돈의 여유가 있는 부유층만을 이롭게 해 줄 것이며, 소액자본으로 운영되는 영세사업자에게는 돈이 없어 대출을 받았는데 이에 세금으로 더 큰 부담을 안게 되어 파산의 위험을 촉진시킬 것이다. 따라서 우리의 한국형 지출세에서는 이러한 대출관련 지출세는 일체 배제하도록 하였다.

따라서 우리의 부가세적 지출세는 엄밀하게 관찰하면 임금세, 사업세, 부가세 3가지 세목으로 결합된 종합지출세로 볼 수 있다. 이는 세 개의 세목이 상호 융합적으로 결합된 세 개의 “융합적 지출세”(fused expenditure tax)라고 할 수 있다.

미국의 현금흐름세나 브래드포드의 X조세는 자본소득이나 금융자산수익에 일체 과세하지 않는다. 그러나 우리의 한국형 지출세는 이를 과세하도록 하는 것이 특성이라고 할 것이다.

비록 자본소득이 소비가 아니므로 소비세 대상이 아니지만 한국적 정서에 금융자산이라는 불로소득에 비과세함은 국민정서에 맞지 않아 이를 과세대상으로 했음을 이해해 주길 바란다. 그래서 금융자산소득이지만 이것들은 장래에 전 생애에 걸쳐 소비되어질 잠재적 소비의 함정역할을 하고 있어 이에 전납소비세로서의 지출세를 과세하는 것이다.

(6) 한국형 지출세의 특성

한국형 지출세의 특성을 요약해 보자. 첫째, 저축을 비과세하여 이중과세를 철폐한다. 그러나 현금흐름의 소비세와 같이 이자소득은 과세한다. 그리하여 개인의 저축의욕을 유발해 성장의 전제조건인 자본축적을 촉진하는 세제이다.

둘째, 근소세와 사업세가 있음은 X조세와 그 체계가 동일하다. 그러나 다른 것은 부가가치세라는 간접세를 추가로 설치한 것이다. 그러므로 한국형 지출세는 근소세, 사업세, 부가가치세로 구성되는 3원적 과세체계를 이루고 있다.

셋째, 근로자 서민에게 지급되는 각종 보상의 현금흐름의 소득에 전납형 지출세가 과세된다. 이에 부동산 금융자산소득도 과세된다.

넷째, 이때 근로소득에는 누진과세하나 자본소득에는 단일세로 저과세한다. 세계화 시대에 수많은 CEO나 고위급 경영자들 또는 변호사를 비롯한 전문직 종사자들의 급여수준은 천문학적 고수준으로 빈익빈 부익부의 극단화 세계를 가져와 사회갈등을 초래하고 있다. 이에 우리의 세정은 이들에게 고과세하고 자본축적에는 경과세하여 자본주의의 뿌리를 공고히 할 수 있다.

다섯째, 부가세는 간접세로 징수하고 신고는 연말 정산시에 직접세로 납세한다. 부가세적 지출세이기도 하다. 간접·직접형 부가세이며 또는 직·간접형 지출세이기도 하다. 연말 정산시의 신고는 각종 공제, 특히 저축부분 등을 과표공제한다. 특히, 10억 원 이하의 부채에 50세까지의 사업자에게는 부채액 50%에만 이자를 요구해 자수성가의 길을 열어 줄 수 있는 것이다. 대출이자의 50%를 이에는 대출조치특별법을 만들어야 할 것이다. 예로서 부모로부터의 유산 상속이 전혀 없는 사람, 또한 현재 자산소득이 전혀 없는 사람에 한하여 이러한 자수성가를 위한 대출이자세 경감조치를 과표의 절반을 공제해 이자비용을 경감하자는 것이다. 그 은행의 손실분은 정부보조로 충당한다. 이는 사업세에서 처리되어야 할 것이다.

대출의 과표공제는 물론 대출이자의 50%를 과표공제해 줄 수 있다. 여섯째, 우리의 한국형 지출세는 임금소득에 대한 장래 전 생애 소비세를 보상세 또는 급여지출세로 내며 그 세후 소득으로 소비를 할 것이다. 그 소비에 부가세를 납부한다. 4기분 부가세는 간접세이며 이는 연말 정산시 개인의 연 소비액을 산출하며 이에 공제조치를 하여 지출세를 직접세로 납부하게 된다.

일곱째, 이때 저축된 소득부분은 과표공제된다. 임금세에서 과세되었던 저축부분이기도 하다. 이때 30세에서 50세에 이르는 청장년 사업가의 저축분에 대해서는 자수성가 의지를 장려하는 의미에서 이자를 50% 면제해 주고 50%의 이자는 정부보조에 의존한다. 그 밖의 50대 이후의 저축자의 이자소득세는 과세납부하도록 한다.

여덟째, 저축액은 과표공제한 세수를 부가세 연말 정산시 조세환급하도록 한다. 다음에서 기업가와 근로자의 과세를 숫자상의 세액부담을 알아보자. 한편, 내구재 구입도 부가세로 과세하고 그 환급도 없을 것이다. 고전적 지출세와는 이 점에서도 다른 것이다.

기업 A(대기업)	
판매수입	100억 원
타 기업으로부터 원자재 구입비용	20억 원
근로자 1 급여	15억 원
근로자 2 급여	35억 원
기업 A의 과표	30억 원
기업 과세액(20%)	6억 원
과세 후 순이윤	24억 원

기업 B(중소기업)	
판매수입	80억 원
근로자 3 급여	75억 원
기업 B의 과표	5억 원
기업 과세액(10%)	5,000만 원
과세 후 순이윤	4억 5,000만 원
총기업 조세부담(A+B)	6억 5,000만 원

근로자 1(급여 2,400만 원)		
급여	세율	금액
1천 만 원 이하	면세	0원
1천만 원~3천만 원까지	10% 세율	240만 원(세금)
3천만 원~6천만 원까지	20% 세율	0원
6천만 원~1억 원까지	30% 세율	0원
1억 원 이상	40% 세율	0원
기초공제	60만 원	
근로공제	100만 원	
의료비공제	급여 3%	7만 4,000원
소득공제액		167만 4,000원
과표		560만 원
세금	10% 세율	56만 원
과세 후 순급여액		2,344만 원

한편, 부가가치세의 공제 후 지출세액을 보자.

임금세 납부 후 순소득		2,152만 원
연 소비액		2,000만 원
축의금 기부		152만 원
부가가치세액	10% 세율	200만 원
부가세 포함 총소비액		2,200만 원
총소비액 2,000만 원 미만	부가세 5% 환급	10만 원

여기에서 한국형 지출세는 급여세 과세시 금융자산소득에 대해 과세하되 금융소득 연 5,000만 원 이상의 소득자에게 그 소득의 인출시 20%의 세율을 적용하여 과세한다. 이 경우 법인단계에서의 과세는 배제한다.

한편, 자본소득은 양도차익을 20% 전납지출세로 과세한다. 기부, 유증, 상속을 받은 사람이 소비를 하는 경우 과세하도록 한다. 소비하지 않는 한 그것은 저축으로 경제발전에 기여할 것이다. 그러므로 자본소득에 비과세하되 그것은 미래 소비에 대한 선납지출세로 20% 세율로 과세하도록 한다.

또한 내구재 구입에 대해 가격의 50% 과표공제를 받을 수 있다. 그리고 소비공제는 부가세 과세시 적용하며 기초, 가족, 의료, 교육, 보험, 기타 공제 등은 급여세 과세시 적용하도록 한다.

지출세를 도입해야 하는 가장 핵심적인 이유는 저축에 있다. 저축의 여유가 있어야 우리 삶의 질적인 뿌리가 살아남을 수 있기 때문이다. 저축의 여력이 없을 경우 투자와 생산은 불가능하게 될 것이기 때문이다. 생산이 중지되면 우리가 삶에 필요로 하는 생활물자(식품, 의류, 의료 등)를 공급받을 수 없게 되기 때문이다.

굶주리지 않고 잘 살려 한다면 우리는 저축하여 투자와 생산을 하여 경제를 순환시켜야 할 것이기 때문이다.

또한 세수의 배분면에서의 개혁이 있어야 할 것이다. 부가세는 국세로 징수되어 중앙정부가 독점하고 있는데 앞으로 지방정부와 균형적인 배분을 하여 지방단체의 재정난을 도와야 할 것이다.

4) 직・간세 융합형 지출세

오늘날 서구 조세학계는 조세체계의 구성이 이원적인 분류에서 정착되고 있어 이를 직접세와 간접세로 나누어 연구하고 있는 것이다. 우리는 여기에서 이러한 구시대적인 정체성에서 벗어나 새 시대에 걸맞는 접근을 시도해 보고자 한다.

따라서 직접세와 간접세를 접합시켜 조세체계의 일원화를 바로 지출세에 적용하고자 한다. 세금의 과세대상을 돈 버는 소득창출에 매달려 인간의 삶의 노력과 의지에 대해 과세하는 소득세 중심의 세제에서 인본주의를 중시하는 새 시대 삶의 시대에는 소득 대신 번 돈을 어떻게 쓰느냐에 대해 관심을 두는 소비행태적인 과세제도로 이행해야 할 것이다.

이제 소득의 창출시대에서 그 소득을 어떻게 배분하고 어떻게 사용할 것인가에 보다 실용적인 전체론적인 사회가치를 실현해야 하며, 그러자면 과세의 심미성(estetic value in taxation)을 다양하게 추구해야 할 것으로 생각된다. 따라서 세금제도는 단순하고 이해하기 쉬운데다가 공평한 세금제도이어야 할 것이다.

서구에서는 소비세 중심의 세제를 임금세 또는 보상세 또는 보상세와 사업세를 분류하여 다루고 있다. H-R 단일세나 브래드포드의 X조세 역시 이분법에 의존하고 있다. 왜냐하면 브래드포드의 경우 연방세인 임금세와 지방세인 소매세(sales tax)는 그대로 양립되고 과세되기 때문이다. 그러나 우리는 이러한 이분법을 이탈해 과감히 두 조세를, 즉 직접세인 임금세와 간접세인 부가가치세를 하나의 일원화된 전체론적 시각에서 조세체계의 일원주의를 시도하고자 하는 것이다.

첫째, 이로써 조세체계의 간소화를 도모할 수 있다. 현행 세체계에 대한 납세자들의 견해는 우선 세금제도가 너무 복잡해 얼마를 어떻게 징수당하는지 알 수 없다는 것이었다.[19] 우리의 조세체계는 소득세, 부가가치세, 보유세인 재산세, 법인세 등 다양한 세목이 있어 전체적인 세부담을 가늠하기 힘들며(약 30여 개의 세목, 국세+지방세), 납세자의 조세의식 파악에도 어려움을 겪게 마련이다. 우리의 접근은 이렇게 다중화되어 있는 세체계를 단

19) 한국납세자연합회(사)(2002).

순화해 납세자들이 알기 쉽게 이해할 수 있도록 하자는 데 있는 것이다. 복잡한 세체계를 일원화하면 전체적인 세부담을 쉽게 알 수 있어 타인과의 비교에도 쉽고 과세평등 의식을 투명화할 수 있을 것이다.

둘째, 다양한 종류의 세제 하에서는 피세 및 탈세의 여지를 제공하나 하나의 세목으로 이를 통일해 과세한다면 각종 공제조치를 이용한 피세와 탈세의 여지는 감소될 것이다. 한편, 직·간세(直·間稅)의 과표통합은 행정면에서 비용절감을 가져올 수 있으며 세수면에서도 장점이 있다고 본다.

셋째, 물세가 아니라 인세로 통합하는 세목으로 과세효과는 중립적이라고 할 수 있으며 배분의 사장적 손실(deadweight loss)은 없을 것이다.

새 시대의 세심은 정부와 국가를 위해 국민으로서의 도리는 세금을 납부하여 국민의 소망인 국방과 기초교육, 공공질서, 여유 있는 복지시설 등 국민의 공공욕구를 충족시켜야 한다. 이를 위해서는 자금이 필요하며 그 자금을 국민이 세금으로 국가에 베푸는 일은 하나의 상식이다. 이는 정부의 납세요구에 의존하지만 납세자는 정부에 나눔의 뜻으로 베푼다는 세심으로 바뀌어야 한다고 생각한다.

이러한 국민의 정부에의 베품은 둘이 아니고 하나일 경우에 쉽게 이루어질 수 있는 것이기에 세체계의 일원화는 이런 긍정적인 세심의 확산을 위해서도 필요하다고 생각하며 적합한 제도임을 강조하고 싶다. 이렇게 세심이 하나가 될 때 그것은 국민의 국가에 대한 베품의 정서문화를 이룰 것이며, 여러 세심이 하나로 뭉쳐 더욱 큰 나라의 힘으로 나라살림을 다스려 나갈 수 있다고 생각한다.[20]

동심일체로 마음을 합치면 국민의 세심은 국가적 심미성으로 아름다운 세심으로 공공부문을 미화하고 사회적 덕목이 확산될 것이다. 이러한 평화로운 세상은 바로 세금의 일원화 체제로 이루어질 수 있다고 확신한다.

---

20) 홍선 대원군은 이와 관련 다음처럼 두 사람의 같은 마음[同心]을 난의 향기에 비유하고 있다("同心之言 臭香如蘭").

(1) 세수융합형 세제: 제1안

우선 직·간세 융합세제를 논하기 전에 세수확보 위주의 세제를 운위하지 않을 수 없다. 여기에서 말하는 융합세제란 직·간세를 결합해 하나의 세제를 이룰 때 융합이란 용어를 쓸 수 있다고 본다.

그런데 여기에서의 융합이란 직·간세라는 두 개의 세목은 그대로 유지하되 다만 두 세목이 실현하는 세수의 확보를 안전하게 유지한다는 전제가 하나의 가치전제로 제시되고 있다 하겠다. 따라서 근소세수의 총세수에서의 비중이 간접세의 비중보다 작게 한다면 그것은 바로 우리가 지향하는 간접세수의 비중을 높여 소비세 위주의 세제로 갈 수 있음을 뜻한다.

그러한 세수위주의 세제는 직접세와 간접세가 별개로 독립적으로 과세됨으로 두 개의 개별 세목은 그대로 유지되고 있음을 말한다. 이는 세목간의 융합이라기보다 굳이 융합이란 표현을 하자면 역시 세수위주의 조화 내지 융합이라고도 볼 수 있는 것이다.

한편, 이러한 세수위주의 개별 과세방식은 지출세 도입의 이행과정(transition)으로 볼 수도 있다. 한편, 이러한 세수확보의 시각은 세제를 설계하는 재정당국의 세제 룰을 설계하는 마음에 달려 있다. 대체로 재정당국 관료들의 첫째 관심은 정부의 세수확보에 있을 것이다. 납세자의 세부담상의 어려움은 이차적인 문제이고 일차적인 문제는 세수확보이다.

이를 헌법단계에서 재정당국의 태도로 보고 있는 것이 공공선택학파의 견해이다.[21] 그러나 납세자들은 이러한 세제 룰의 확정에 직접 관여하지 않으며 대체로 그들은 헌법 후의 단계에서나 세제 룰에 대해 반응할 것이다. 특히, 헌법 후 단계에서는 국회에서 정치가들의 세제 룰에 대한 개혁적인 수단제시로 정부안은 불안하게 된다.

이러한 정책적이고 제도적인 세제의 찬반 논쟁은 잠시 놓아두고 우리

21) Brennan and Buchanan(1980).

가 제시하는 세수융합형 세제의 구체성을 논의해 보자. 즉, 현행 세제 하에서의 세수비중을 평가하고 이러한 비중을 소비세 치중으로 전환하는 것이 우리의 목적이다. 세제 헌법단계에서 재정당국은 우리의 소비세 위주의 세제개혁 정책가치를 수용하고 있어야 할 것이다.

현재 간접세인 부가세의 내국세 비중은 약 33%이다. 여기에 근소세의 비중은 약 15% 내외가 되어 있다고 하자. 어쨌든 우리의 궁극적인 세제선호는 소비위주의 세제이므로 우선 간접세의 세수비중을 높이는 대신 직접세인 근소세, 법인 등의 세수를 감소시켜야 할 것이다.

그러자면 우선 부가세의 세율을 높이고 대신 근소세나 법인세의 세율을 감소시켜야 할 것이다. 예로서 부가세 세율을 현행 10%에서 우선 15%로 인상하고 근소세의 세율을 2, 3% 감소시키고 법인세 세율도 2% 정도 감소시킬 수도 있을 것이다. 감소된 세율로 실현되는 세수가 기존의 세수규모가 보장되는 전제 하에서 이러한 세수의 조화가 이루어져야 할 것이다. 이러한 소비세 위주의 부가세율 증가는 현재 동구라파 신생국들에서 대유행이 되고 있으며 현재 이러한 소비세제 위주의 국가는 약 25개국으로 단일세제로의 간소화 세제로 진입하고 있는 것이다.

이러한 추세는 세제경쟁의 세계화 현상의 단면(one aspect of globalization in tax competition)에 지나지 않으며 이에 뒤져서는 안 될 것이라고 사료된다. 납세자의 반응에 따라 소비세율, 즉 부가세율을 배로 올려 20%로 인상할 수도 있을 것이다.

세수조화의 세제는 사실상 재정당국의 세제 입헌단계의 과제이기도 하다. 물론 지출세의 설계도 재정당국의 입헌단계에서의 작업으로 납세자들의 세제선호로 수용해야 할 것이다. 이러한 논리구조 하에서 다음의 융합과세 형식의 세제를 소개하고자 한다.

(2) 융합형 지출세 제2안: 단일세 누진과세 방식의 지출세

먼저 융합형 지출세의 과표는 임금세의 과표와 부가세의 과표를 합한 총소비세 과표를 말한다. 융합형 지출세의 종합과표는 직접세인 근소세의 과표와 간접세인 부가세의 과표를 합산한 직·간세의 총과표를 산출할 수 있다. 이는 임금세는 매월 원천과세되지만 연말 정산시에 연 근로소득의 크기를 확정한다. 이 단계에서 제 공제조치는 적용하지 않는다. 다음 부가세는 소비시 부가가치에 대한 세액을 개인은 간접세로 납부한다.

이는 3/4분기로 기업이 납세하도록 되어 있으나 연말에 부가세 정산시 개인의 연 소비크기를 확정한다. 이때 연말 정산은 직접세인 임금세의 과표와 간접세인 부가세의 과표를 합한 크기가 융합형 과표가 되는 것이다.

부가세의 연 과표를 어떻게 산정하는가는 현재 개인적인 연 소비의 크기는 전산처리되어 알 수 있으며 개인별 근로소득도 쉽게 얻을 수 있다. 따라서 이 두 개의 과표 크기를 합한 것이 조과표가 될 것이다(gross tax base).

그러면 어떻게 이 두 개의 이질적인 과표를 하나로 통합하는가? 의심하지 않을 수 없을 것이다. 이질적인 과표가 아니라 여기에서는 이들을 동질적인 과표로 인지하였기 때문이다. 즉, 임금세이지만 이는 장래 어젠가는 소비되어질 수 있는 영구적인 잠재소비로 볼 수 있는 것이며 따라서 이를 칼도나 브래드포드는 전납형 지출세(prepaid spending tax)로 보았던 것이다. 그러면 이에 대해 후납형 지출세(post payment of taxation)는 어떠한 것인가? 공공선택학파에서는 후기 납세는 인생의 2기에 저축한 이자소득의 증가와 동시에 청년들의 임금소득으로 1기보다 더 커질 수도 작아질 수도 있는 것이다. 이는 인구증가나 임금수준에 의존하기 때문일 것이다.

그러나 우리의 후납형 조세는 현행 부가세의 부담으로 간주하였다. 따라서 부가세의 연 부담액을 연 후납형 부가세 과표로 보았다. 따라서 융합형 지출세의 연 과표의 크기는 전납형 지출세 과표(연 개인근로소득액)+후납형 지출세 과표(연 개인소비액)가 될 것이다. 즉,

> Fused-Tax Base of Expenditure Consumption=Annual Wage Income Level(Prepaid Expenditure Tax Base)+Annual Consumption Amount(Postpayment of Expenditure Tax Base)+Annual Business Tax(사업자세)

이렇게 결정된 과표에 일단은 과표공제가 적용되어야 할 것이다. 여기에서 우선은 저축에 대한 소득공제가 있을 것이다. 한편, 저축으로 인한 이자소득이 실현될 것이며 이에 대한 이자소득세도 비과세될 것이다. 저축이란 일정 소득을 공인된 금융기관에 일정 기간 예치한 예금을 뜻한다(qualified account). 여기에 사업자세가 부가된다.

사업자세는 소비세로서 마치 매출세와 유사한 세금이지만 사업자 개인에게 과세되는 직접세이면서 소비세의 속성을 지닌다. 이러한 사업자세는 주지하는 바와 같이 판매수입에서 비용지출을 뺀 나머지에 20%의 세율을 적용해 부가세의 세율을 적용하도록 한다. 이러한 사업자세는 법인세를 대체하며 자본소득(배당 및 이자소득)에 저율과세한다(예: 10~20%). 대신 각종 공제조치는 적용하지 않는다.

브래드포드의 지출세 모형에서는 사업자세에 자본소득은 비과세하고 공제는 일체 허용하지 않고 있다. 소비세에 자산거래는 배제되기 때문이다. 그러나 한국적인 과세에서 자본소득 비과세는 국민의 문화정서에 상당한 부정적인 효과를 유발하여 조세정의에 부당한 사실로 비난될 것이다. 따라서 우리의 세제설계는 사업자세에 자본소득의 비과세는 어려우며 과세하되 저율로 대처하는 수밖에 없다.

세간에 나도는 소문은 일부 사업자들이 큰 규모의 소득을 배당도 하지

않으며 사내에 유보하는 자금의 장기유휴를 허용하고 있어 문제라는 것이다. 이에 대해서는 유보세로 대처해 자금유동성의 원활화를 도모해야 할 것이다.

한편, 개인의 연 소비액을 알아 낸다는 것이 그리 쉽지는 않을 것이다. 왜냐하면 많은 사람들이 소비세 부담을 적게 하려고 연 소비액을 줄여 신고하려 할 것이기 때문이다. 소비자는 신용카드로 결제된 소비와 현금으로 결제된 소비를 합하여 신고해야 되나 그렇지 못하고 현금으로 결제된 소비를 은폐하려 할 것이다. 이렇게 되면 탈세가 되며 지출세는 불공평을 노출하게 될 것이다.

개인의 신고액이 정확한가는 국세청 자료만으로 확인이 될 수 있다고 본다. 즉, 비록 신용카드 결제가 아니더라도 현금흐름을 추적해 정확한 소비액의 확인이 어렵지 않기 때문이다. 아론의 현금흐름의 소비세제를 모방해야 할 것이다.

어쨌든 개인의 소비세 신고는 있어야 하며 이로 인한 조세순응비 및 징세비가 소요될 것이다. 그래서 전납형 지출세(근소세)의 과표와 후납형 지출세(개인의 연 소비액=신용카드+현금거래액)를 과표로 합산해 직・간세 융합형 지출세를 과세할 수 있을 것이다.

다음으로는 기초공제, 가족공제, 의료공제, 장애공제, 교육공제 등을 적용한다. 이러한 소득공제나 과표공제는 융합형 지출세의 총과표에서 공제해야 한다. 따라서 하나의 과표에 적용되어서는 안 될 것이다.

이때의 공제항목 중 중요한 것은 소득공제에 해당하는 저축일 것이다. 즉, 저축액은 100% 공제되며 그 이자소득도 비과세되어야 할 것이다. 그래야 이중과세를 당하지 않기 때문이다.[22] 한 가지 중요한 조치는 지출세 과표에서 저축액은 전액 소득공제가 된다. 이 밖에 내구재 구입시에는 구입액

---

22) 아론의 현금흐름 소비세제는 저축의 이자소득은 과세되고 있다. 이는 혼합형 지출세가 지니는 특성이기도 하다. 저축 이외의 이자소득에는 과세되어야 한다.

의 50%를 과표공제해 주도록 지출세의 배려를 해 주어야 한다. 연소비액 신고시 만일 개인이 저축 외의 여유 유동자금의 50% 미만의 소비 신고시 이들 납세자에게는(소비로 간주) 이러한 내구재 과표공제를 배제한다는 조치를 강구해야 할 것이다. 이러한 조치는 자금의 지하금융을 억제하는 데 도움이 될 것이다.

이러한 소득공제와 과표공제의 적용은 세부담 공평성 차원에서 중요한 의미를 지닌다는 것을 인식해야 할 것이다. 왜냐하면 과표에는 조과표와 순과표가 있기 때문이다. 즉, 공제 전에는 조과표가 되겠지만 공제 후에는 순과표가 되어 공제액만큼 과표의 크기는 감소될 것이기 때문이다.

과세의 대상이 공제 전에는 소득이 될 것이지만 그것은 과세 후 그 세부담상의 공평성은 소득의 차이에 반영된 불공평성을 나타낼 것이다. 즉, 소득수준이 낮은데 고소득자보다 세금부담이 많아져 불공평한 부담감, 즉 조세저항감은 증가할 것이다.

그러나 일단 과표공제가 끝나면 개인 사정에 따른 세제배려를 해 주어 일단은 기본적인 불공평성은 제거되고 있으며, 이러한 상황은 유산자나 무산자의 룰 적용시 출발점에서의 공정성을 나타내고 있어 공평성을 현시하고 있다. 그래서 과표공제 후의 과세는 공평감을 준다고 할 수 있으며 이런 차원에서 과표공제의 공평성 의미는 크다고 인정해야 할 것이다.

이러한 과표공제가 부족하다면 세액결정 후에 세액공제(tax credit)를 시행하여 부담상의 불공평성을 시정해 줄 수 있다. 그런데 이러한 공제조치는 부담상의 불공평성이라는 명분 아래 오히려 사회 이익집단의 로비에 의해 이용당할 수도 있으며, 지나치게 많은 공제조치는 피세나 탈세의 길을 열어 주는 악법이 될 수도 있어 늘 주의해야 할 부분이기도 하다.

순과표가 결정되면 일정한 세율로 과세되어야 한다. 우리의 융합형 지출세의 세율은 대체로 많은 사람들이 혐오하는 단일세 혹은 평률세(flat rate of tax)를 적용할 것을 제의한다. 이는 실제적인 측면에서의 우(愚)를 면하고 보다 이론적인 차원에서의 정당성과 당위성에서 제시되고 있음을 이해해 주기 바란다.

이러한 단일세는 부담상의 역진성을 나타내 모두가 반대하는 것이다. 그러나 부(負)의 소비세제도를 도입한다면 문제는 조세부담상의 불공평성은 사라지고 말 것이다. 왜냐하면 저소득층의 불공평성은 소득이 일정 수준에서, 즉 최저수준에 미달하는 빈곤층에게는 생계에 모자라는 소득부분을 정부세수에서 보조해 주는 부의 소비세(negative consumption tax)로 대처해 일단은 역진성을 배제할 수 있기 때문이다. 이를 예시하면 〈그림 12-1〉과 같다.

그림에서 보는 바와 같이 부의 소비세의 세수함수곡선은 횡축인 소비축의 OC의 원점에서 -0에서 부의 값을 지닌 Z에서 출발하고 있다. 한편, 일정 소비 이상에 과세하는 세수함수곡선은 Ob에서 과세시점이 결정되어 $T=b+t(c)$로 표현되고 있다. 그런데 이러한 세수함수곡선은 부의 소비세의 곡선과 b점에서 교차하며, 이로 인해 부의 소비세수는 O를 기점으로

그림 12-1 부의 소비세와 공평성

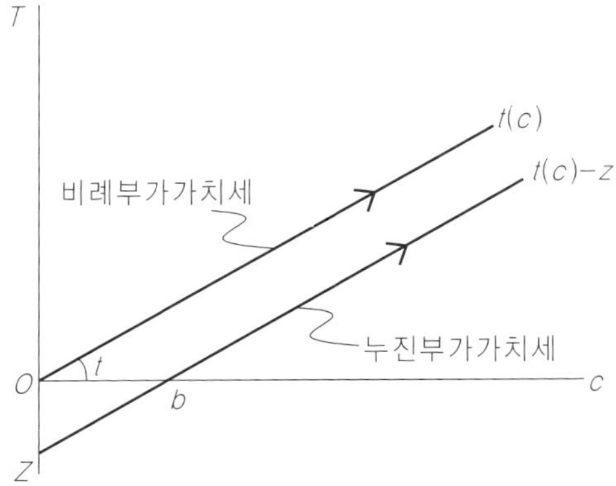

하는 세수함수곡선보다도 b교차점 이후부터는 더 많은 과세를 하여 고소득층의 세부담을 증가시키고 있어 역진성을 극복하고 누진성 과세를 실천하기에 이른다. 그러므로 단일세의 부의 소비세제도는 역진적인 소비세가 아니라 빈곤층에 유리한 누진성을 실현할 수 있는 좋은 세제임을 이해해야 할 것이다.

이러한 누진적 단일세인 부의 지출세제의 특성은, 첫째 저축의 이중과세를 배제하며 이로써 근검절약 정신을 배양해 자본주의 기틀을 튼튼히 할 수 있으며 자수성가나 가계의 부(富)를 형성할 수 있게 한다. 사회 번영은 바로 이러한 미시적인 근검절약의 정신이 하나의 경제질서의 기본이 됨을 보여 주어야 할 것이다.

다음으로는 과표공제 후 소정의 세율을 적용해 과세해야 할 것이다. 여기에서 지출세의 세율은 누진과세하도록 해 빈부격차를 완화할 수 있는 평등과세를 실현해야 할 것이다. 그러한 누진율은 나라에 따라 사회에 따라 다 다를 것이다.

이러한 단일세적 지출세의 장점은 여기에서 그치지 아니한다. 현행 세제는 법적으로 복잡성을 확대하고 있어 세금이 어디에서 시작하여 어디에서 끝나는 것인지를 알 수가 없는 것이다. 법이란 원래 공정하다고 하지만 현실에서는 “코에 걸면 코걸이 귀에 걸면 귀걸이”가 되고 있어 그 공정성은 현실적인 왜곡이 심할 수도 있다.

그래서 세제에 대한 설문조사는 언제나 세제의 복잡성으로 인해 이해하기 힘들며 과세방식에 완벽한 납득이 안 간다는 것이다. 그 결과 세계 각국의 세제개혁 논점은 세제의 간편화에 있으며 어떻게 하면 보다 단순하고 간편한 세제로 개혁할 것인가에 있다.

우리가 제시하는 융합형 지출세는 실로 단순성을 보유해 그 누구나 쉽게 자기가 낸 세금을 이해할 것이다. 세율이 하나라 가령 20%라면 3,000만 원을 벌어 다 소비한다면 600만 원으로 세금이 완납되며 자기보다 많은 소비를 하는 고소득자의 세금부담도 쉽게 비교할 수 있어, 특히 이 경우 고소득층은 고과세되고 있어 쉽게 누진과세되고 있음을 확인할 수 있는 것이다.

단일세적 지출세제는 이렇게 단순성(simplicity)으로 인해 납세자의 세부담상의 이해를 도모하며 그 세부담의 개별적인 투명성이 현시되는 공명정대한 세제로 인식할 수 있는 것이다.[23]

문제는 이런 단일세율의 값을 어떻게 결정할 것인가에 있다. 현재 우리의 부가세율은 10%를 적용해 그 세수는 약 내국세의 33% 정도 되고 있다. 세율 20%를 부가세에만 적용하더라도 부가세수는 늘어날 것이다. 따라서 내국세의 약 66%의 세수는 확보되는 것이다.

나머지 34%의 세수는 근소세 및 법인세가 부담해야 한다. 20%를 근소세와 법인세가 메워 주어야 하며 나머지는 재산세를 비롯한 지방세가 메워 줄 것이다. 따라서 여기서 제시하는 지출세의 세율을 20%로 정한 것은 적정한 세율로 추정된다.

1980년대 초에 미국에서의 단일세를 제시하였던 홀-라부슈카의 세율은 19%였으며 현 우리 실정에 20%의 세율적용은 적합하다고 사료된다.

융합형 제2안은 직·간세 과표를 일원화함에 있어 문제점들(세목의 이질성, 같은 담세력에 이중과세 등)이 있는 제1안의 세체계상의 모순점을 제거한다는 입장에서 제시되고 있다.

첫째, 제1안은 이질적인 두 세목의 과표를 결합하지 않고 두 과표에 대해 개별적 과세를 하고 있다. 그러니까 근소세 따로 부가세 따로 과세함으로써 세수조달을 하도록 되어 있다.

둘째, 근소세는 앞에 소개한 바대로 누진율을 적용한다. 부가세도 연 개인의 소비액에 누진율을 적용한다. 연 소비액이 1,000만 원 미만인 경우에 소비세는 면세된다. 그 세율은 다음과 같다.

예로서 한 가계의 연 총소비액이 3,000만 원이라고 한다면 세율 20%

---

23) Joel S. Iemrod and Jon Bakija(1908), p. 262.

적용으로 지출세 600만 원으로 납세를 마친다. 연 소비 5,000만 원인 경우 20%의 세율적용으로 1,000만 원 연 지출세와 이에 더해 연소득 수준이 6,000만 원인 경우, 소득의 70% 이상 소비가 되어 70%의 초과소비액 1,500만 원의 30%가 추가과세되어 450만 원의 세액이 추가로 증대된다. 따라서 본래의 과세액 1,000만 원에 과소비 추가액으로 450만 원을 합해 1,450만 원을 납세해야 한다.

제2의 대안도 연말 정산을 해야 된다. 제1안과 같은 측면은 근소세도 원천과세되어 분기별로 세무서에 납세된다. 부가세도 20%의 세율로 분기별로 납세될 것이며 연말 정산을 이듬해 초에 시행한다. 1안과 다른 측면은 저축과 각종 공제는 근소세가 아니라 소비세에서 하기로 한다.

분기별 납세의 익세는 기업과 정부가 그 혜택으로 도움을 받고 있을 것이다. 그러나 2단계 과세결정액이 1단계 과세액보다 적다면 그 초과액을 조세환급으로 납세자에게 돌려주어야 한다.

어떤 측면에서 특히 담세력과 관련해 제1안보다 제2안이 보다 투명하게 나타나 공평할 것이며, 한편 소비에 있어 과소비를 근로소득 수준과 연

연 소비액	세율	세액
1,000만 원 미만	0%	0원
1,000만 원~3,000만 원	10%	
3,000만 원~6,000만 원	20%	
6,000만 원~1억 원	30%+소득격차 50% 이상의 소비초과액의 20% 추가과세	
	30%+소득격차 70% 이상의 소비초과액의 30% 추가과세	
	30%+소득격차 90% 이상의 소비초과액의 50% 추가과세	
1억 원 이상	40%+소득격차 50% 이상의 소비초과액의 60% 추가과세	

계시킨 소비행태로 과소비를 추가적인 과세로 처리하고 있음은 과소비를 억제하는 수단일 뿐 아니라 과소비로 인한 공해의 증가를 억제하는 수단이 될 수도 있다.

새 시대의 삶의 질서는 더욱 어려워지고 있다. 금융위기, 재정위기로 시장의 거래질서와 나라살림의 질서가 무너지려는 위기에 놓인 것이다. 이에 대처하는 세금질서는 지출세로 전환하여 애써 번 돈을 이제는 어떻게 어디에다 써야 나도 나라도 살 수 있는 길을 찾아가야 할 것이다.

1단계 과세에서 부가세율을 배로 인상한 이유는 무엇보다도 이러한 위기를 극복하기 위한 유비무환의 정신으로 위기대처 자금을 충분히 비축해야 할 것이다. 따라서 국민의 세금부담을 올려 이에 대비하기 위해 우선 부가세율을 배로 인상한 연유가 있는 것이다.

사실상 이러한 직·간세 융합과세 형식은 미국의 경우, 즉 브래드포드의 경우 임금세와 소비세가 동등하다고 하여 연방세로서의 임금세 하나로 과세하고 있는데, 넓게 보면 주세인 판매세 또는 부가세는 계속 과세하고 있어 이는 소비세의 이중과세가 아닌지 묻고 싶다. 결국 연방세로 임금세를 소비세로 과세하며 주세로 다시 소매세(sales tax)를 걷는 것은 아닌지? 그러한 과세방식은 동등성 원리의 위반은 아닌지 묻고 싶다.

아무튼 우리의 융합과세는 현행 부가세는 임금세와 동등한 것으로 볼 때 역시 하나를 버릴 것이 아니라 결합시켜 보다 큰 재정부담으로 건전재정의 기틀을 쌓아 나가야 할 것이다.

(3) 융합형 지출세 제3안: 고전적 누진과세 방식

문제는 1안이나 2안이나 간에 사금융 측면의 지하경제 금융부분이 있는 것이다. 따라서 은행을 배제한 사금융은 은행 밖에서 현금으로 결제되어 거래됨으로 공금융 속의 현금거래만을 파악함은 이러한 지하경제의 거래를 과세할 수 없는 것이다. 우리나라의 지하경제규모는 대체로 20~30%로 추정되고 있으며 실제 그 정확한 측정도 어려운 것이다.

이러한 지하경제는 국제적으로는 조세천국(tax havens)시대를 전개하고 있으며, 큰 자본이 세계의 저과세 또는 비과세 지역으로 도피하여 국내 세제를 왜곡시키고 있다 하겠다. 그러나 이러한 위법적인 조세천국은 오히려 세계경제의 확장에 나름대로 이득을 주고 있어 글로벌 입장에서 덮어 놓고 이를 배제할 수 없는 것이다.

이는 국내의 높은 세율을 조정해 세제개혁을 요구한다고 볼 수 있으며, 한편 저과세 지역에서 나름대로 자본을 축적 경제의 확장과 세계화에 기여한다는 것으로 이를 무조건 배타할 수는 없다고 보는 것이다(국내 세제 개혁이 없는 한).[24]

융합형 지출세의 과표대상은 일단 계측 불가능한 지하경제 부문은 제외하기로 하며 이는 앞에서도 지적한 바와 같이 모든 납세자는 신용카드 결제를 하며 가계의 구매력을 나타내는 소득은 은행계좌에 예치해 가계를 운용하는 것으로 전제한다.

따라서 이런 상황에서 조세당국은 은행계좌에서 입출금되는 현금흐름을 정확히 확인할 수 있으며, 결국 지출세의 과세대상은 바로 이 현금흐름을 대상으로 하고 있음으로써 투명하고 복잡성을 배제한다. 이러한 현금흐름의 최초 크기는 조 개념이며 따라서 개인적인 과표공제 후에, 즉 순과표의 크기에 세율이 적용되어야 할 것이다. 문제는 앞에서도 본 바와 같이 계좌에 예치된 가계소득의 일부를 빼돌려 현금으로 보유해 이를 현금결제하는 경우 이러한 소비는 조세망을 이탈하게 되어 탈세를 가져올 수 있다.

여기에 대비해서는 이미 내구재의 과표공제를 부분적으로 적용해 소비과표의 투명성을 확대해 보자는 안을 제시하기도 했다. 여기에서는 조과표와 순과표의 차이를 나타내며 직·간세 융합이 어떻게 가능한 것인가를 더

---

24) R. Palan, R. Murphy, and C. Chavagneux(2010), p. 226.

보충해 보기로 하자.

직·간세 융합의 기본적인 근거는 브래드포드의 근소세의 전납형 소비세 개념에 의지하였다. 브래드포드의 소비세는 직·간세를 융합하는 작업은 배제되고 있다. 소비세의 전납형 소비세 개념만을 제시했을 뿐 후납형 소비세를 제외하고 있다.

직·간세 융합과 브래드포드의 전납형 소비세와 차이점은 후자가 직·간세 융합을 포기하고 있다는 사실이다. 전납형 소비세란 시기적으로 소비 후에 납세하지 않고 소비 이전에 납세한다는 의미에서 전납형이란 표현을 쓰고 있다.

그래서 그 납세시기를 소비에 앞서 소비세를 낸다는 뜻이며 따라서 소비세는 후에 과세되지 않고 있어 한 번의 소비세로 끝나고 있는 것이다. 그러나 우리의 융합형 지출세는 직접세인 근소세와 간접세인 부가세를 통합과세하고 있어 그 특성이 있다.

이러한 융합과세는 브래드포드의 전납형 개념과는 그 기준이 다르다는 것을 이해해야 한다. 다만 참고로 전납형이 있으면 그에 따라 후납형도 있어야 할 것이 아닌가 생각되는 것이다. 그래서 후납형으로 부가세인 소비에 과세해야 함을 주장했으나 융합형의 논리기준은 바로 이러한 시기적인 전납·후납의 기준은 여기에서 중요한 의미를 내포하고 있는 것이다.

그러므로 모든 소득은 언젠가는 모두 소비되어질 잠재적 소비소득이라고 할 수 있다. 이는 소득에는 일시적인 소비 외에 항상적인 장기 소비를 구분한 프리드만(M. Friedman)의 항상소득의 개념에 의지하고 있는 것이다.

이러한 항상소득은 일시적인 소비성향의 값보다 항상소비의 소비성향의 값이 높다는 것을 조사하기 위한 것이었다. 그런데 일시적인 소득은 항상소득과 일치하며 항상소비의 값은 항상소득의 값을 초과하고 있다는 것이다.[25]

---

25) 혹자는 항상소비가 항상소득을 초과한다는 견해는 경험적 연구에 따르면 다르다는

개인적으로 소비행태는 소득에만 의존하지 않으며 개인의 자산이나 재산이 많을수록 소비성향은 높아가고 있다는 것이다. 어쨌든 장기적인 담세력은 소득에 있지 않고 소비에 있다는 것이다. 사실상 소득은 개인이 애써 번 돈인데 이는 우리의 물질적 욕구인 소비욕구를 충족시키기 위한 수단이며 근로소득의 목적은 결국 소비에 있는 것이다.

이러한 소득, 소비의 행태적 속성은 일원적인 속성으로 볼 수 있으며 따라서 이 둘의 세금은 하나로 묶을 수 있는 논리적인 근거를 발견할 수 있지 않나 사료되는 것이다. 이러한 행태적 속성의 일원주의 외에 또 하나의 근거는 직·간세의 조세론적 세부담상의 이전과 관계되고 있다. 이것이 융합과세의 일원화를 동조하고 있다.

전납형 소비세는 소득의 소비행태로의 이행을 뜻하나 조세론적 이전행태는 지출의 소득에로의 이행을 의미하기도 한다. 시장과 관련된 소득세는 그 세부담을 소비자에게 이전시킬 수 있다는 독일 재정심리학자 쉬멜더(G. Schmoelders)의 재단세(裁斷稅, masssteuer)와 시장세(市場稅, marktsteuer)의 분류 개념을 이해해야 할 것이다.[26]

재단세란 시장거래를 업으로 하지 않는 서민가계의 세부담을 뜻하며 예로서 재산세, 소득세, 자동차세, 상속증여세 등은 재단세에 속한다고 볼 수 있다. 한편, 시장세란 사고 팔고 하는 교환과정에서 업자가 소비자에게 세부담을 가격에 전가해 소비자에게 자기세금, 즉 법인세, 사업소득세, 사회보험료, 재산세, 자동차세, 지세 등을 감세 내지 세부담 회피로 피세 또는 탈세를 하고 있는 것이다.[27]

이렇게 볼 때 시장거래를 업으로 하는 기업가나 사업가는 그들이 부담해야 할 법인세 또는 사업소득세 등을 부분적으로 부담하지 않고 대신 소

것을 제시하고 있다.

26) G. Schmölders(1965), S. 233.

27) G. Schmoelders(1960), S. 228; 이필우(1994), p. 27.

비자에게 전가시켜 소비자가 그들의 세금을 부담하고 있어, 결국 사업소득세나 소비세는 어디에서 어떻게 끝나는지를 알 수가 없는 것이다.

이런 관점에서 우리는 직·간세를 융합과세할 수 있는 가능성의 근거를 찾을 수 있는 것이다. 융합과세의 이론적 근거는 그렇다 치고 우리의 문제는 융합형 지출세의 3안을 제시해야 할 것이다. 먼저 융합과세의 과표결정에 대해 얘기해 보자.

이를 영문으로 표현하면 Tax Base for an Expenditure Tax in Terms of Fused Order라고 할 수 있다. 그 내용을 수식으로 다음처럼 나타내보자.

W는 임금소득, $X1$은 1기에 실현되는 과표, $X2$는 2기에 실현되는 과표, $S1$은 1기에 실현되는 저축액, $S2$는 2기의 저축을 말한다. r는 저축의 이자율이며 $S1r$는 2기에 1기의 저축액에 이자율을 더해 준 1기의 저축의 증가액을 말해 주고 있다. $X3$는 조과표이며 D는 공제액을 뜻한다. 조과표 $X3$에서 과표공제(D)를 해 주면 $X4$를 얻는다. 이것이 곧 순과표의 크기가 될 것이다. $X4$는 순과표이다(net tax base). 이러한 순과표($X4$)에 세율(t)을 곱해 주면 세액을 얻게 된다.

$X1=W1-S1$

$X2=W2+(S1)\mathrm{r}-S2$

$X1+X2=X3$: 조과표(gross tax base)

$X3-\mathrm{D}=X4$: 순과표(net tax base)

$X4t=T$: 세액산출(tax calculation)

$X4$는 순과표이지만 이러한 순과표가 나오기까지는 여러 법적인 절차를 거쳐 얻을 수 있다. 무엇보다도 개인의 소비액을 정확히 확인한다는 것은 쉽지 않다. 이 점에 있어서는, 즉 과표확인의 핵심은 현금흐름에 두고자

한다. 아론과 갤퍼의 현금흐름 소비(cash flow consumption)의 개념에 의지하지 않을 수 없다.

이러한 현금흐름은 은행계좌에서 빠져나가는 현금을 추적하여 거래 또는 소비행태를 확인할 수 있다. 돈이 공금융 속에서 유통되고 있는 현금흐름이므로 지하경제를 밝혀낼 수 없다는 점이 그 한계를 나타내고 있다 하겠다.

결국 현금흐름의 규모는 사업자의 경우 투자나 거래에 결제되는 돈의 흐름도 포함될 것이다. 그러나 우리의 융합과표는 일단 사업자, 기업부문에서 거래되는 현금흐름 등은 제외되고 있음을 밝힌다. 사업자나 기업의 과세는 별도로 브래드포드 방식의 부가세적 이윤의 확보로 해결하고자 한다. 그러므로 여기에서 융합과표는 가계의 근로소득과 소비의 크기를 합한 직·간세 과표를 합한 크기를 보여 주고 있다. 그러면 $X1$과 $X2$의 두 과표를 합한 $X4$를 개별 가계에 대해 일정한 세율을 적용하여 세액을 산출 과세해야 한다. 이때 세율을 어떻게 정할 것인가를 생각해야 한다.

융합과세 제3안은 그 세율형태를 우선 누진세율을 적용하기로 한다. 현행 세제 하에서도 빈부격차를 논하면서 부자에 대한 과세를 높여야 한다고 통합민주당에서 주장하고 있다. 연 1,000만 원 이하에는 비과세하고 1,000만 원 이상 3,000만 원까지 5% 세율을 적용한다. 다음 3,000만 원 이상 6,000만 원까지는 15%, 6,000만 원 이상 1억 원까지는 25%, 1억 원 이상은 40%의 최고세율을 적용하기로 한다.

여기에 더해 저축액은 그 이자와 함께 환급된다. 근검절약의 정신을 제고하는 세제가 될 것이다. 한편, 내구재 구입에 대해서도 그 50%를 과표공제 받는다. 그런데 이에 있어 자기소득의 80% 내지 100%의 소비를 하는 가계에 대해서는 10%의 과표공제를 해 주며 100%를 초과하는 가계에 대해서는 과표공제가 일체 배제된다.

최근의 세계적인 과세경쟁은 근로소득에 누진율을 강화하고 자본소득에 경과세하는 경향을 보여 주고 있다. 특히나 금융재정 위기에 대비한 세수확보의 시각은 조세부담률을 높이고 있는 실정에 있다 할 것이다.

우리의 소득소비의 융합과표는 일단은 소비로 간주한 과표이므로 큰 소비에 많은 세부담은 당연하며 저소득층의 소비크기는 엥겔계수는 높으나 소비수준은 상대적으로 왜소할 것이다.

소비는 상당수준의 공해를 산출하여 우리의 생활공간을 왜곡시키고 있다. 생활공간의 생태적 위협은 제거되어야 하며 소비의 크기와 공해는 함수관계에 있어 우리의 소비세는 이러한 소비의 부정적 외부성 제거의 비용이라고 생각할 수 있다. 그것은 탄소세를 비롯한 각종 공해세를 내포하고 있는 세금으로 보아야 한다.

우리는 근로소득의 누진과세를 다음처럼 설계하였다. 즉, 공제 후 단일세율을 적용하되 저소득층에 일정 최저소득 이하에는 부(負)의 소득세제를 적용한다는 것이다. 예로서 연 1,000만 원 이하의 빈곤층에게 부의 소득세제를, 즉 소득이 아니라 부(負)의 소비세제를 도입하자는 것이다. 이러한 부의 소비세는 100만 원 소비하는 자에게는 900만 원의 세금을 받아 쓰며 또한 500만 원 소비자에게는 500만 원의 세금을 받을 것이다. 700만 원

표 12-3 근로소득 누진율과 납세액

소득	세율	납세액
1,000만 원 이하	면세	
소득 3,000만 원의 경우 1,000만 원~3,000만 원	5%	3,000만 원×5%=150만 원
소득 6,000만 원의 경우 3,000만 원~6,000만 원	20%	6,000만 원×20%=1,200만 원
소득 1억 원인 경우 6,000만 원~1억 원	30%	1억 원×30%=3,000만 원
소득 1억 원 이상	40%	2억 원×40%=8,000만 원

소비자에게는 300만 원의 세금소득이 분배될 것이다. 즉, 부(負)의 세금(negative tax)을 수령할 것이다.

그 결과 전체적인 과세체계는 누진과세되고 있는 것이다. 융합형 과세는 여기에서 끝나지 않는다. 근소세와 부가세를 결합시키는 작업설계가 남아 있기 때문이다. 사실상 연말 정산시 연소득의 크기를 확인할 수 있으며 이는 근로소득의 연 과표로 볼 수 있다. 이에 개인의 연 소비액을 합하면 연 총소비의 과표크기를 얻을 수 있다.

근로소득의 과표는 전납형 소비세의 과표로 볼 수 있기에 이러한 융합과세가 가능한 것이다. 후납형 소비세는 결국 현재 소비세인 부가세로 보았으며 우리의 시도는 전납형 소비세의 과표와 후납형 소비세인 현재 부가세를 합한 연 소비의 과표를 얻을 수 있다. 이 두 개의 과표를 합한 크기는 곧 연 지출세의 총과표로 설정 제시할 수 있다. 즉, 개인의 연 총소비세 과표=개인의 연 총근소세 과표+개인의 연 총부가세 과표로서 표현할 수 있다. 결국 개인 지출세의 연 과표를 얻으면 이 총소비과표에 누진율을 적용하여 지출세의 공평성을 실현하고자 한다.

다음 설계작업은 세율의 설정에 있다. 근소세나 부가세를 다 소비세로 간주함으로써 하나의 세율구조를 적용해도 무리가 없다고 보아야 한다. 문제는 세수의 확보에 있을 것이다.

현행의 소득세율과 소비세율로 세수확보가 되고 있다면 이를 시산해 우리의 소비세율의 구조를 설정할 수 있다고 생각된다. 즉, 현행 부가세율 10%로 총세수의 약 1/3을 조달하는 것으로 볼 수 있으며, 따라서 10%의 세율은 20%로 올려 징세하면 부가세 세수는 2/3 수준이 될 것이며, 나머지 세수는 여기에서는 융합형 지출세에 포함되고 있는 소득세를 비롯한 여타의 세목(법인세, 지방세 등)으로 충당될 수 있다고 보는 것이다.

그러므로 소득세율은 세수의 1/3을 확보하도록 설정함이 합리적이며, 현행 세율은 40~50% 수준으로 감소 인하해도 좋을 것이다. 따라서 세율

10%가 5%로 될 수도 있는 것이다. 그런데 우리의 융합과세 방식은 두 과세단계로 구성되고 있다. 현행의 소득세과세도 두 단계를 거쳐야 한다. 즉, 원천과세와 연말 및 이듬해에 종합과세가 그것이다. 융합과세도 1단계는 분기별 원천과세와 부가세 세수는 일단은 개별 세수이므로 연 총지출세가 되기 위해서는 다음 해 총소비세의 누진과세가 시행되어야 한다.

그래서 2단계 과세가 시행됨으로써 우리의 융합형 지출세의 과세는 종결되는 것이다. 그러니까 1단계는 종전의 과세방식을 따르고 2단계에서 두 과표의 합산을 통해 소비지출세의 과표가 형성됨으로써 융합형 지출세가 탄생하는 것이다.

2단계 과세의 핵심은 세율구조에 있다고 본다. 우리는 칼도 식으로 누진과세할 것이다. 그 누진율은 형행의 근소세 세율과 유사한 수준으로 적용하였다. 특히, 개별 과세시 같은 세율이 종합과세시 세수는 커질 것이고 이에 세율을 인상함은 부당하며 따라서 세수확보면에서 접근한다면 역시 종래의 누진율보다 약간의, 세율 인하된 수준에서 시행함이 합리적인 세율구조로 보았다.

문제는 2단계에서 종합과세시, 첫째 근로소득과 소비는 이질적인 과표가 동일한 과표로 통합될 수 있는가이다. 그러나 이는 근로소득은 장래에 보장된 소비로 보아 전납되는 소비세 과표로 보는 것이다.

둘째, 과표합산되었을 때 담세력이 확장된다고 볼 수 있다. 즉, 소비는 소득의 일부이며 소비를 과표에 소득과 함께 합할 수는 없다는 것이다. 왜냐하면 이는 이중계산해 과표를 부당하게 확대시킬 것이기 때문이다.

이러한 합산과표는 우선 그 담세력에 있어 부가세 과표만큼 크게 산출하여 세부담자에 중과세를 강요한다고 할 수 있기 때문이다. 그러나 이는 현실에 있어 납세자는 소득세 따로, 여기에 소비하면 부가세가 뒤따라 어차피 납세자는 두 번에 걸친 세부담을 하고 있는 것이다. 이렇게 볼 때 이질적인 세목의 과표합산이 결코 부당한 것은 아니며 종합지출세의 과표로서 제시될 수 있는 것이다.

셋째, 1단계 과세와 2단계 과세시의 요건은 매우 중요하다. 특히, 세법의 이론적인 부분인 세수의 유보관리상의 문제가 아닐 수 없다. 먼저 1단계에서의 근소세의 분기별 납세는 직장에서 원천과세하여 세무서로 이관 납세 처리된다. 한편, 1단계 부가세수는 1/4분기로 20%의 세율로 과세되어 기업은 3개월의 익세의 혜택을 누린다. 이는 기업의 징세비로 생각할 수 있다. 이러한 부가세수는 세수당국의 정부의 익세가 되고 있다. 왜냐하면 이 부가세수는 아직 법적으로 총합소비세가 못 되기 때문이다.

2단계 소비의 연 종합과세는 우선 연 개인의 근소세의 과표와 개인의 연 소비액의 과표를 합해 하나의 개인의 연 소비 총규모를 얻을 수 있어야 한다. 이에 개인의 연 저축의 소득공제 및 저축의 이자소득세 공제, 기초공제, 의료공제, 보험공제 등 각종 공제를 한 후 총합지출세의 누진세율을 적용한다.

세율적용 후 납세액이 결정되며 이때 이미 납세된 근소세와 부가세의 합계액이 융합소비세액보다 많으면 그 초과된 세액을 환급받게 된다. 한편, 1단계 납세한 세액이 2단계 세액보다 적으면 그 과소분은 더 납부해야 한다. 이렇게 해서 우리의 융합형 지출세의 과세와 납부는 끝난다고 볼 수 있다.

그런데 서구이론의 관점에서 볼 때 융합과세의 지출세 과세방식은 브래드포드가 제시한 임금세와 소비세의 동등이론에 의해 비난되며 부인됨을 모르는 바는 아닌 것이다.[28] 그러나 우리는 전납지출세가 있으므로 후납지출세가 있어야 함을 주장한다. 사실상 브래드포드에 따르면 현행 우리의 세체계는 이중과세를 노출시키고 있다 할 것이다. 직세와 간세는 전통적인 동반자적 세목이기에 말이다.

하나를 제거해 단일세를 만드는 브래드포드의 견해를 따르기보다 두

---

28) Edward J. Mccaffery(2008), pp. 94~102.

세가 같은 것이라면 하나를 제거할 것이 아니라(예: X조세) 하나로 묶어 통합한다는 견지에서 동등시하면서 하나의 세목을 만들자는 의미가 있다(예: 융합형 지출세). 자산거래는 저축소득의 활용이며 소비가 아니기 때문이다. 자산거래는 더 큰 저축을 약속하며 소멸되는 소비는 아닌 것이기 때문이다. 그러나 여기에서 부언해야 할 것은 우선 가계에 대한 금융자산거래에 대해서는 비과세한다. 금융자본의 현재가치는 언제나 0이기 때문이다.

한편, 서구이론에서 자본의 현재가치가 0이라는 이유로 자본소득은 일체 과세하지 않는다. 이에 따라 우리의 경우 가계에 관해서는 금융자산소득을 과세하지 않으며 기업에 대해서만 금융자산소득에 저율과세하는 것을 제시한다. 또한 부동산 양도차익의 과세는 별도로 분리과세해야 한다. 이를 비과세함은 한국인의 조세정서에 크게 빗나가게 될 것이기 때문이다.

융합과세는 여기에 더해 사업과세 또는 기업과세(business tax)가 추가되어야 한다. 주지하는 바 기업과세는 조수입에서 타 기업으로 지출된 경비를 제한 후 남는 수익을 취득하며 이에 대해 20%의 기업세를 납부하도록 한다. 이는 법인세를 대신하며 영세사업자에게는 10%의 저세율을 적용하도록 한다. 한편, 자본소득은 저율의 과세로(예: 10~20%) 자본축적을 도모해 성장의 기틀을 마련해야 할 것이다.

문제는 1안이나 2안이 제시된다 하더라도 사금융(私金融) 측면의 지하경제성 금융부문이 있는 것이다. 은행을 배제한 사금융은 현금으로 개별 결제되어 그 돈거래는 공금융시장(公金融市長)을 배제한 전체 금융시장을 왜곡시킬 수 있는 힘을 지니고 이를 무시(無視)할 수 없는 것이다.

다시 공금융을 되돌려 생각해 보자. 가령 한 근로자의 월 급여(300만 원)는 직장에서 은행계좌로 입금될 것이다. 급여액 300만 원의 사용권은 대체로 주부가 가지고 있는데 시장에서 거래하여 물건을 사면서 소비할 때 대부분 신용카드를 사용할 것이다.

그러나 때로는 현금으로 결제해 영수증을 받으면서 소비행위를 끝낼 수도 있다. 이러한 경우 그 주부의 소비 신고시 현금소비 결제액은 소비로 신고되지 않을 수도 있다. 소비세를 덜 내려면 소비신고액을 줄여야 하기 때문이다. 그래서 신용카드가 아닌 현금으로 결제한 소비는 개인이 소비 신고하지 않는다면 세부담을 줄일 수 있는 방법이 될 것이며, 따라서 많은 주부들이 돈을 찾아 현금결제를 하여 소비 신고를 배제해 세부담을 줄일 것이다. 이에 대해 무엇인가 대책을 제시하지 않을 수 없는 것이다.

이러한 현금결제는 상품구입시 영수증을 받으나 소비 신고하지 않을 경우에는 탈세행동에 해당한다. 따라서 세무서로서는 먼저 은행에서 출금한 현금을 확인하여, 이를 소비로 간주 소비과표에 포함시킬 수 있다. 출금한 현금 전액이 소비로 신고되는 것이다. 그러나 소비자는 불평할 것이다. 100만 원 출금 중 소비는 60만 원 했는데 전액 소비로 보아 40만 원은 과오평가된 세금을 내게 마련이다. 따라서 이를 증명하기 위해서는 영수증을 보관하였다가 소비 신고를 해야 할 것이다.

따라서 세금을 덜 내기 위해서라면 신용카드를 배제한 현금결제한 재구입을 영수증을 첨부하여 소비 신고해야 할 것이다. 정확한 소비 신고는 결국 은행계좌에 남아 있는 소득을 제외한 출금된 소득을 소비세 과표로 결정하여 과세하기 때문에 영수증과 일치하게 결제한 사실대로의 소비액을 신고하는 것이 유리할 것이다. 이러한 결제 신고는 과표 신고시 10%의 공제혜택을 주어 현금결제 영수증 첨부 소비 신고를 장려하여 정도세정(正道稅政)에 임해야 할 것이다.

이러한 현금결제 소비 신고로 인해 소비세수는 그래도 증대할 것이다. 세수증대를 기반으로 한 우리의 제3안은 바로 내구재 구입을 비과 세하는 조치를 적용해 보자. 100% 비과세보다 내구재 구입액의 50%를 과표공제하는 부분 공제조치를 적용하는 것도 좋을 것이다. 사실 이러한 내구재 비과세로 인해 소비세 감소를 위해 내구재의 과소비가 일어날 수도 있다. 그러나 그러한 수요증대는 오히려 해당 산업 분야의 발전을 기약할 수 있어 긍정적이다.

그림 12-2 소비과표의 크기

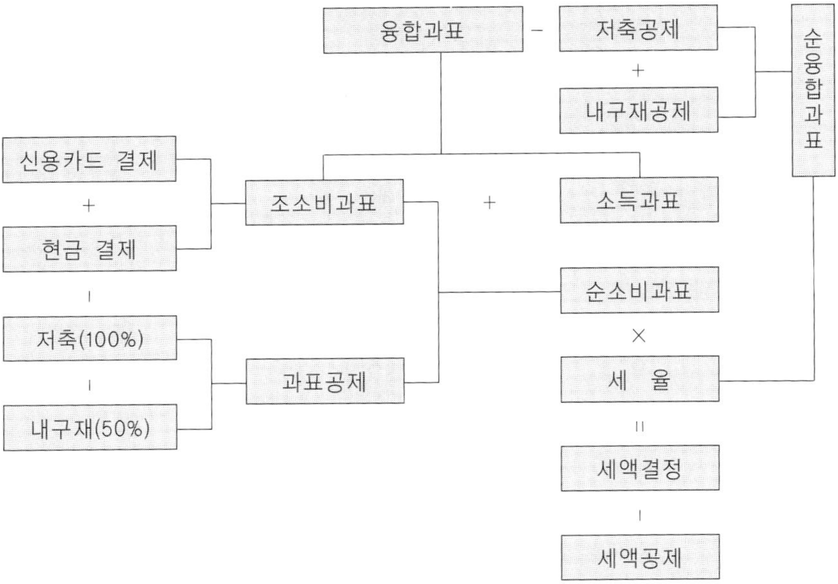

부 록

1. 공제

근로소득에 대한 공제는 다양하게 적용되고 있다. 공제를 일일이 언급하기는 힘들다. 그 중 대표적인 공제만을 들어 보면 먼저 근로소득공제가 있으며 각종 소득공제가 있다. 이에는 기본공제와 추가공제가 있다.

기본공제에는 본인, 배우자, 부양가족, 직계존속, 입양자, 형제자매 등이 있다. 추가공제에는 경로우대자공제, 장애인공제, 부녀자공제, 자녀공제 등이 있다. 단, 여기에서 배우자가 있는 여성근로자, 즉 맞벌이 부녀자에 대한 공제(50만 원 공제)는 오늘날 남녀차별 없이 고용에 참여하여 남녀공동체인 노동시장에서 이러한 부녀자의 취업에 공제조치를 해 주고 있음은 불합리하다고 사료된다. 융합형 지출세에서는 이러한 공제는 폐지하도록 한다.

또한 연금보험료 공제가 있다. 다음 특별공제가 있는데, 이에는 보험료공제, 교육비공제, 의료비공제, 주택자금공제, 기부금특별공제가 있다. 그런데 여기에 이사비용공제가 있는데 이는 이사의 동기가 어디 있는지를 파악하여 조치되어야 할 것이다. 이사는 여러 가지 이유에서 발생하고 있으나 위장전입, 특히 유명 학군으로 이주하는 경우가 허다하며 따라서 이사비용공제는 아예 폐지함이 옳다고 본다.

이러한 개별 공제의 수는 약 35~36개가 되고 있어 세금을 덜 낼 수 있는 기회는 개인납세자에게 주어져 있어 이를 활용하는 것도 피세의 길이 되고 있다. 원래 공제는 생활의 필요경비는 공제해 주는 것이 마땅하며 이에 더해 빈곤층 서민을 위해 공제하는 경우도 허다하다. 장애인공제는 인도적인 의미도 있으며 저소득층의 자녀교육 지원도 사회적 당위성이 있는 것으로 볼 수 있다.

한편, 이러한 사회분배적 인도적 당위성이 제반 공제조치에 바르게 적용된다면 배분에 도움이 되겠지만 그렇지 않고 이러한 공제조치를 활용해 세금을 덜 내게 된다면 이 또한 불공평한 세제로 전락할 수밖에 없을 것이다. 그래서 어떻게 보면 공제조치 그 자체는 피세와 탈세의 길을 열어 주고 있는 것은 아닌지 묻지 않을 수 없는 것이다.

고소득층에 속하는 자녀 유치원비 공제는 무산자의 자녀교육공제와 비교할 때 오히려 부익부 빈익빈을 조장하는 조치는 아닌지 재고하지 않을 수 없는 것이다. 세무사나 변호사의 세제관련 일거리를 제공해 주는 결과를 가져온다고 해야 할 것이다.

이러한 이유로 말미암아 미국에서의 소비지출세 모형에서 보면, 예를 들어 H-R의 단일세나 브래드포드의 X조세에서는 일체 이러한 공제조치를 폐지하고 있다. 대신 세율을 아주 낮게 적용하고 있다(X조세는 7%, H-R 단일세는 19%).

혼합형 지출세제에 일부 공제조치를 허용하고 있음은 아직도 사회경제적으로 빈곤소외층을 정부가 배려해야 하며 그렇지 않을 경우 이는 상당한 대정부 저항감이 유발될 것이기에 선별적인 공제는 불가피하다.

2. 세제개혁의 시대적 배경

우리의 한국적인 지출세제의 도입은 점진적인 개혁을 채택해야 한다. 갑자기 현 세제와 다른 세금을 도입하면 상당한 초과부담을 일으킬 수도 있기 때문이다. 점진적인 세제개혁을 위해 우리는 1안, 2안, 3안을 단계적인 개혁으로 제시해 보았다.

그래서 1안에서는 세수균형을 위한 지출세를 제시했으며, 특히 여기에서는 법인세를 그대로 두어 개별 과세하도록 하였다. 즉, 1안은 사업자의 지출세는 제외되고 있다. 1안은 현재 동구 신흥국가들이 채택하고 있는 부가세 단일세제와 유사할 것이다. 이러한 1안을 2년 내지 5년간 시행할 수 있다. 소득세와 소비세의 세수균형 효과에 충분한 적응을 거쳐 2안으로 진입한다.

주지하는 바와 같이 2안은 소득세와 부가세의 두 과표를 하나로 융합한 일원화된 소비세의 과표인 것이다. 사실상 일원화된 과표라고 했지만 2안은 실질적으로는 2원화된 지출세이다. 왜냐하면 사업자세를 융합된 과표에 개별적인 과표로 정해 과세해야 하기 때문이다.

그래서 융합형화 지출세 2안은 근소세+부가세의 지출세가 있으며 여기에 추가로 사업자세를 부가해 과세하도록 할 것이다. 이렇게 볼 때 2안은 2원화된 지출세이다.

끝으로 융합형 지출세 3안은 2안의 지출세 형식을 그대로 유지하면서 세 체계 내에서의 저축유인장치를 설정하고 있다. 즉, 소득 중 저축액이 많을수록 저축공제율을 차등화해 적용하여 저축을 장려하는 성장촉진적인 세제인 것이다.

3. 책 제목에 대해

필자는 이 책의 제목을 "함께 즐겨 내는 세금- 융합형 공락세"라고 하였다. 그렇게 결정한 이유에 대해 몇 마디 해 보자.

첫째, 공평하다는 것은 심미적으로 아름다움이 내포된 정서이기도 하다. 그 의미를 알아보자. 그것은 납세자 누구에게나 공평하게 과세된다는 뜻이 있기 때문이다. 주지하는 바와 같이 소비세는 소득수준의 고저와 관계없이 소비액의 일정 부분을 세금으로 내야 하기 때문이다. 그래서 혹자는 소비세의 역진성을 비난하나 이는 연말 정산시 저소득층에 대한 공제 혹은 부의 소비세를 통해 공평과세된다.

둘째, 이러한 소비세는 개인이 소비하는 경우에 한해 세금이 과세된다. 소득세는 돈을 더 벌었다고 더 세금을 과세하며, 개인행동의 사후적인 과세가 되고 있어 조세당국이 일방적으로 과세 징수하는 강제성이 수반되고 있다.

그러나 소비세는 간접세로 개인의 소비욕구를 충족시키는 소비행동이 일어나면 상품 구매시 물건 값에 내포되어 동시적인 과세가 되고 있다. 이는 개인의 소비행동이라는 욕구충족에 따른 과세임으로 자발적인 과세로 볼 수 있다.

이러한 과세방식을 미국의 조세학자 슬렘로드(Joel Slemrod)와 바키자(Jon Bakija)는 스스로 자신에게 과세한다고 하여 “Taxing Ourselves”라고 했다. 이는 2008년도에 출간한 조세론 책 제목이기도 하다. 필자는 여기에서 과세에는 두 유형이 있으며 그 하나는 자발적 과세가 있으며 다를 하나는 타의적 강제적 과세가 있다고 보는 것이다. 전자는 소비세인 간접세이며 후자는 직접세인 소득세인 것이다.

셋째, 그래서 세금을 덜 내고 싶으면 소비욕구를 억제하고 근검절약할 수도 있는 것이다. 그러나 소득세는 과세액을 어느 시기까지 내지 않으면 범칙금이 더해지고 그래도 사정이 허락하지 않아 못 내면 탈세자로, 즉 범법자로 찍히는 것이다. 이런 측면에서 간접세는 인도적이고 근검절약이라는 미풍양속을 장려한다는 사회도의적인 의미를 지닌다고 해야 할 것이다.

넷째, 우리가 제시하는 소비세는 저축이나 이자에 과세하지 않는 칼도(Kaldor)의 지출세 방식을 적용한 유합형 공락소비세임으로, 우선 사회도의적인 측면에서 소비세는 자발적으로 자기에게 과세하는 그리고 근검절약하는 저축촉진적인 세제임으로 아름답다는 표현을 할 수도 있다. 여기에서 공락(共樂)이란 용어는 함께 즐기는 세금의 뜻으로 사용하고 있다.

즉, 소비시에 내는 소비세는 소비욕구를 충족시킴으로 만족감을 느끼며 즐거움의 체험과 함께 내는 세금이다. 세금은 따라서 즐거움의 체험과 동행하고 있는 나무 가지로 볼 수도 있다. 함께 즐기는 공락적인 세금은 소비세의 집합적 개념이기도 하다. 그래서 여기 좀 생소한 용어일 수도 있는 공락이란 용어를 사용하였다. 이러한 용어는 한국인의 정서문화에 적합한 용어로 세심(稅心)이란 재정심리적인 개념범주에 속하는 용어로 볼 수 있다. 함께 즐겨 내는 세금이 곧 공락소비세인 것이다.

다섯째, 세금의 귀하다는 의미를 음미해야 할 것이다. 아름다움이나 귀함은 모두 규범적이고 윤리적 규범성을 지니는 문화가치이기도 하다. 죽음처럼 정확한 세금은 세법에 따른 납세액, 납기일이 정확해야 한다. 이렇게 법적인 정확성은 정부나 납세자에게 적용되고 있다.

한편, 세금은 개인이 애써 번 돈의 일부를 국가에 납부함으로써 이는 경제학적으로 개인 노동력의 일부를 정부가 요구 수취한다고 볼 수 있다. 세금은 개인의 피나는 노력의 일부이며 사회후생 증진의 원천인 귀한 노동인 것이다. 그러한 세금은 만일 개인이 그러한 세금을 돌려받았을 경우 그 재원을 더 생산적인 활용으로 개인과 사회후생에 기여할 수도 있는 것이다. 그렇다면 이러한 민간의 생산력에 못 미치는 조세의 활용을 한다면 그릇된 자원배분을 결과할 것이다. 한편, 개인적으로 무척 어려운 상황에 직면해 있으면서 세금을 내는 청백리 정신의 납세자가 있음을 우리는 잘 안다. 이러한 세금은 아름다운 조세이며 또한 귀하고 귀한 세금인 것이다. 그래서 정부도 이러한 귀한 세금의 가치를 지출시에 그 심미성을 보여주어야 하지 않나 사료되는 것이다. 그래서 세금은 우리의 생명처럼 귀하고 귀한 것이다. 이렇게 귀한 세금을 국가가 징수해 민간의 생산성을 뛰어 넘는 조세의 활용이 있어야 할 것이다.

여섯째, 끝으로 융합형이란 소득세와 소비세를 한데 묶어 하나의 세금으로 묶는 것이다. 소득세도 소비세로 보아 소비세 하나로 묶는 것은 소득세를 선납 소비세로 보고 융합된 하나의 큰 단일세인 공락소비세를 제시하는 것이다. 이러한 소비세는 모두 현금흐름의 조세이며 자본소득세 및 배당세, 양도소득세 등도 소비세로 과한다. 즉, 이러한 소득은 모두 은행에 예치되며 여기에서 그 자금의 일부를 빼 갈 때 그것을 소비로 보고 과세하는 것이다.

아무튼 자금의 유입은 모두 돈으로, 즉 현금으로 거래될 것이다. 결국 우리가 제시하는 소비세는 현금흐름의 지출세와 다를 것이 없다. 그 과세대상은 임금, 사업수익, 이자소득, 자본소득, 배당소득, 증권수입 등이 모두 현금흐름의 세금으로 과세될 것이다. 현금흐름의 크기가 과표가 됨은 정확하며 이를 가감할 수 있는 이유가 성립할 수 없으며, 여기에서 현금흐름의 세금은 가장 정확하고 투명한 세금이라고 해야 할 것이다.

【제13장】

결론

우리나라 재정학계 및 정부의 세제운용 분야에서는 지출세 하면 영국에서 제시된 소비세 중심의 세제로서 그 특징은 저축을 비과세한다는 것이다. 이는 인도와 스리랑카에서 도입하여 실패한 세제로 골동품적 세목으로 여겨 그것의 도입은 하나의 정신병자로 취급될 수도 있다. 그런데 우리는 위에서 지출세에 대한 찬반론을 전부 살펴보았으며 그 세제도입의 당위성은 시대적으로나 정치경제 논리에서 뿐 아니라, 한국인의 정서문화적 당위성 면에서 정당함을 발견할 수 있었다.

오늘날 제도면에서의 세계적 위기는 금융위기 및 재정위기로 비추어지고 있다. 세제면에서의 이의 극복책은 지출세가 그 해답이 되는데 지출세는 현금흐름이 과표로 되어 있어 우선 단순해 누구나 쉽게 이해할 수 있기 때문이다. 게다가 피세나 탈세가 쉽지 않으며 그 과세범위는 국민 전체가 되고 있어 국민개세적이며 세수확보에 용이하고 부문 간에 효율성을 나타내고 있기 때문이다. 따라서 지출세야말로 이 시대의 세제 패러다임으로 제시할 수 있다.

하나의 제도는 오랜 관습에서 비롯되고 있으며 세제 역시 소득세라는 하나의 제도적 관습을 하루 아침에 버리고 새로운 지출세를 수용함은 칼도가 책 말미에서 언급하다시피 하나의 혁명적인 사건으로 보고 있으며, 우선 공사 간에 이 세제에 대한 깊은 이해부터 시작해야 함을 언급하고 있는 것이다.

그래서 이 세목의 장점은 무엇보다도 근검절약이라는 삶의 근본철학적 가치가 들어 있으며 이러한 사회가치를 이해하고 도입한다면 점진적인 새로운 관습에로의 이행을 준비해야 할 것이다. 이 책은 이런 의미에서 우선 한국 실정에 맞는 지출세를 모색하면서, 특히 납세자 정서에 맞는 지출세의 모습을 그리고자 노력했음을 밝히는 바이다.

이 책의 제목을 세금혁명! 지출세! 라고 해 보았다. 그러나 얼마 후 이런 책명이 부적합하다고 생각되었다. 그것은 선동적이고 정치적인 가두 경제학적인 표현으로 판단하였기 때문이다. 저자는 일찍이 칼도의 『지출세』(*An Expenditure Tax*)를 탐독, 번역한 바 있다.

특히, 저자는 한국적 직·간세 융합형 지출세를 유도 탐구해 보았다. 이러한 과세유형은 한국 세금풍토에 적합한 실용성 가치를 반영한 과세유형임을 밝힌다. 사실 인도와 스리랑카에서 지출세 도입이 실패한 이유는 여러 가지 있겠지만 저자의 견해로는 소득 따로 소비 따로 두 세목을 분리시킨 결과 이원적인 과세형식은 두 세목 간에 부담상의 갈등만을 확대시킴으로써 실패로 귀착할 수밖에 없었던 것이었다.

그러나 우리의 경우 이 두 세목을 소비세로 환원시켜 일원적인 과세가 가능하였다. 일원적 조세체계 하에서 단순성으로 인해 납세자들의 세심을 건전화시킬 것이다. 특히나 브래드포드의 임금세나 소비세는 동등한 세금이므로 이를 임금세 하나로, 즉 전납형 소비세로 대체하였다. 이에 대해 우리는 임금세는 전납형 소비세로 보고 부가세는 후납형 소비세로 보아 두 세목을 합해 일원화된 소비세 체계를 시도한 바 있다. 이론상의 난제이기는 하지만 우선 재정건전화를 위한 근본적인 세금질서가 되길 바랄 뿐이다.

우선 한국 실정에 적합한 지출세의 특성은 무엇인가에 대해 약술하고자 한다. 위에서 이미 소개되었지만 그러한 특성을 전체론적 조세체계의 관점에서 서술해 보겠다.

첫째, 과표의 차이에 있다. 현행 조세체계는 세금을 소득과표로 하여 과세하게 되어 있는데 지출세는 소득을 대상으로 세금을 걷지 않으며, 즉 소득과표가 아닌 소비과표를 채택하고 있음이 큰 차이점이다.

둘째, 한국형 지출세는 3원적 조세체계를 이루고 있다. 즉, 임금세+사업세+부가세=한국형 지출세인 것이다. 그런데 이러한 3가지 지출세는 모두 소비세적 성향을 보이고 있어 이를 지출세라는 범주에 귀속시킬 수 있는 것이다. 즉, 근소세는 원천과세하되 저축은 비과세하도록 한다. 모든 공제조치는 부가세의 종합과세시에 적용하도록 한다. 그리하여 근소세는 장래 소비를 미리 대비하여 전납소비세로 납부함으로써 지출세에 속하는 것이다.

셋째, 자수성가형 지출세는 소상인에 대한 금융지원이다. 이에는 30세에서 50세에 이르는 소규모 영세사업자를 대상으로 한다. 단, 10인 미만의 근로자를 고용한 영세사업자에 한한다. 즉, 5,000만 원에서 1억 원까지의 저축에 비과세하는 것이다. 한편, 2,000만 원에서 5,000만 원까지의 저축에는 모든 저축자에게 비과세함으로써 자본축적의 길을 열어 주도록 한다. 이러한 저축장려를 위한 세제는 근검절약하는 삶의 기본가치를 높여 경제질서의 근본을 지켜 월가의 자본주의 반대 저항도 억제될 것이다.

넷째, 한국형 지출세는 금융자본소득(주식양도차익)에 대한 과세를 가계에 한해 배제한다. 대신 기업에 대해서는 자본소득의 과세를 시행하도록 한다. 가계의 자본소득은 소비세의 고과세로 인해 일단은 이를 비과세하며 이로써 금융시장의 발전을 유도한다. 현행의 연 4,000만 원 미만의 자본소득을 기준으로 과세하고 있으나 가계의 금융자산은 비과세하도록 한다. 이는 미국의 H-R의 단일세나 X조세의 경우와 같다. 이론적으로 자본의 현재가치는 0이라는 전제 하에 비과세하도록 하는 것이다.

다섯째, 끝으로 한 가지 부언할 것은 현행 재산세는 지방세로서 보유세로 과세하고 있다. 그런데 많은 사람들이 재산의 거래를 통해 이익을 챙기는 투기목적으로 보유한 경우가 있어 이를 정부로서는 현재의 공시가격을 기준으로 과세하고 있어 문제가 되고 있다.

조상으로부터 물려받은 종친소유의 토지에 대해 매년 과세함은 부당하다고 사료된다. 투기목적이 아닌 경우가 많으며 그 재산으로부터 소득이 발생해야 하는데 무소득의 토지나 임야가 엄청 많을 것이다. 저자는 다만 재산세의 과세기준을 공시지가로 할 것이 아니라 과거 10년간의 시세 평균치를 재산가치를 산출하여 과세할 것을 건의한다. 아니면 매해 공시지가에 따른 재산세를 부과 납세했다면 그 후 자산을 매도해 양도차익세를 낸다면 이 세에 물가상승분은 과표에서 제하고 과세할 것을 건의한다. 미국의 재산매매시에 적용되는 세제가 바로 이와 같다.

결론이란 대체로 논의된 줄거리를 정리하면서 서술된 논리에 기초해 그 중점적인 시사점을 제시하는 것이다. 그런 논리의 결론적인 틀을 좀 비켜 가는 길을 찾아 얘기하여 보고 싶다. 우선 지출세가 지니는 시대적 의미가 무엇일까? 이 시대는 사회질서의 지속성과 안정을 파괴하고 새로운 변화무쌍한 시대로 접어들고 있다. 우선 우리 주변의 환경변화를 살펴보기로 하자.

모든 것이 변하지 않는 안정화된 사회에서는 하나의 법은 영구적인 법으로 잘 적용될 수 있다. 그런데 풍습이나 생활질서는 늘 변하는 것이 보통이다. 특히, 기술이 바뀌면 그에 따른 생활질서도 변하며 그에 따라 법도 바뀌어야 한다. 그러나 법은 영구적이므로 사람들은 불편을 느낄 수밖에 없다. 어쨌든 세상은 엄청 변하고 있다. 지진, 해일, 온난화, 화재, 폭우, 수해 등 자연환경의 파괴적인 재해는 이제 지구의 폭발을 예고하기도 한다. 게다가 인간관계는 디지털화하여 손가락 하나로 모든 정보가 오가는 세상이 되어 지구 동서 간의 교류도 일일권이 되어 세계화의 속도는 빨라지고 있으며 이제는 하나의 세계를 재촉하고 있는 인상을 주고 있다. 이런 정보화 사회에서 이혼율, 자살률은 높아만 가고 있다.

저출산으로 인구는 감소하나 노령화 인구는 증가하고 있다. 이러한 자연환경의 파괴와 전산화된 통신수단으로 정보화 사회는 촉진되고 지식사회는 보편화되는 양상을 보이기도 한다. 우리의 관심은 이러한 변화가 우리의 세금질서와는 전혀 무관한 것인지? 아니면 세금질서와 관계가 있다면 그것은 어떤 모습인지?

변화의 모습은 여기에서 그치지 않고 있다. 정치적으로는 올해 4월에는 총선이 있고 12월에는 대선이 있다. 여기에 더해 남북관계는 더 불안할 수도 있으며 3대 세습의 김정은의 공략적 전략은 위험하기 그지없다.

그뿐이랴? 경제는 고물가에 저성장을 예고하고 있다. 특히, 자본시장에 완전 개방된 한국경제는 유럽의 재정위기에 미국의 재정위기까지 덮치는 더블딥이 발생하는 경우 한국경제의 순조로운 순환은 불안할 수밖에 없는 것이다.

자연환경의 변화는 그렇다 치고 문제가 심각한 것은 대내외적인 소용돌이 속에서 한국경제가 잘 견뎌낼 것인지 의문시되는 것이다. 여기에 더해 국가부채는 400조 원을 넘고 있으며 가계부채도 300조 원에 이르고 있다 한다. 기업의 부채도 BIS 25%를 상회하는 수준에 있어 불안하다.

불안이 우리 사회경제를 휘감고 있는 이 시대는 불확실성에서 불안으로 뒤바뀌고 있어 문제가 아닐 수 없다. 문제가 있어야 그것이 발전의 동기가 된다고 하지만 우리가 현재 당면하고 있는 문제는 어디에서 그 매듭을 찾아야 할지 모르겠다.

그러나 이러한 불안으로부터 벗어나려는 인간의 노력은 존재론적 기투(存在論的 企投(Ontologisehe Entwurf), 하이데거(Heidegger) 철학)에서 새로운 제3의 존재를 희구할 것이며, 불안의 어려움을 참아 이겨내는 힘으로 항거와 나아가 도전(challenge)과 반응(response, Arnold J. Toynbee 역사철학)이 제시될 것이다. 나아가 염원하는 극기적(克己的)인 "영원한 회귀"(ewige Rückkehr, 니체(Niezche)의 業報)가 우리의 가슴에 와 닿아 잘 되려고 하는 뜨거운 되돌림의 바르고 견뎌 이겨내라는 힘이 솟구쳐 올라 급기야는 "콩 심은데 콩 난다"고 극기복례(克己復禮)의 미덕이 현실화되는 날이 올 것이다.

최근 세간에 떠도는 세계적인 점술가들은 한국의 발전상을 높이 찬양하면서 2020년대에 한국이 세계에서 으뜸이 되는 시대를 맞을 것이라고 하여 듣기에는 좋다. 또한 최근 러시아의 언론은 2020년대 후에는 남한이 북한을 흡수통일할 것이라고 하면서 북으로부터의 인구이동을 주의 깊게 통제해야 할 것을 당부하고 있어 어쨌든 희소식이 아닐 수 없다.

이러한 대내외 소용돌이 속에서 그래도 남는 것은 사람인 존재이다. 그런데 그 사람이 진실의 도를 다하고 있는 진의 사람인 것인가? 이 물음에 저자의 답은 불확실하다. 200여 년 전에 공자는 “사람이면 사람인가 사람다워야 사람이지”라고 하였다. “답다”는 어떤 상황에 처했을 때 그에 적합한 태도를 갖추고 있어야 함을 말한다.

불쌍한 사람이 눈앞에 있으면 진정어린 자세로 도와주어야 사람들은 이에 공감할 것이다. 슬플 때는 함께 슬퍼해 주는 것이 인간의 도리이다. 대체로 우리의 사회문화가 인간의 도의적 규범이 공자의 사람의 사람다움을 존중하고 그 가치에 근접하려는 마음을 가진 사회가 되길 바라며, 이런 전제 하에서 지금의 대내외적 소용돌이 속에서도 우리 한국인은 이 지구상에서 살아 남는 소멸되지 않고 잔존하는 존재가 될 것이다.

존재는 과거의 존재, 현재의 존재, 그리고 미래의 존재가 있을 것이다. 과거의 장점만을 가득 채운 보물상자를 어서 만들자. 그것이 바로 우리 역사문화의 끈질긴 인내와 도전이었다. 세계에서 금속활자를 첫 번째로 발견한 지적 탐구나 한글창시의 정신이 화약을 발견한 노벨(Nobel)이나 핵을 발견한 서구의 과학자들의 성취에 견주어 볼 때 하등의 뒤처짐이 없다. 그러한 조상의 위대한 문화가치에 기초해 우리의 전진을 그 전통문화의 뿌리와 밑거름이 더욱 힘찬 발걸음을 내딛을 수 있으며 내일의 찬란한 꿈과 광영을 가슴에 듬뿍 안고 회귀할 날이 있을 것이라고 저자는 확신해 본다.

그러한 미래 광영의 구체성에 대해 얘기할 자신은 없으나 그저 우리가 바라는 바 풍요로운 생활과 평화와 나눔을 늘 함께 할 줄 아는 행복한 세상이 되길 원할 뿐이다. 그런 대내외 변화 속에서도 우리의 정신이 건재하다면 우리는 잔존해 살아 남을 것이고 그것은 오히려 구사일생의 기회로 생존할 수도 있는 것이다. 그 필요조건은 근검절약하는 아끼고 절약하는 그리고 부지런히 자기 맡은 일에 열중해 자기책임을 완수하는 길밖에 없다고 생각한다.

정부가 해야 할 일이 있다면 바로 이러한 국민의 먹고 살려는 길을 활짝 열어 주어야 할 것이다. 다음에서는 이러한 대내외 정세변화의 소용돌이가 우리의 세금제도에는 어떠한 영향과 효과를 가져오고 있는지를 개략적이나마 개관해 보지 않을 수 없다.

우리의 세금질서가 현재 이 나라가 당면하고 있는 국제적인 위기상황, 즉 금융위기, 재정위기라는 2대 위기를 무엇으로 어떻게 극복해 한국의 재정을 건전하게 지킬 수 있을 것인지 해답을 찾아야 할 것이다.

그러한 위기들은 세제운용에 직·간접적인 효과를 주어 당장 세수부족이라는 어려움을 가져올 것이다. 금융위기가 오면 각 금융기관은 적자에 허덕이며 이를 재생시키기 위해 정부는 자금지원을 해 주어야 한다. 정부지원은 국민의 세금이며 시장의 돈관리를 잘못하여 일어난 금융상인의 잘못을 국민의 부담으로 회생시킴은 부당하다는 비난으로 요즘에는 이를 금융기관의 독자적인 위기대처기금을 설치·운영해야 옳다는 견해가 지배적이다. 이러한 새로운 제도설치에 한국 금융계가 잠잠한 것을 보면 아직도 정신 못 차리고 있지 않나 싶다.

한편, 재정위기의 위협은 낭비적인 예산운용이 문제가 되고 있다. 인기위주 중심의 포퓰리즘 속의 재정지출의 확대는 게다가 근검절약의 정신으로 지출을 아껴 써 재정흑자의 미덕을 보여주어야 할 텐데 현실은 이의 정반대이니 이를 어쩌랴?

그래서 저자는 부채상환기금을 제도화하여 흑자는 이 기금에 적립해 재정위기에 대처할 것을 주장하여 왔다. 아무 반응이 없다.[1] 세계잉여금의 배분방식으로는 소극적이며, 부채관리위원회나 부채기금을 제도화하여 운용하는 것이 그 근본적인 해결책이 될 것이다. 세계잉여금은 지출확대의 수단으로 이용되는 것은 아닌지?

이러한 위기는 세수의 확대를 요구하며 소득은 늘지 않고 있는 상황에서 세금을 더 걷는 정부에 대해 납세자들은 정부에 등을 돌릴 것이다.

이 밖에 세상은 고령화 사회를 치닫고 있어 그에 따른 사회보험료는

1) 이필우(2010), p. 224.

증가하고 있다. 여기에 더해 환경파괴로 인한 자연재해는 날로 증가해 나라의 민간지원은 늘어날 수밖에 없다. 또한 빈익빈 부익부로 인해 재정당국의 지원요청은 결국 세금을 더 거두어야만 하는 것이다.

무엇보다도 고령화 사회로의 진입은 세금제도도 문제가 되는 것이다. 현재 우리는 100세 시대를 외쳐대고 있다. 그래서 이제는 90세 이상 100세에 이르는 일생에서 개인의 근로기를 65세로 보아서는 안 될 것이다. 노후의 근로기간을 충분히 세수확보를 위해 활용해야 할 것이며, 특히 이제는 지방세의 균등한 주민세는 시민세라는 이름으로 바꾸어 국민으로서의 납세의 의무를 기본으로 한다는 독립적이고 자유로운 시민의식을 북돋아야 할 것이다. 세제 선진화의 한 장면이기도 하다.[2)]

한편, 오늘날 가계부채는 GDP의 77%나 되고 있다 한다. 가난해도 빚이 없으면 부자 부럽지 않게 행복한 삶을 영위할 수 있다. 기업도 빚투성이다. 정부도 적자재정으로 운용되고 있어 나라 전체가, 즉 가계, 민간기업, 공기업, 나라살림이 모두 빚더미 위에 앉아 먹고 사는 모습을 무엇으로 사회과학적으로 이런 부조리의 무한대적 현상을 어떻게 표현해야 옳을지 모르겠다. 오호 통재(嗚呼痛哉)라! 세상 모두가 길가에서 제멋대로 좋다고 놀고 있으니 말이다.

먹고 사는 경제의 질서가 아니 우리 삶의 법도가 영 다른 그릇된 길을 향해 나가고 있으니 이래도 괜찮은 것인지? 여기에 한류가, 스포츠가 세계 으뜸이다는 자랑을 하고 있는 것이 이것이 옳단 말인가? 자만이요 분수에 넘치는 일을 하고 있어 하늘 아래 엎드려 기도하고 또 기도해 정성을 다하여 빚 갚는 데 온 힘을 기우려야 하지 않을까?

지금 우리는 25,000달러 내지 30,000달러 소득시대가 왔다고 우쭐거린다. 그러나 소비는 5만 달러 시대가 아닌가 한다. 좋다는 것은 다 사들이는 것이 가계의 지출성향이다. 중산층이 무너졌다고 하나 소비의 중산층

2) 이필우(1988. 6).

은 더 늘어나지 않았나 하는 느낌이다.

씀씀이가 많으니 배출되는 쓰레기도 많다. 소비를 줄이고 아껴 써 저축을 많이 하여 자본을 더 축적하고 투자를 많이 하여야 우리 국민경제는 더 발전할 것이다. 덮어 놓고 소비의 증가로 시장의 수요가 늘어나 규모의 경제성 이득도 있어 발전할 것으로 믿는 것은 그 한도가 있다고 생각한다.

어떤 한도를 말하는가? 소비수요가 늘어나면 배출되는 쓰레기 문제도 쉽지가 않다. 게다가 수요가 늘어나면 상품가격은 더 오를 것이다. 물가상승이 장기화되면 인플레이션이 일어날 것이다. 인플레이션은 투기행태를 자극해 시장거래는 왜곡될 것이고 정직하게 근면하게 일하는 사업가들이 부도에 이를 것이며 경제는 불황의 늪에 빠져 허덕일 것이다. 소비증대는 자동차의 석유소비도 증가시킬 것이다. 그것은 불필요한 자원의 낭비만을 만연시킬 것이다.

이런 상황에 수출은 1조 시대를 맞아 세계 8위라며 전자산업, 철강산업, 자동차산업 등 세계시장에서의 상위권 생산체계를 갖추고 있어 세계적인 경쟁력을 갖추고 있다 한다.

그러나 우리의 정치질서는 어떠한가? 시척하면 국회에서는 여야 간의 싸움은 멱투재비의 물리적 파괴행동으로, 국민의 혈세는 시궁창으로 멸시당하고 있으니 공공선택론자들이 주장하는 정치가는 한낱 순종적인 귀여운 개보다 아주 사나워 아무나 물어 뜨는 "맹견"(猛犬, wild dog)과 같아 언제나 목살을 잘 챙겨 끌고 다녀야 한다고 하였다. 그러므로 "공공악"(公共惡, public bad)만을 배출하는 일부 정치가들을 잘 길들여야 할 것임을 주장한다.[3)]

이러한 국내외의 다양한 정치경제 여건 하에서 다양한 접근이 시도될 수 있다. 그러나 여기에서 논의의 초점은 세금질서의 변화로 문제를 풀어야 할 것이다. 그것이 저자가 주장하는 지출세이다. 이는 이미 박종규 회장의

3) J. M. Buchanan and G. Tullock(1963).

수차에 걸친 발표가 있었다. 그 지출세는 일종의 소비세이지만 직접적인 소비세로 개인 사정에 따라 인적 공제가 허용되는 인세인 것이다.

따라서 지출세는 물세가 아니라 인적 공제가 가능한 인세이며 간접세가 아닌 직접적인 소비세인 것이다. 이러한 지출세가 우리가 지금까지 얘기했던 국내외 정치경제학적인 제 문제들을 해결할 수 있는 것인지에 대해 논의해 보자.

첫째, 우선은 세수확보력에 대해 얘기해 보자. 금융·재정위기 등은 모두 재정적으로 지출능력이 충분해야 한다. 여기에 세수가 충분해야 지출증가에 임할 수 있다. 소비세로 하면 우선은 소비세 납세자는 전 국민이 되고 있어 소득세와는 세수능력은 크다고 해야 할 것이다.

오늘날 우리는 대량 소비시대를 맞고 있다. 도시나 농촌이나 우리의 소비양태는 다를 것이 없다. 먹는 것, 입는 것, 수송수단(자동차) 등 그 소비양태는 모두 같다. 소비의 세계화는 어느 나라에서나 유사하다.

빚을 내서라도 사고 싶은 상품은 사겠다는 구매의 충동이 만연되어 있어 신용카드는 적자로 운영되며 이러한 추세의 누적은 가계의 부채확대로 나타나고 있는 것이다. 대량 소비시대에 소득에 집중한 세제는 지난날의 제도일 것이며 새 시대의 세금질서는 당연 소비에 그 과세원천을 두어 소비세제로 전환해야 할 것이다.

소비는 전 국민이 모두 하므로 소비세의 부담자는 전 가구일 것이며, 수적으로 제한된 소득세 납부자와는 비교가 안 된다. 결과적으로 세수조달능력도 소득세보다 크다. 이렇게 큰 담세력을 지닌 소비세로 징수된 세수는 현재 우리의 재정적자를 메울 수 있는 재정수입 조달능력을 제시할 수 있는 재정력 증대의 원천이 곧 소비세제에 있음을 인식해야 할 것이다.

세수확보의 저력은 전 국민의 소비의 힘이 곧 소비세 원천을 제공해주고 있기에 이를 추천하며 소득세제의 양보와 소비세제의 강화를 주장하는 것이다.

둘째, 삶의 기본질서를 기리는 세금질서를 한 번쯤 생각해 보자. 자본주의 빈익빈 부익부 현상을 1%만 잘 살고 나머지 99%는 모두 빈민으로 만드는 자본주의의 불신은 월가를 위시하여 유럽의 영국, 독일, 프랑스 등 자본주의 유수 국가들에서도 같은 시위항거는 일상화되어 새 시대의 세상은 바뀌고 또 바뀌고 있다.

그렇지만 뾰족한 투명한 대안도 없다. 분배를 적절히 수행하는 그래서 함께 공존공생할 수 있는 세상이 사회주의적인 질서로 잘 풀릴 것인지 아직 그 확신도 없는 것이 현실이다. 이에 대한 저자의 소견은 다음과 같다.

인간의 삶의 질서는 인류의 역사문화적으로 볼 때 먹고 사는 기본은 열심히 부지런히 일해 먹고 사는 도리밖에 없으며 그것은 결국 근검절약하는 자수성가의 정신이라고 본다. 이는 경제학적으로 표현하여 자기자본 축적을 도모해 그것이 사회자본으로 전체 사회를 순환할 때 함께 공생할 수 있는 기반이 형성되어 나눔의 분배의 평화로운 경제사회를 만들 수 있다고 생각한다.[4)]

그러한 나눔의 기초는 개인의 자본축적을 요구하며 그러한 사회자본의 형성은 개인의 작은 저축의 여분이 쌓이고 쌓여 이룩될 것이다. 이러한 체제가 결국 자본을 중심으로 하는 시장질서적인 자본중심의 사회가 아닌 자본축적의 사후적 처분방식은 바로 우리가 함께 살 수 있는 나눔의 시대를 열어 가야 할 것이기 때문이다. 따라서 우리의 경제목표는 다 함께 공생공존하는 나눔의 시대를 열어 가자는 데 있는 것이며, 자본의 축적으로 개인의 불만을 증대시키는 일확천금의 개인주의 시대는 안중에 없으며 그보다는 그 축적이 나보다 못한 사람을 위해 나눔의 삶으로 더불어 함께 삶을 누릴 수 있는 공생공존의 시대를 우리 모두 지향해 나가야 할 것이다.

---

4) 최근 서구 제국의 세제는 근소세에 누진과세하고 자본소득에 오히려 경과세하는 취세를 나타내고 있다. 한국의 경우도 자본소득에 경과세를 시도함이 바람직하다. 김유찬(2012), p. 78.

삶이 공생하는 기본질서는 개인의 축적에 있음을 인식할 때 이러한 생각을 기본으로 하는 사회가 공생의 정의임은 정의론의 대가 산델(Sandel)의 소론과도 같다. 남에게 나누어 줄 여분이 있어야 공생의 평화가 있을 것이며 이러한 공생을 위한 나눔의 원천인 축적은 하나의 사회적 전제임을 그는 지적한다.

따라서 이러한 나눔의 공생질서와 우리의 세금질서는 어떻게 형성되어야 할까? 어쨌든 축적의 여분이 없으면 남을 도울 수 있는 나눔의 분배가 불가능하다는 사실을 시인해야 할 것이다. 결과적으로 개인의 자본축적은 이기심의 충족이라기보다 이제는 이타심을 위한 개인의 축적이 되어야 할 것이다. 즉, 나눔의 축적이어야 한다.

한편, 그러한 나눔의 정신은 대량 소비시대로 접어 든 세상에서 소비의 즐거움은 서로 함께 즐기는 공락의 소비질서가 형성되고 있으며, 그에 따라 공락을 위해서라면 기부문화의 창달과 나눔의 공생적 분배는 정책적으로도 이를 제도화해야 할 것이다.

셋째, 이러한 나눔의 공생질서를 위해 해야 할 일은 저축을 하여 경제생활의 여분을 마련해야 할 것이다. 물론 저축은 장래에 더 잘 살기 위한 것이기도 하지만 이러한 개인적인 욕구충족 후에는 당연이 타인과 공생하는 나눔의 정신이 현시되어 사회 전체의 후생도 증진될 것이다. 첫 번째 단계의 나눔의 전제는 개인의 저축을 장려하는 세금질서를 마련해야 할 것이다. 그것은 곧바로 비소비에는 과세하지 않는 지출세를 적용한다면 저축에 대한 과세를 하지 않아 저축을 이중과세하지 않는 것이다.

사실상 우리가 저축을 하면 같은 소득에 두 번 과세를 당한다. 즉, 직장에서 원천과세되는 근소세가 납부되며 저축을 하면 은행에서 이자소득이 원천과세 당하기 때문이다. 2011년 11월 말에 우리나라 총저축액은 833조 원이라는데 이 중 가계저축은 46%라 한다. 약 반도 안 되는 400조 원을 하회할 것이다. 이는 GDP의 약 10% 수준이 되고 있어 1980년대의 25~

30%대 수준과는 비교도 안 된다. 인터넷 정보로는 한국의 가계저축률은 2.8%로 나와 있다. 이는 세계 최하위로 기록되고 있다.

대신 가계의 소비지출 속도는 빠르게 상승하고 있다. 2010년 1.4분기에 월평균 234만 원에서 4.4분기 연말에는 거의 300만 원 수준으로 뛰고 있는 것이다(통계청, 2010년 가계동향). 총가계부채는 약 1,000조 원을 넘는 것으로 발표되고 있다(한국은행, 2011년). 이는 GDP의 약 30%가 되고 있어 문제다. 저축은 줄고 부채는 늘어나니 아무리 수출 1조 원을 해 수출대국이라고 해도 수출로 번 돈을 국내 가계가 다 소비해 버리면 누가 저축을 해 투자를 한단 말인가? 3,000억 달러의 외화가 준비되어 있다지만 금융위기로 불안해지면 외화는 해외로 빠질 것이고 게다가 외채를 상환하면 환율은 상승하므로 이는 수출의 길을 막을 것이다.

외유내강이란 속담이 있듯이 밖으로는 관대하고 정정당당하게 행세해 세계화 경쟁에서 실리를 찾아오겠지만, 이렇게 밖에서 애써 벌어온 돈을 내실화해서 근검절약하여 써야 하는데 이와는 정반대로 사치와 허영에 날뛰어 가계는 빚을 지고 결국 밖에서의 사업까지 파탄이 일어날까 걱정이 아닐 수 없는 것이다. 외유내강이 아니라 반대로 외강내유가 된 셈이다.

한국경제가 지금까지 잘 뛰어 왔으나 세계적 불황 속에서 총선에 대선에 우리가 헤쳐나갈 지혜가 무엇인지 인식하고 신중에 신중을 지켜 자중자애 하는 근검절약의 극기 정신으로 다시 짚어보며 돌다리를 건너야 할 것이다.

일단 연 소비액을 신고 과세하는 종합소비세를 인세로 직접 납세하는 지출세 형식을 세금으로 낸다면 우선은 소비성향을 감소시킬 것이다. 물론 튀는 것을 선호하는 베블렌(Veblen)적인 경쟁적 소비(conspicuose consumption)도 많지만 튀는 멋쟁이가 아니라 자발적인 여인들의 심미성 추구로 대변하는 여인이 많다는 것도 잘 알고 있다.

어쨌든 지출소비세의 과세로 인해 물건 값이 오를 수도 있다. 그러나 장기 추세는 소비성향이 감퇴하는 것으로 나타날 것이고 이로 인해 저축은 늘어날 것이다. 그런 거시적 과세효과가 나타난다면 일단은 지출세 도입은 그 의미가 있을 것이다.

저축의 중요성은 이미 앞에서 지적했지만 지출세로 인한 저축행태의 변화는 분명히 긍정적으로 기능할 것이다. 자본축적의 원리는 나눔의 분배질서의 전제가 되고 있기 때문이다. 저축은 비소비적인 행태로서 과세의 대상이 될 수 없다. 이로써 소득의 이중과세제도는 철폐될 것이다. 결국 지출세 도입으로 저축은 늘고 소비는 줄어 경제순환의 기틀이 이루어질 것이다.

넷째, 지출세를 도입하면 세금을 기피하고 싫어하는 피세, 탈세행태가 그래도 감소할 것이다. 우선은 소득세처럼 언제 어느 때 신고해 납세한다는 납세의식이 발생할 기회가 개별적으로 주어지지 않고 있어 세금에 대한 혐오의식이 없어질 것이다. 왜냐하면 임금세와 사업세는 종래의 근소세나 법인세와 거의 같으며 문제는 부가세형 지출세이다.

이는 지금처럼 상품구입에 따라 10%가 아니라 20%의 세율이 적용된다. 즉, 소득세를 포함한 직·간세 융합과세액을 부가가치세로 납부하도록 한다. 그러나 1년 후에 소비를 합산해 공제받을 것은 공제를 받으며 조세환급을 결정해 신고하도록 되어 있어 소비세 정산을 그 이듬해 초에 하도록 한다.

우선은 근소세의 부담이 적어질 것이다. 근소세는 지금까지는 저과세하는 것이 선례가 되고 있으나 이제는 상위급 근로소득에는 고과세해야 조세정의가 실현될 것이기 때문이다. 이를 구체적으로 얘기해 보자. 100만 원 이하에는 5% 과세하며 1,000만 원~3,000만 원까지 10% 세율을 적용한다. 3,000만 원~5,000만 원까지는 20% 세율을, 5,000만 원~1억 원까지는 30% 세율을, 1억 원 이상은 40% 세율적용을 한다.

이러한 근소세의 누진율은 근소한 부담에서 끝난다. 4단계의 소득단계는 여건변화에 따라 변동이 가능하다. 어쨌든 오늘날 세계화로 인한 소득계층의 변화도 심한 것 같다. 세계화 전에는 CEO란 조직의 리더 개념은 없었다. 사장이면 그만인 줄 알았는데 요즘에는 사장 위에 회장이 따로 있다.

CEO의 직함은 대외적인 네트워크에 능해 sale에 만능이며 금융조달에도 유능한 기업지도자로 그 대우는 천문학적이다. 사장 월급은 CEO에 대비시킬 수 없으며 수십억은 보통이며 그 대우수준이 높을수록 그 기업 이미지도 높게 평가된다는 것이다.

이러한 대우상승의 기대치는 상위층 전문가에도 진입되어 알게 모르게 소득격차의 원인으로 작용한다고 볼 수 있다. 빈익빈 부익부 현상이 사업자들이 돈을 잘 벌어 나타난다기보다 사실은 이러한 CEO류의 지도층 인사들의 급여가 황제급 근로자로 급상승하여 다른 특수한 고위층 사회인사로 등장하게 된 까닭에서 연유되고 있다.

자본가는 오히려 이윤수지선상의 안전을 찾아 헤매는데 원유가의 인상 등 원자재 가격의 상승, 노임의 증가, 물가의 상승, 규제의 강화 등으로 자본가치의 하락 위협을 받고 있다. 토지투기가 왜 성행했나? 그 힘든 기업의 내부경영의 합리화 문제, 예로서 자금조달, 금융부채, 이자지불, 임금인상, 노사관계, 판촉 등 그 대내외적 비용은 감당하기 힘들 것이며, 급기야 일정한 돈을 부동산에 묻어 두면 얼마 후 밑천의 몇 배가 넘는 이득을 가져와 이를 싫다 할 기업인이 어디 있겠는가?

그 결과 기업도 소상인도 주부들도 국민 전체가 투기로 듬뿍 물든 부동산 시장에 묶여 세상의 돈이 돌았던 것이다. 세계화의 촉진과 정부규제로 이제 그러한 일변도의 소용돌이 풍조는 그래도 약화되어 그 유휴자금이 투자로 들어오고 있는지 그 향방은 어디 있는지 궁금하다. 어찌되었든 우리의 살 길은 투기가 아니라 기업의 투자를 통한 시장의 활성화로 성장을 도모하는 길밖에 없다.

이를 위해서는 자본의 갈 길을 잘 열어 주어 재화산출과 용역의 성취로 그 돈이 연계되고 잘 순환되어 시장을 활성화시켜 여분을 축적할 수 있게 하여 우리 삶의 나눔을 허용해 줄 수 있는 것이다. 다시 말하거니와 우리 모두가 희구하고 갈망하는 더불어 함께 사는 행복한 사회를 열어 가자면 이렇게 자본의 자활노선을 마련해 주어야 그 공동체 질서의 갈 길이 보일 수 있음을 깨달아야 할 것이다.

투기시장의 유동성 함정(liquidity trap)에 잠입되어 허덕이는 우리의 투기바람도 이제는 잠잠하게 되었으며 그 함정에서 탈출한 자금이 생산시장으로 흡수되어 확대순환의 길을 열어 주어야 할 것이다. 이에 있어 세금의 역할이 있다. 즉, 자금의 흐름을 투자산출 확대로 이어지는 길을 보다 원활하게 하자면 지금처럼 투자세액공제, 감가상각의 가속도화 및 자본소득의 경과세 내지 비과세 등을 들 수 있다.

여기에 더해 세수 확보면에서 또 공평과세 관점에서 비과세되고 있는 대형 종합병원, 공기업, 일부 교육단체 등이 이들 법인에 대해 준공공성을 인정하여 비과세하고 있으나, 일부 사적재적인 수익사업 부분에 대해 비과세함은 불공평한 세제이다. 여기에 종교단체도 포함되고 있다. 향후 이들 비과세 법인에 대한 과세방안을 검토해야 할 것이다.

결론은 앞에서도 언급한 바대로 자본과세 하향조치가 시급하다. 이러한 자본우대 세제조치는 서유럽의 스웨덴, 독일, 네덜란드 등의 나라들은 이미 이러한 경제기반을 튼튼히 하는 세제를 구축하고 있어 세제경쟁에 앞서 가고 있는 것이다.

그래서 우리 지출세의 외형적 틀은 근로소득에 누진을 강화하고 사업세에는 자본을 보호·육성한다는 상태에서 경과세하는 것으로 그 틀을 잡아야 할 것이다. 그리하여 근소세의 최고 소득단계 1억 원 이상은 40%의 세율을 적용하도록 하며, 최하위 단계인 1,000만 원은 5%로 과세하도록 함으로써 부익부 빈익빈의 불균형을 억제하는 데 도움이 되리라 확신하는 바이다. 이 밖에도 한국의 투기자산 과다보유에 대한 종부세는 그대로 추진함이 바람직하다.

그러한 위기극복을 위한 대응책도 결국 개인의 마음먹기에 달려 있다. 불안에 대한 관리능력이 중요하며 그 핵심은 각자 맡은 바 자기 몫을 성심성의껏 노력하며 근검절약하는 미덕을 장기적으로 보여준다면 밝은 빛이 찾아올 것으로 확신한다.

요즘은 극도의 불안상태에 있다. 수십억대의 체납자는 국내외를 활보하고 있으며 게다가 검경의 갈등상황, 여기에 더해 여야의 부정한 돈거래 사건으로 두 당은 공멸직전에 있으니 세금 내는 한 필부의 입장에서 가슴을 치고 통탄을 금치 못한다. 이러한 느낌은 나만의 느낌이 아님을 생각하면서 역사적으로 나라의 불안은 극대화되고 있다고 할 수 있다.

이러한 대내·대외적인 극도의 불안한 함정에서 헤어나자면 무엇인가 혁신적이고 변신하는 제도개혁이 있어야 한다. 그러한 개혁을 바로 세금제도의 혁신으로 찾는 것도 큰 힘이 되겠기에 지출세를 과감히 제시하면서 이 나라의 정경질서의 안정을 앞당기고 싶은 것이다. 더구나 최근 좌파종북 세력이 국회의원이 되어 날뛰고 있다.[5)]

이제 자본주의는 미국의 Wall가 Washington, London, Paris, Berlin 등의 폭력시위는 우리의 자본주의는 종말을 고하고 있는 인상을 주고 있다. 금융·재정위기로 나라는 거덜이 나고 있으며 백성의 갈 길이 암담한 것이다. 여기에 정치 노선도 암담한 실정이다. 이는 우리만 겪는 난리가 아니다. 天災보다 人災는 자제를 통해 안정을 되찾아야 한다. 이러한 안정은 바로 우리의 세제혁명으로 즉시 현실의 자존적 삶을 위해 세상을 좀 바꾸어 놓음도 안정으로 가는 하나의 길이 되길 바라는 마음 간절하다.

---

5) Mohammed A. Bamyeh(2010), pp. 191~222.

공락소비세 후기

세제개혁에 있어 역사적으로 가장 혁신적이고 참신한 개혁적인 사념을 제시한 학자는 칼도(K. Kaldor)였다고 생각한다. 이러한 생각은 특히 그의 『지출세』(*An Expenditure*)라는 책을 번역한 후에 배태된 저자의 세금사상이기도 하다.

난국에 처해 있는 세계화를 극복하는 데 도움이 되는 아니 소비시대로 일변한 새 시대에 적합한 세제는 지출세이며 우리가 목표로 하는 인간적·자연적·경제적인 상생의 원칙을 복원시켜야 한다는 과제는 저자의 소견으로는 지출세가 그 해답임을 주장하고 싶다.

이러한 사고는 한국 실정에서 정서문화적이고 인간주의 관점에서 잘 어울리는 제도로서의 세제(稅制)임을 깊이 생각할 때 비로소 이해가 될 것이다. 현행의 제도에 익숙한 우리에게 지출세라는 생소한 세제를 좋아할 사람이 없을 것이라고 생각하지만, 그러나 사고의 폭을 넓혀 보다 근본적인 차원에서 세금제도를 깊이 있게 생각한다면 지출세의 도입이 왜 혁신적이고 발전적인가를 이해할 것으로 사료되는 것이다.

서로 나누고 상생하는 융합형 소비세를 통해 분명 우리 한국 사회는 보다 정의롭고 공평하고 진취적인 세상으로 변할 것이기 때문이다. 발전의 밑걸음은 동서고금의 역사에서 보더라도 근검절약하고 자기 몫을 완벽하게 책임지는 것이 하나의 삶의 도리이며, 이 도리를 지킴에 도움이 되는 것이 바로 공락세라는 것을 인식해야 할 것이다. 세계화에서 대한민국의 위상을 높일 수 있는 것도 바로 공락세 도입으로 보다 진취적이고 생산적인 모습을 보여주어야 할 것이다.

이 책을 쓰면서 여러 사람들로부터의 도움과 조언을 받았다. 원고 한국 세정의 실태와 개선방향에 대해 진취적인 조언을 해 준 김용기 세무사 및 김근섭 세무사에게도 감사한다. 특히, 지하금융에 대해 조언을 해 준 박찬응 전 은행지점장인 학우에게도 감사한다. 또한 초등학교 동창인 김낙서(한국제지업계 대부)로부터 많은 경제풍월담으로 크게 도움을 받았다. 집필 후 필자는 예기치 않은 장수술로 2주간의 병원치료를 받으면서 늘 심적으로 격려와 조속한 쾌유를 조언해 주셨던 학술원 회원 윤기중 교수님께 감사드린다. 여기에 추천사까지 써 주셔 머리 숙여 감사드린다. 한편, 역삼하이츠 한 빌딩에 계신 중앙대 전 총장 문병집 교수님께도 언제나 조언과 격려의 말씀에 감사드린다. 끝으로 PC작업에 많은 도움을 준 저자의 차녀(선희)에게 감사하며, 역삼하이츠 김근섭 세무법인강남 대표세무사 직원들께도 많은 도움을 받아 이 자리를 빌어 감사드린다. 심적으로 늘 격려해 주었던 그리고 공직에서도 바쁜 가운데 끝까지 신경을 써 주었던 저자의 내자(서울여대 총장)에게 늘 고맙게 생각하고 있다. 앞으로 보다 건강하고 이 나라 교육 사회 발전과 특히 사회적 네트워크의 평화적 융합에 더 좋은 기여가 있기를 기원하며, 보다 건강하고 더 좋은 지적 산물이 나오기를 기도한다. 한편, 도서출판 해남 편집부 여러분의 노고에 대해 감사를 전한다.

끝으로 유명을 달리 하신 본인의 은사 최호진 선생님의 심오한 학덕을 기리면서 그 영의 평안을 기도한다. 한편, 본 저서의 새로운 문헌 추적, 수취에 도움을 준 권홍우 군(MIT 철학박사)에게도 감사한다.

이 졸작을 신의 영광으로 돌리고 싶고 교만에서 해방되는 天 속의 나와 자아 속의 天을 섬기고 싶다.

참고문헌

국세청, 『국세통계연보』, 2010.

김유찬, "이자소득에 대한 평가: 자본소득에 대한 호혜적 과세는 과연 필요한가?," 『재정학연구』 제5권 제1호, 2012.

박종규, "소득세제를 지출세제로 개편하자," 『월간조선』 2월호, 2010.

이계식, "우리나라 간접세 부담분포분석," 『재정논집』, 한국재정학회, 1987, pp. 112~123.

이규태, 『서민의 의식구조』, 신원문화사, 1999.

이필우, "시민세의 꿈," 『월간재정』, 1988. 6.

______, "한국의 부가세 부담분포 분석, 소득계층별 및 직종별 부담측정," 『상경논총』, 건국대학교 경제경영연구소, 1991.

______, 『재정학』, 법문사, 1994.

______, 『유교경제학의 기초』, 법문사, 2006a.

______, 『세심은 어디에!』, 한국납세자연합회 출판부, 2006b.

______, 『경제학과 철학과의 만남, 한국의 자생적 경제학을 위하여』, 건국대학교 출판부, 2007.

______, 『한국재정사의 행태적 탐구(1945~2007)-재정적 양심을 위하여』, 도서출판 해남, 2010.

______, "예산의 철칙," 미발표 논문, 2011. 9.

이필우, 「서평, 『N, Kalder의 지출세』」, 『한국경제포럼』, 한국경제학회, 2012 여름.

이필우 역, 『바보나 세금 낸다 -세금천국 얘기-』, 한국납세자연합회 출판부, 2008.

차상원, 『四書五經, I, 大學 中庸』, 한국교육출판공사, 1986.

한국납세자연합회(사), 『납세절차에 관한 납세자 의식실태조사 연구보고서』,

2002. 9.

加藤寛・横山障,『税制と税政』, 讀賣新聞社, 1994.

高木勝一 編著,『祖税論』, 八千代出阪, 2011.

石 弘三, 消費税の政治經濟學, 日本經濟新聞社 出版社, 2009.

土居丈朗編, 日本の税を 見直すか 日本經濟, 日本經濟新聞社 出版社, 2010.

Aaron, Henry J. and Harvey Galper, "A Cash Flow Tax System," in Joseph A. Pechman, ed., *Tax Reform: Theory of Practice*, Brookings Institutions, 1978.

_______, "Reforming the Federal Tax System," in *Economic Choices*, Washington, D.C., 1984.

Alexander, Simpkins and Annellen Simpkins, Simple Confucianism, *A Guide to Living Virtuously*, Tuttle Publishing, Boston, Rutland, Vermont, Tokyo, 2000.

Andrews, William D., "A Consumption Type or Cash Flow Personal Income Tax," *87 Harvard Law Review*, 1113, 1974.

_______, "A Supplementary Personal Expenditure Tax," Comments by N. Kaldor, in Joseph A. Pechman, ed., *What should be Taxed? Income or Expenditure*, Washington, D.C.: The Brookings Institution, 1980.

Auerbach, Alan J., "Tax Reform in the Twenty-first Century," in Vito Tanzi and Howell H. Zee, eds., *Public Finance II, Stabilization and Growth, The International Library of Critical Writings in Economics,* An Elgar Research Collection, Cheltenham, UK. Northampton, MA, USA, 2011, pp. 613~645.

Auerbach, Alan J. and Daniel N. Shaviro, eds., *Institutional Foundation of Public Finance, Economic and Legal Perspectives*, Harvard University Press, Cambridge, Massachusetts, and London, England, 2008.

Auerbach, Alan J. and Kelvin A. Hasett, "Taxes and Business Investment: Lessons from the Past Decade," in Alan D. Viard, ed., *Tax Policy*

Lessons From the 2000s, The AEI Press, Washington D.C., 2009, pp. 249~270.

Bamyeh, Mohammed A., *Anarchy as Order, The History and Future of Civic Humanity*, Rowman of Litllefield Publishers, Inc. Lanham, New York, Toronto, 2010, pp. 191~222.

Blankart, C., *Oeffentliche Finanzwirtschaft in der Demokratie*, Verlag Franz Vahlen, Muenchen, 1991.

Botsman, Rachel and Roo Rogers, *What's Mine is Yours, The Rise of Collaborative Consumption*, An Imprint of Harper Collins Publishers, 2010.

Bradford, David F., "The Case for a Personal Consumption Tax," in Joseph A. Pechman, *What Should be Taxed? Income or Expenditure*, Washington D.C.: The Brookings Institution, 1980.

______, *Taxation, Wealth, Saving, Massachusetts Institute of Technology*, The MIT Press, 2000.

______, "On the Incidence of Consumption Tax," in *Taxation, Wealth, and Saving*, The MIT Press, Cambridge, Massachusetts, London, 2000, p. 67.

______, "Blueprint for International Tax Reform," *Brookings Journal of International Law*, Vol. XXVI(4), 2001. p. 1459.

______, *The X-Tax in the World Economy, Going Global with a Simple Progressive Tax*, Washington, D.C.: American Enterprise Institute, 2004.

Bradford, D. and the US Treasury Tax Policy Staff, *Blueprints for Basic Tax Reform*, Arlington, VA: Tax Analysis, Washington, D.C. US Department of Treasury, 1984.

Brennan, Geofferey and James M. Buchanan, *The Power to Tax, Analytical Foundations of a Fiscal Constitution*, Cambridge University Press, Cambridge, London, New York, 1980.

Buchanan, J. M. and G. Tullock, The Calculas of Consent, *The Logical Foundations of Constitutional Democracy*, Ann Arbor, 1963.

Buchholz, Todd G., *New Ideas from Dead Economists. An Introduction to Modern Economic Thoughts*, A Plume Book, 1990.

Coase, R., "The Problems of Social Cost," in *Journal of Law and Economics*, Oct. 1960.

Condon, William J., R. jeffrey Kling, Sendhil Moullainthan, *Policy and Choice, Public Finance Thraugh, the Lens of Behavioral Economics*, Brookings Instituition Press. W.D.C 2011.

Edwards, Chris and Daniel G. Mitchell, *Global Tax Revolution*, CATO Institute, Washington D.C., 2008.

Emotiva, Economia, *Che Cosa si nasconde dietro i nostri conti quotidiani, RCS Libri*, S. P. A. Milano, 2006.

Fisher, Irving, "The Double Taxation of Savings," *American Economic Review*, 29(1), 1939, pp. 16~33.

_______, *Constructiive Income Taxation*, New York, 1942.

Fisher, Irving and Herbert W. Fisher, *Constructive Income Taxation, A Proposal for Reform*, Harper, New York, 1942.

Friedman, M., *Monetary Correction*, Institute of Economic Affairs, 1974.

Goode, Richard, "The Superiorty of the Income Tax," in Joseph A. Pechman, *What Should be Taxed? Income or Expenditure?*, The Brookings Institution, Washington, D.C., 1980, pp. 49~73.

Hall, R. and A. Rabushka, *Low Tax, Simple Tax, Flat Tax*, McGraw Hill Book Company, 1983.

Heuser, Uwe Jean, "Reforming the Tax Sysrtem," in Alice M. Rivlin, ed., *Economic Choices 1984*, The Brookings Institutions, Washington, D.C., 1984. pp. 84~117.

_______, *Humanomics; Die Enrdeckung des Menschen in der Wirtschaft*, Campus Verlag, GmbH, Frankfurt/New York, 2008.

Hobbes, T., *Leviathan*, 1651, or the Matter, Forme and Power of a Commonwealth Ecclesiastical and Civil, Collier Books, New York and London, 1962.

Hull, Charles H. ed., *The Economic Writing of Sir William Petty*, Routledge/Theommes, London, 1899(윤기중 역, 『페티의 경제학』, 법문사, 2005).

Hyman, David N., *Public Finance, A Contemporary Application of Theory to Policy*, Thomson, South Western, International Student Edition, 2008.

Iemrod, Joel S. and Jon Bakija, *Taxing Ourselves, A Citizin's Guide to the Debate over Taxes*, The MIT Press, Cambridge, Massachusetts, London, England, 1908.

Josten, Joachim, *Steuern zahlen nur die Dummen,* Baemeier & Nikel, Frankfurt am Main, 1968.

Kaldor, N., *An Expenditure Tax*, Gregg Revivals, 1955, George Allen & Unwin Ltd., 1958.

______, "Comments," in J. A. Pechman, ed., *What should be taxed? Income or Expenditure*, 1980, p. 154.

Layard, Richard, *Happiness, Lessons from a New Science*, London, 2005.

Maccaffery, Edward J., "Tax Policy Under a Hybrid Income-Consumption Tax," *Texus Law Review*, Vol. 70, 1992.

______, "Comment I, A Tale of Two Davids," in Alan J. Auerbach and Daniel N. Shaviro, eds., *Institutional Foundations of Public Finance, Economic and Legal Perspective*, Harvard University Press, Cambridge, Massachusetts, and London, England, 2008.

Meade, J. E., *The Structure and Reform of Direct Taxation*, London, Institute for Fiscal Studies, 1978.

Musgrave, R. A., *The Theory of Public Finance*, New York, 1959.

Palan, R., R. Murphy, and C. Chavagneux, *Tax Havens, How Globalization*

Really Works, Ithaka and London: Cornell University Press, 2010.
Park, Gene, *Spending Without Taxation*, Standford University Press, 2011.
Peacock, A. and G. Shaw, "Tax Evasion and Tax Revenue Loss," *Public Finance*, 37(2), 1982, pp. 269~277.
Pechman, Joseph A., *What should be taxed: Income or Expenditure?*, The Brookings Institution, 1980.
Rachel, Botsman and Roo Rogers, *What's Mine is Yours, The Rise of Collaborative Consumption*, An Imprint of Harper Collins Publishers, 2010.
Rhee, Pil-Woo, *Confucian Globalization, Toward a "Fused-Market Order"*, The Korean Taxpayers Union Press, 2004, p. 339.
Rifkin, Jeremy, *The Flat Tax, Standford California*, Hoover Institution Press, 1985.
______, *The Age of Access: The New Culture of Hypercapitalism, Where All Life Is a Paid-For Experience*, Tarcher/Putnam, 2001.
Rorty, Richar, *Philosophy and the Mirror of Nature*, Princeton University Press, Princeton, 1979.
Rosen and T. Gayer, *Public Finance, International Student Edition*, 2010.
Rosenberg, Alaxander, *Philosophy of Social Science*, West View, 1988.
Sandel, Michael J., Justice, *What's The Right Thing to Do?*, Penguin Book, 2009.
Schmölders, G., *Allgemeine Steuerlehre*, Berlin, 1960.
______, *Die Allgemeine Steuerlehre*, Duncker Humblot/Berlin, 1965.
______, *Finanz- und Steuerpsycholoie*, Rowohlt, 1970.
Schumpeter, J., *Die Krise des Steuerstaates*, Graz und Leipzig, 1915.
Shermer, Michael, *The Mind of the Market, Compassionate Apes, Competitive Humans, and Other Tales from Evolutiponary Ecvonomics*, Times Bookes, Henry Holt and Company, New York, 2008.
Sim, Stuart, ed., *Postmodern Thought, The Icon Critical Dictionary*, Icon

Books, Duxford, Cambridge, 1998.

Slemrod, Joel and Jon Bakija, *Taxing Ourselves, A Citizen's Guide to the Debate Over Taxes*, MIT Press, Cambridge, Massachusetts, London, England, 2008.

Tapscott, Don and Anthony D. Williams, Wilkinomics, *How Mass Collaberation Changes Everything, Portfolio*, 2006.

Treasury, U. S., *Blue Prints for Basic Tax Reform*, 1977.

Warren, Jr., Alvin C., "Fairness and a Consumption-Type or Cash Flow Personal Income Tax," *Harvard Law Review*, Vol. 88, 1975, pp. 931~946.

______, "How Much Capital Income Taxed Under an Income Tax is Exempt Under a Cash Flow Tax?" *Tax Law Review*, Vol. 52, 1996, pp. 1~16.

Webley, P., H. Robben, H. Elffers, and D. Hessing, *Tax Evasion, An Experimental Approach*, Cambridge University Press, New York, Port Chester, Melbourne, Sydney, 1991.

Weisbach, David A., "Implementing Income and Consumption Taxes," in Alan J. Auergbach and Daniel N. Shaviro, eds., *Institution for Foundations of Public Finance*, Harvarde University Press, Cambridge, Massachusetts, and London, England, 2008, p. 62.

______, "Ironing Out the Flat Tax," *Standford Law Review*, 52(3), pp. 599~664.

Willkinson, Richard and Kate Picket, *The Spirit Level*, Bloomsbery Press, New York, Berlin, London, 2009.

Zodrow, George R. and Charles E. McLure, Jr., "Implementing Direct Consumption Taxes in Developing Countries," *Tax Law Review*, Vol. 46, 1991, pp. 405~487.

찾아보기

[A]

Aaron, Henry 2, 65, 199, 260, 272

Andrews, William 19, 80, 259, 272

Auerbach, Alan J. 20, 83, 224, 255

[B]

Bamyeh, Mohammed A. 337

BIS 120, 325

Blankart, C. 119

Botsman, Rachel 130, 133, 134, 140

Bradford, David 6, 20, 50, 77, 83, 88, 93, 98

Buchanan, James M. 27, 167, 186, 223, 234, 237, 291, 329

Brennan, Geaffrey 27, 167, 186, 237, 291

Buchholz, Todd G. 167

[C]

CEO 274, 277, 284, 335

Chavagneux, C. 301

Coase 86, 87

[E]

Edwards, Chris 102

Expenditure Tax 4, 16

[F]

Fisher, Irving 16, 50, 260

Friedman, Milton 35, 199, 303

fringe benefit 32, 40, 261, 276

[G]

Galper, Harvey 32, 65, 199, 260, 272

Gayer, T. 256

GDP 29, 30, 128, 132, 154

Goode, Richard 49, 183

Graetz, Michael J. 174

[H]

Haig-Simons 35, 47, 68, 80, 143

Hall, Robert E. 66, 101, 108

Hall-Rabushka 37, 67, 77, 93, 101, 108, 152, 223, 229, 255, 261

Hasett, Kelvoin A. 255

Heidegger, Martin 142

Heuser, Uwe Jen 206

Hobbes, Thomas 14, 25, 39, 50, 272

Hume 91

Hyman, David N. 176, 183, 185, 191, 199, 231, 256

[K]

Kaldor, Nicholas 16, 17, 47, 49, 83,

85, 188, 260
Keynes, John Maynard 163, 167, 171

[L]
Layard, Richard 21
Leviathan 14, 26, 167, 186, 235, 237, 241

[M]
Maccaffery, Edward J. 83, 91, 92, 230
Marx, Karl 119, 134
McLure, Charles E. 93
Mill, John Stuart 50, 272
Mitchell, Daniel G. 102

[N]
Nietzsche, F. 25

[O]
OECD 132, 251, 262, 263

[P]
Palan, R. 301
Peacock, A. 29
Pechman, J. A. 5, 49, 83, 174, 273
Petty, William 4, 15, 38, 45, 272
Picket, Kate 139

[R]
Rabushka, Alvin 77
Rifkin, Jeremy 181
Rogers, Roo 130, 133, 140, 181
Rorty, Richard 6, 142
Rosenberg, Alexander 142

[S]
Sandel, Michael J. 188, 332
Schmölders, Guenter 211, 303, 304
Schumpeter, Josepf 265, 266
Shaw, G. 29
Shermer, Michael 206
Sim, Stuart 122
Simpkins, Alexander 209
Slemrod, J. 87
Smith, Adam 119, 208
subprime mortgage debt 180

[V]
VAT 22, 55, 67, 75, 100, 101, 110, 153, 165, 174, 252
Veblen, T. 121, 333

[W]
Warren, A. 19
Warren, Jr., Alvin C. 92
Weisbach, David A. 83, 86, 104, 153
Wicksell, Knut 237, 241
Willkinson, Richard 139

[z]
Zodrow, Jeorge R. 93

[ㄱ]
가계부채 40, 121, 156, 184, 325
가족공제 84, 105, 246, 278
간편성 53, 59
감가상각 73, 191, 249, 252, 336
감채기금 154, 157
개인소득세 49, 53, 88, 109, 149, 249
개인소비세 49, 50, 60, 71, 109, 256
개인종합소비세 48, 51, 54
거래비용 86, 87
건전재정 120, 154, 168
경쟁적 소비(conspicuose consumption) 121, 333
고령화 사회 3, 179
고전적 지출세 38, 65, 151, 191
공공선택 223, 234
공공선택적 지출세 223, 234
공공악(public bad) 329
공공재 12, 38, 45, 131, 212
공동소비 128
공동소비시대 135, 137, 138
공동소유 133, 140
공락비용 154
共樂稅 7, 132, 134, 140, 143, 149, 150
공락소비세 143, 152, 157, 163, 256, 262
공락시대 133
공산주의 118, 134
공생 5, 32, 118, 136, 182
공생시대 118
공생질서 332
공제 28, 30, 65, 79, 90, 227, 278
공평성 4, 20, 55, 93, 104, 174, 185
과세공평 14, 110, 127
과세의 심미성 288
과세표준 30, 33, 187, 233
과표 4, 20, 31, 41, 50, 60, 78, 110, 143, 183
交換說 30, 45, 131
국가부채 3, 127, 154, 180, 219, 237
국세청 27, 30, 172, 283
국제과세 102, 250
귀속소득 35, 59, 187
克己復禮 154, 325
근검절약 5, 12, 99, 100, 109, 118, 124, 180, 193, 226
근대화 43, 122, 173
근로소득 77, 100, 168, 226, 230, 233, 247, 252, 268
금융거래 3, 112
금융소득 3, 103, 168, 252
금융위기 106, 119, 180, 274
금융자산 40, 69, 174, 199, 227
氣 25, 123, 206, 255
氣發理乘論 123, 205
기술집약형 181
기업과세 73, 87, 227, 245, 310
기초공제 56, 72, 124, 156, 286, 309
기초재 188

[ㄴ]
나눔의 시대 128, 129, 134, 138
납세자 16, 28, 33, 52, 112, 172, 211

내구재 61, 98, 190, 200, 230, 295, 312
넘치는 시대 128, 131, 138
노령화 사회 22, 169, 251
논어 13
누진과세 113, 152, 185, 247, 292, 298

[ㄷ]
다국적기업 73, 228, 248
多福稅 132, 140, 141
다양화 182
다양화 시대 182, 251
단순성 20, 43, 103, 253, 298
단일세 38, 60, 66, 77, 101, 108, 152, 158, 197, 228
담세력 14, 34, 155, 183, 250
당좌예금 190
덕 13, 135
德稅 15, 38
돈의 흐름 16, 48, 118, 252
동등성(Equibalance) 84, 86, 104, 300
동양문화 44, 119, 142, 207
동양철학 44, 91
디지털 과세 30
디지털시대 138

[ㄹ]
Laffer 곡선 237

[ㅁ]
모라토리움(moratorium) 154
물세 46, 68, 257
미드(Meade) 보고서 50, 53, 65

[ㅂ]
박종규 104, 106
발생소득 35, 187, 198
발생주의 80, 85
배당소득 68, 89, 102, 143, 168, 247, 249, 271, 318
배제원리 137
법인세 38, 56, 73, 75, 145, 152, 182, 278
보상세(compensation tax) 67, 77, 78, 108, 228, 288
보유세 156, 264, 289, 323
보충적 지출세 223
보편성 108, 142, 239
복지수당 40
부가가치 109, 140, 229
부가세 12, 22, 67, 109, 150, 172, 213, 220, 280, 292
부유세 93, 156, 219
부의 소득세(negative income tax) 258
부의 소비세 296
부채상환 74, 144, 200, 281, 327
부채상환기금 327
분리과세 144, 247, 310
브랜드 11, 39, 138
Brookings연구소 17
비례세 12, 66, 193, 235, 247

[ㅅ]
四端 28, 207

四端七情 205, 206
사대주의 142, 175
사업세(business tax) 38, 67, 78, 97, 108, 152, 229
사업지출세 278, 281
사장적 손실 133, 289
私的財 137, 336
사전과세(exante tax) 87
사회과학 136, 142, 204
사회심리학 169
사회자본 56, 245, 273
3Box 세제 247
상환불능(default) 3
생애소비 58, 11, 171, 225
생애예산 234
서구형 지출세 246
선납소비세 155, 198
선불개인소득세 93
선불납세제도(prepayment tax) 98
선불제도(exante prepayment) 90
세계잉여금 327
세계화 4, 44, 73, 117, 168, 214, 284
세금의 기금(tax fund) 111
세수융합형 세제 290, 291
세심(稅心) 172, 211, 289
세액공제 31, 42, 72, 98, 172, 247
세원탈루 124, 270
세율 21, 51, 73, 79, 153, 193, 215
세제개혁 215, 247, 291
세제혁명 218, 337
소득세 4, 19, 25, 39, 46, 104, 155, 172, 198, 248, 258
소득세제의 불의 26, 44
소비세 4, 14, 19, 36, 45, 65, 71, 83, 86, 90, 97, 105, 109, 110, 144, 151, 163, 187, 196, 200
소비세의 투자효과 202
소비지출세 83, 112, 233, 272
소비행동 12, 26, 143, 185, 256
수평적 공평성 25, 59
순응비용 149
순이윤 67, 78, 229
스마트폰 138
시민세 105, 328
시장세 303, 304
신세 61, 105, 149, 164, 175
신세적응비용 61
신제국주의 3
실용성 149, 157, 239
실용적 가치 44
실용주의 6, 142

[ㅇ]

악세(惡稅) 22, 110, 149, 164
안주유형 212, 213
양도소득 42
양도차익세 238, 323
양세(良稅) 4, 46, 112, 149, 169, 176
X식의 지출세 223
X조세 77, 79, 80, 93, 97, 101, 108, 144, 152, 248, 251, 255, 284, 310
영원한 회귀(ewige Rueckkehr) 325
예비적 동기 171
예산법률주의 122

외환위기 170, 180, 211
우연소득 52, 56, 74
원천지과세(origin-based tax) 103
원천징수 75, 111, 156
유동성 3, 59, 171, 270
유동성 함정 336
유산 70, 99, 191, 226
유증 93, 98, 228
율곡 6, 123, 206
융합과세 292, 300, 303, 308
융합적 과세원리 267
융합적 지출세 283
응능과세 57
의료비 공제 76
理氣互發說 123
이원적 소득(근로, 자본) 252
이윤 31, 68, 74
이익집단 216, 217
이자소득 39, 55, 79, 87, 103, 143, 172, 184, 194, 201, 249, 260
이전세(transition tax) 100
이전소득 89, 151, 226, 231
이중과세 12, 16, 76, 109, 124, 143, 184, 272
益稅(benefit tax) 172, 283
인도주의 11
人頭稅 37, 38
인세 19, 48, 68, 86, 257
仁義禮智 207
인지접근 206
인플레이션 35, 59, 174, 226
임금세 37, 78, 83, 88, 97, 152, 229
임금소득 97, 145
임금소비세 274, 276
임대소득 42, 67, 89, 151

[ㅈ]

자발적 재분배 129
자본비용 92
자본소득 35, 76, 91, 99, 100, 144, 224, 226, 232, 238
자본소득세 247, 317
자본주의 118, 119, 134, 139, 208, 273, 297, 331
자산소득 89, 144, 245
자수성가 5, 11, 124
자수성가형 지출세 323
자영사업자 269
자존적 삶 337
잠재적 소비소득 303
재단세 303, 304
재산세 15, 72, 298, 304
재정민주주의 237
재정위기 4, 119, 127, 154, 208, 262, 300
저작권 140
저축 33, 52, 101, 124, 150, 189
저축미덕론 56
저축효과 101
전납지출세(Prepayment of Expenditure Tax) 99, 225, 281
전납형 지출세 144, 225, 261, 284, 293
전체론적 충분조건 238

절대성 14, 122, 182
절세 28, 106, 175
접촉(access) 139
정기예금 189, 195, 260
정도세정 40, 75, 111, 312
정부의 자비로움 27
정서문화 141, 166, 253, 290
조세문화 172, 262
조세법률주의 118
조세부담률 262, 306
조세상생설(租稅相生說) 117, 122
조세선납(tax prepayment) 61, 198
조세의 근거학설 44, 117
조세저항 40, 219, 281, 295
조세정서 209, 212, 214, 216, 219
조세천국(tax havens) 301
조세피난처 152
조세환급 171, 279, 282, 299
調和稅 127
존재론적 기투(ontologische Entwurf) 325
종점지과세(destination-based tax) 103
종합과세 19, 51, 105, 175, 308, 322
종합소비세 20, 48, 212, 333
줄기세포 179
중용 119
중위투표이론 119
증여경제 134
지방세 72, 165, 225
지불능력 47, 186, 226, 263
지연된 세금 201
지적 식민지(intellectual colonization) 239
知足知分 121
지출세 16, 19, 25, 36, 43, 51, 65, 83, 90, 102, 107, 123, 127, 163, 183, 191, 204, 224, 235, 268, 275
지출세의 과표 20, 48, 90, 224
지출세의 문제 60
지출세의 설계 268, 292
지출세의 유형 223
지출세의 이해 23
지출세의 정치경제학 23, 36
지출세의 주요 내용 48
지출세의 효율성, 공평성, 단순성 53
지하경제 29, 112, 260, 301
직·간세 융합형 지출세 288, 294
직접소비세 76, 93, 212
진화 139, 207
집합적 재화 137

[ㅊ]

천인합일 266
체납자 263, 337
초과부담 113, 174, 201, 314
추론적 직관 262

[ㅋ]

칼도적 고전적 지출세 223, 224
칼도적 공락세 150
콜라보(collabo) 소비시대 139
콜라보 융자제도 140
쾌락 46

[ㅌ]
탈세 4, 28, 29, 30, 150, 248
투자세액공제 32, 336
소비세의 노동효과 203
특별공제 72, 313

[ㅍ]
파생금융 113, 168
편승(ride share) 140
평률세 37, 66, 77, 92, 152, 296
포괄적 소득 51, 198
포괄적 소비세 187, 197, 280
포괄적 지출세 231, 276
포괄적 현금흐름의 지출세 275, 276
피세 4, 28, 46, 60, 105, 198, 264

[ㅎ]
한국납세자연합회 106, 122, 211, 273
한국인의 정서 204, 205
한국형 지출세 246, 270, 274, 283, 284, 322
합리주의 265, 266
恒産恒心 36, 155, 254
현금흐름 36, 41, 65, 68, 72, 83, 92, 93, 108, 110, 112, 126, 145, 155, 200, 227, 268, 305
현금흐름의 공락세 150
현금흐름의 소비세 66, 71, 73, 109, 151, 156, 200, 245, 258, 271, 284
현금흐름의 지출세 68, 76, 83, 151, 174, 191, 223, 227, 257, 260, 268, 279, 291, 318
血稅 39, 122, 263, 329
혼합세(hybrid income-consumption tax) 93, 277
혼합형 지출세 268, 295, 314
弘益人間 120
후납지출세 281, 310
후납형 지출세 293, 294
후불제도(expost postpayment) 90